★ 中共早期广东革命领导人研究丛书 ★

杨匏安

——从博学书生到人民英烈

门晓琴 ○著

暨南大学出版社

JINAN UNIVERSITY PRESS

中国·广州

图书在版编目（CIP）数据

杨匏安：从博学书生到人民英烈/门晓琴著 .—广州：暨南大学出版社，2021.12

（中共早期广东革命领导人研究丛书）

ISBN 978 - 7 - 5668 - 3327 - 3

Ⅰ.①杨… Ⅱ.①门… Ⅲ.①杨匏安（1896 - 1931）—人物研究 Ⅳ.①K827 = 6

中国版本图书馆 CIP 数据核字（2021）第 265322 号

杨匏安——从博学书生到人民英烈

YANG PAO'AN——CONG BOXUE SHUSHENG DAO RENMIN YINGLIE

著　者：门晓琴

出 版 人：张晋升
丛书策划：曾鑫华
责任编辑：曾鑫华　高　婷
责任校对：黄　球　孙劭贤
责任印制：周一丹　郑玉婷

出版发行：暨南大学出版社（510630）
电　　话：总编室（8620）85221601
　　　　　营销部（8620）85225284　85228291　85228292　85226712
传　　真：（8620）85221583（办公室）　85223774（营销部）
网　　址：http：//www. jnupress. com
排　　版：广州市天河星辰文化发展部照排中心
印　　刷：佛山市浩文彩色印刷有限公司
开　　本：787mm×960mm　1/16
印　　张：15
彩　　插：16
字　　数：258 千
版　　次：2021 年 12 月第 1 版
印　　次：2021 年 12 月第 1 次
定　　价：59.80 元

（暨大版图书如有印装质量问题，请与出版社总编室联系调换）

杨匏安

2001 年 6 月 25 日《人民日报》刊登文章《开天辟地》

杨匏安烈士铜像

1919 年 11 月 11 日、12 月 4 日在《广东中华新报》刊登的杨匏安长文《马克斯主义——一称科学的社会主义》

中共一大会址：上海法租界望志路 106 号（现兴业路 76 号）

上海中共一大会址纪念馆展厅展板

《东方杂志》第十四卷第十号封面

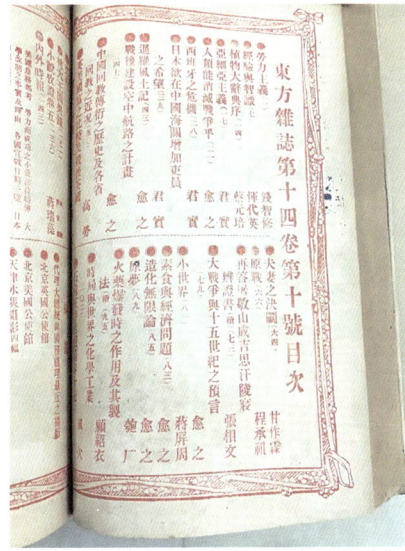

1917 年 10 月 15 日，杨匏安以"匏厂"为笔名，在《东方杂志》第十四卷第十号发表了科普文章——《原梦》

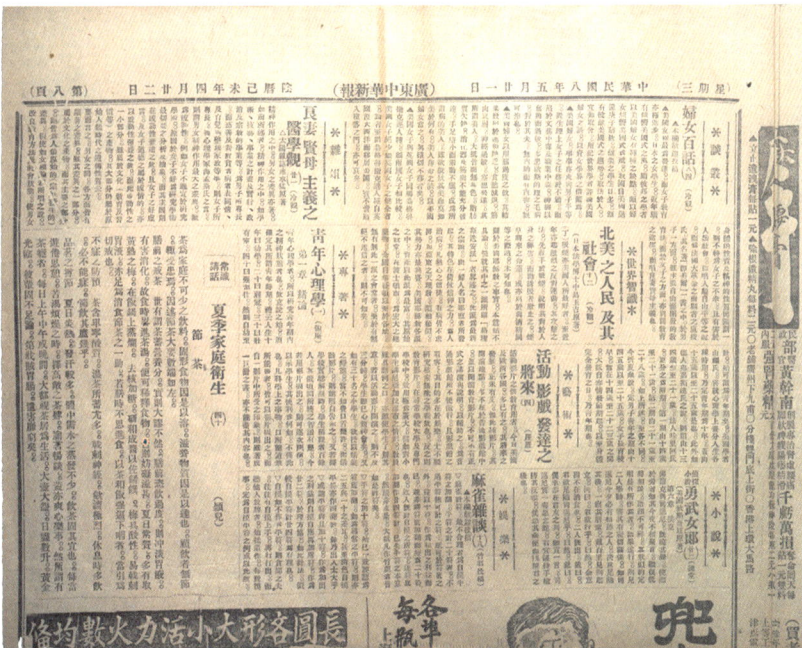

杨匏安发表在《广东中华新报》上的文章《青年心理学》（1919 年 5 月 21 日）

黄埔军校旧址

中央通告第六十二号有关黄埔军校招生事宜

粤汉铁路徐家棚工人俱乐部成立大会合影

1925 年 10 月国民党广东省党部执行委员合影（前排右二为彭湃、右三为何香凝，后排右二为杨匏安、左一为刘尔崧）

中共三大会址

1925 年初中共广东区委旧址（今文明路 194—200 号）

大革命时期广东中山县第六区上栅乡农民自卫军全体摄影

1925 年杨匏安（右一）与陈延年（右二）等

中共五大会址：武昌高等师范第一附属小学

八七会议会址：汉口三教街 41 号（现武汉鄱阳街 139 号）

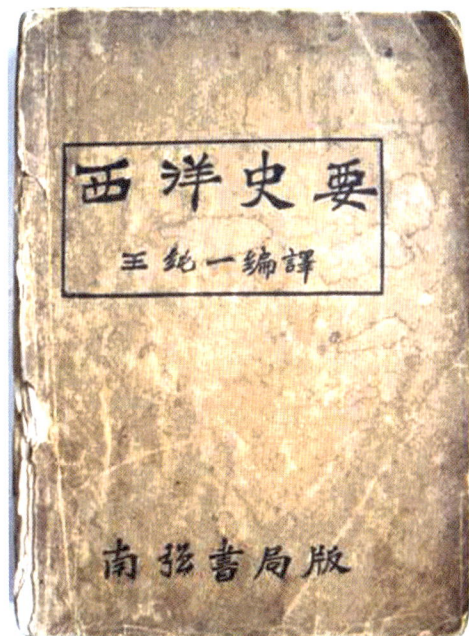

杨匏安编译的《西洋史要》，1929 年 7 月由上海南强书局出版，署名王纯一

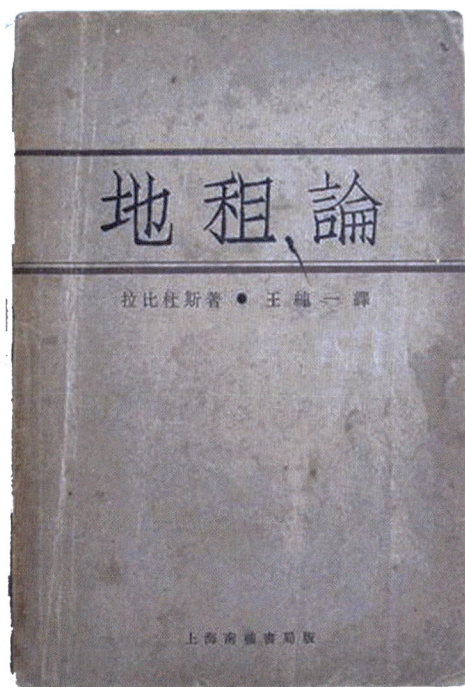

杨匏安编译的《地租论》，1930 年 6 月由上海南强书局出版

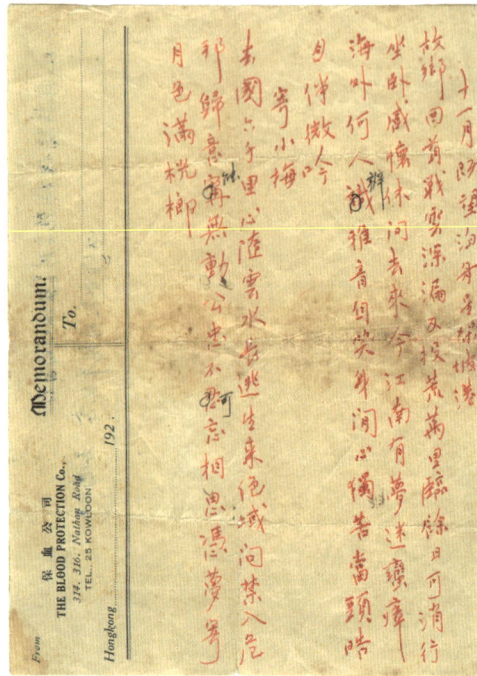

杨匏安诗作

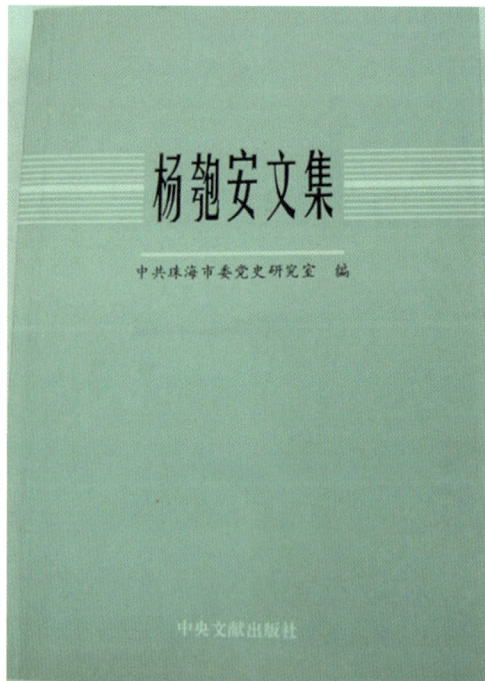

《杨匏安文集》

珠海杨匏安陈列馆序厅

著名经济学家于光远等人凭吊杨匏安

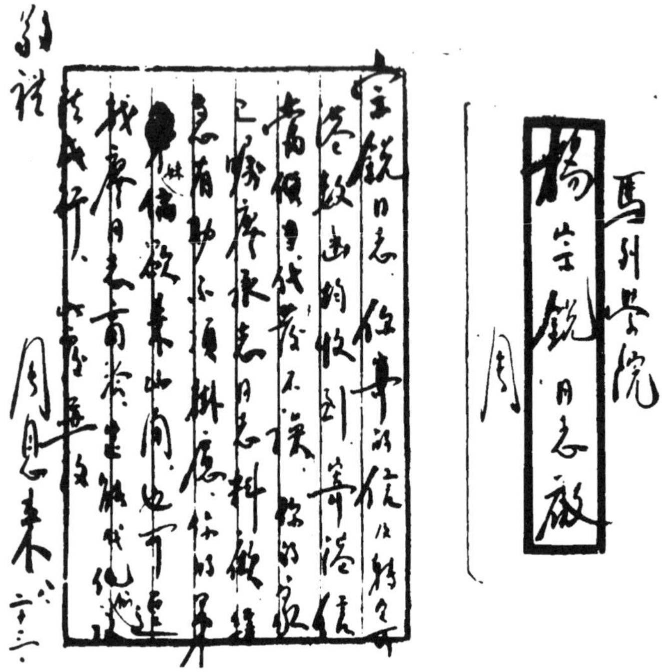

1939 年 8 月 23 日周恩来写给杨明的信

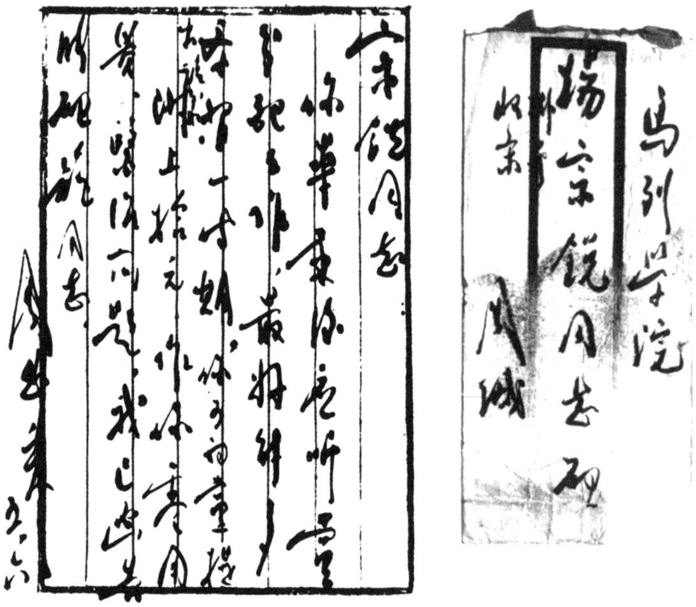

1941 年 5 月 6 日周恩来写给杨明的信

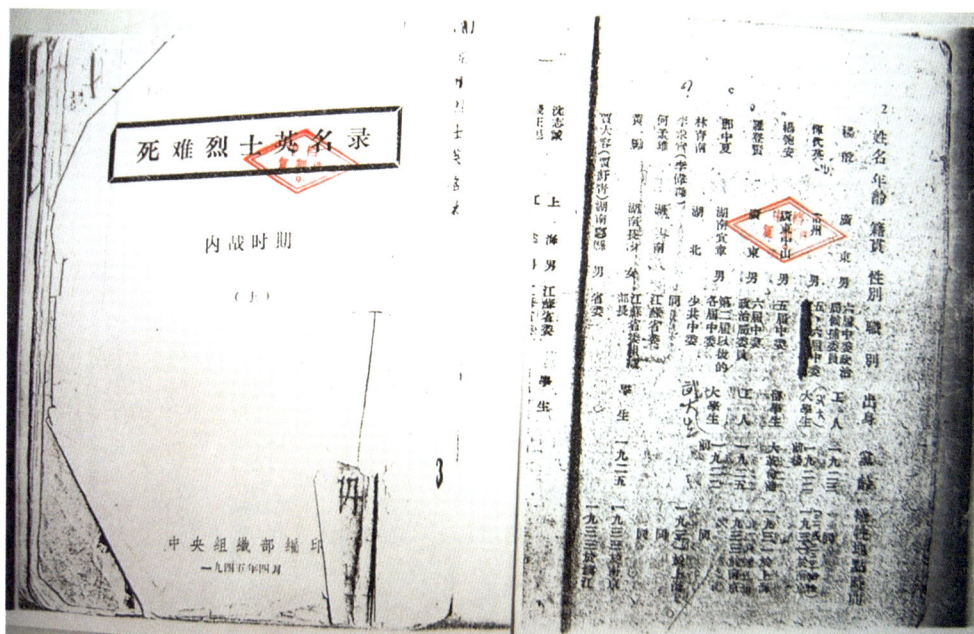

1945 年 4 月中央组织部编印的《死难烈士英名录》，杨匏安名列其中

上海龙华烈士陵园中的杨匏安烈士墓碑

广州杨家祠

杨匏安亲属在广州杨家祠

总　序

在开天辟地的建党初期，轰轰烈烈的大革命时期、土地革命战争时期，中国共产党的早期领导人陈独秀、毛泽东、周恩来、陈延年、罗亦农、张太雷、邓中夏、李富春、蔡和森、李立三等活跃在广东大地上，同时，与他们并肩战斗的还有一批广东本土的领导人：苏兆征、彭湃、杨殷、杨匏安、罗登贤、阮啸仙、叶挺、邓发、谭平山、陈郁……

这些广东籍的中共早期领导人从未改变为人民奋斗一生的初心和金子般的赤诚本色，即使乱云飞渡、风暴吞卷，宁可毁灭自己，也要坚持真理，一心为公，无私无畏，为中国人民和中国革命做出了巨大贡献，他们的名字永垂史册。他们把自己的一生奉献给了中华民族的独立和人民的解放事业，人们不会忘记，历史不会忘记，任何有良知的读史者都不会忘记。

习总书记指出："要深刻认识红色政权来之不易，新中国来之不易，中国特色社会主义来之不易，我们要向革命先烈表示崇高的敬意，我们永远怀念他们、牢记他们，传承好他们的红色基因。"根据这指示，暨南大学出版社以十分敏锐的眼光和把握时代发展脉搏的高度，策划和出版了"中共早期广东革命领导人研究丛书"。这套研究丛书是介绍中共早期广东革命领导人的丛书，展示了苏兆征、彭湃、杨殷、杨匏安、罗登贤、阮啸仙、叶挺、邓发、谭平山、陈郁等在广东孕育成长起来的中国现代历史上著名的无产阶级革命家的精彩人生和伟大精神。

"为有牺牲多壮志，敢教日月换新天。"在中国共产党成立 100 周年之际，党中央和习总书记提出在全党开展党史学习教育活动，正当其时，十分必要。深入学习党史，才会见古鉴今、明智强心。党员干部要在这门党史"必修课"中补足精神之钙、汲取奋进之力、厚植为民情怀，从党的成功经验中启迪智慧，构筑起更为牢固的共产党人的精神家园。党员和干部要从党史中汲取感恩人民的深切情怀和血浓于水的深厚感情，全心全意为人民服务。要敢于接住历史接力棒，主动挑起担子、扛起大梁。要心怀"长风破浪会有时，直挂云帆济沧海"的念头，拿出"黄沙百战穿金甲，不破楼兰终不还"的劲头，摆出"大鹏一日同风起，扶摇直上九万里"的势头，为实现中华民族全面复兴的宏伟蓝图起好步、打好底、开好局，为中国这艘巨轮在新时代新征程中劈波斩浪增力添智。

"明镜所以照形，古事所以知今。"历史是最好的教科书，是最好的营养剂。"中共早期广东革命领导人研究丛书"记录着中共早期广东革命领袖的光辉历史和辉煌成就，这对讲好红色故事、传承红色基因、弘扬红色精神，是功在当代、利及千秋的一件大事。本丛书广泛搜集档案文献资料，有对他们的后代及同乡的采访记录，有众人皆知的革命故事，也有一些鲜为人知的细节，重心是对他们的事迹和精神进行深入细致的研究，对广大党员干部群众有很大的教育意义。丛书包括《苏兆征》《彭湃》《杨殷》《杨匏安》《罗登贤》《阮啸仙》《叶挺》《邓发》《谭平山》《陈郁》十册，每位革命领导人各成一册，凸显他们各自的特点，且有别于人物传记，实属难得。它是不忘初心、牢记使命的源头活水，是赞颂共产党、讴歌革命先辈的一系列精品力作，是弘扬革命精神、传承红色记忆的丰厚载体，是一项继承优秀传统文化、弘扬革命文化、发展社会主义先进文化、坚定"四个自信"的重要文化工程。希望读者朋友们能从中了解并牢记这些为党和民族的利益不断奉献的中共早期广东革命领导和先驱，从中得到教益，汲取人生奋斗的精神营养和前进动力。

全国党史部门党史研究领军人物　陈弘君

2021 年 5 月 16 日

序

今年是中国共产党成立 100 周年。值此，由门晓琴同志编写的《杨匏安——从博学书生到人民英烈》就要正式出版了，这是一件令人感到高兴的大事情！

门晓琴同志是珠海市博物馆的研究人员，她在做好本单位工作的同时，还兼着杨匏安历史研究会副会长的职务，出于对杨匏安烈士的崇敬之心，十多年来为宣传杨匏安做了大量工作，提出了一些很有参考价值的独到见解，《杨匏安——从博学书生到人民英烈》的成书，更是其又一个重要的研究成果！

在书中，作者讲述了杨匏安从幼年在其母亲诗词文学、爱国主义精神教育下，博学上进，因反感当时的黑暗社会，不懈追求救国救民之良方，经过不断的探索最终寻找到了他心中的理想社会——共产主义社会，并奋不顾身地加入了中国共产党，为党的事业勤勤恳恳努力工作，直到牺牲了自己年轻的生命，为读者呈现了一个有理想有信念有人格的人民英烈的光辉形象，全方位展示了杨匏安理想信念坚定的优秀品格、英勇无畏的牺牲精神和公忠不可忘的高尚家国情怀。作者对各级组织以各种方式对杨匏安的缅怀纪念颂扬，对专家学者有关杨匏安的学术研究也进行了梳理综述。

今年也是杨匏安烈士 125 周年诞辰和英勇就义 90 周年。在这个特别的时间，门晓琴同志编写的这本书，可以说是为缅怀人民英烈杨匏安献上的最好的礼物！

我们作为杨匏安的亲属，对他有着很深的记忆，周恩来不止一次对杨匏安的儿子们说过："你父亲为官清廉，一丝不苟，称得上是模范！"杨匏安烈士牺牲后，杨匏安的儿子们都陆续参加了革命工作，在后来的几十年里他们始终记得杨匏安对他们的教诲：做人要脚踏实地，光明磊落，不要做贪小便宜不干不净的事情。事实证明他们做到了，通过努力在各自的工作岗位都做出了贡献，取得了一定的成绩，并且言传身教。我们会将杨匏安的优秀精神一代一代传承下去！

杨铯安在风华正茂时的人生年华，全身心地投入到了中国共产党领导的伟大事业中，为实现崇高的革命理想，矢志不渝，直至生命的最后时刻！

我们杨家会将杨铯安的优秀品格——坚守信念，清正廉洁，一代一代传承下去！这也是我们杨家早就形成的红色家风！

今天的中国，已是一个繁荣富强的国家，在全民奔小康的路上，今年完成了脱贫攻坚的任务，实现了革命先烈为之奋斗的理想！广东经济的发展对国家的贡献走在了全国前列，杨铯安若九泉有知，也定会欣慰自豪！

杨铯安——父亲，爷爷，我们心存思念，永远崇敬铭记您！

杨铯安之子　杨文伟

杨铯安之孙　杨晓东

2021 年 7 月 28 日

前　言

杨匏安（1896—1931），名麟焘，又名锦焘，笔名匏庵、王纯一、寒灰、老渔等。1896年11月6日出生于广东省香山县南屏乡北山村（今广东省珠海市香洲区南屏镇北山村）。南屏与澳门一水之隔，数百年来是我国与海外通商和文化交汇的通道。

杨家在北山村是大户人家，杨匏安出生时家道中落，父亲杨富祥以贩卖茶叶、瓷器为生。杨匏安幼年时父亲早逝，全家人靠母亲陈智缝纫维持贫寒生活。陈智有良好的知识素养，工诗词书法，秉性刚强正直。杨匏安三四岁即由母亲教诵诗词古文，打下了扎实的国学基础。后入学香山县恭都学堂，中学时到广州的广东高等学堂附中读书，毕业后回恭都学堂任教。因揭发校长贪污，反遭诬陷，被捕入狱。出狱后与堂叔杨章甫等东渡日本横滨，半工半读。在日本，他阅读了大量欧美近现代书刊和各种思想流派的著作，开阔了眼界，思想观念发生了巨大变化。

1916年杨匏安回国，在澳门任教，1918年举家迁往广州，任时敏中学国文老师兼《广东中华新报》记者。他投身于五四新文化运动，有计划地介绍西方美学、哲学思想和社会学说，在报刊开辟专栏，先后翻译介绍了康德、黑格尔等人的美学思想以及关于唯心论、唯物论、一元论、多元论、社会主义、共产主义等观点和学说。在这些文章中，1919年11月11日—12月4日发表的《马克斯主义——一称科学的社会主义》尤为重要。它阐述了马克思的唯物史观、阶级斗争学说、剩余价值论和科学社会主义，与李大钊的《我的马克思主义观》下篇几乎同时问世。这是华南地区最早系统宣传马克思主义的文章，为我国早期传播马克思主义树立了不朽的丰碑，做出了伟大的历史贡献。杨匏安与以李大钊、陈独秀、陈望道、李达、李汉俊等为代表的先进知识分子，在不同地区、不同范围、不同程度上对马克思主义的系统传播，启发了中国先进的知识分子，使他们选择和接受了马克思主义，让马克思主义作为拯救国家、改造社会和推进革命的思想武器，为中国无产阶级政党的创建准备了思想条件和理论基础。

第一次国共合作时期，杨匏安先后任国民党第一届中央执行委员会组织部秘书，国民党广东省党部执行委员会常务委员兼组织部部长，国民党第二届中央执行委员、常务委员、组织部秘书、代理组织部部长等职，参加主持对国民党的改组工作，致力于反帝反军阀的斗争，为巩固、扩大以国共两党合作为基础的革命统一战线做了大量的、重要的、卓有成效的工作。

1925年杨匏安参与领导震惊中外的省港大罢工。1927年4月出席中共五大，并当选为中央监察委员会副主席，同年8月7日出席中共中央在湖北汉口召开的紧急会议，即八七会议。1930年，担任中共中央农民部副部长。大革命失败后，杨匏安在上海从事党的地下工作。在极其艰难困苦的环境中，他编译了《西洋史要》，这是我国第一部用唯物史观叙述西欧历史和国际共产主义运动史的著作；编译了《地租论》，为指导苏区土地革命提供了重要理论参考。在他身上充分体现了一位马克思主义理论战士的开拓精神。他一生四次被捕入狱，革命意志毫不动摇。在狱中坚拒蒋介石等人的劝降，1931年8月被杀害于上海龙华监狱，时年35岁。他身上充分体现了一位无产阶级革命者的理想信念、奋斗精神和崇高气节。

在抗日战争时期，周恩来曾多次引用杨匏安的诗作，来教育身边的同志，在复杂困难的斗争环境中，要像杨匏安那样，对党对人民忠贞不渝，保持气节，为革命勇于献身。杨匏安在共产党内和国民党内都曾担任过重要领导职务，称得上是一位高官，却没有什么官架子。他为人诚恳，作风正派，清正廉洁，得到周恩来的赞赏，称他"为官清廉，家境清贫"。杨匏安牺牲后，周恩来一再提及他，用于教育同志。

杨匏安是中国共产党纪检监察事业的先驱者和倡议者，是广东这块土地上孕育出来的对党对人民无限忠诚的共产主义战士和光荣的革命烈士。杨匏安的革命经历从侧面反映了中国共产党进行革命斗争的艰辛历程，也是广东人民跟随中国共产党前赴后继、不屈不挠、英勇奋斗的一个缩影。

目 录

第一章

岭南青年才俊　追求光明正义

广东省珠海市香洲区，有一条环绕一个个海湾、从南向北蜿蜒 55 公里的海滨大道，因其沿途风光旖旎，景色秀美，珠海人叫它情侣路。在情侣路最漂亮的中段景山路的香炉湾畔，矗立着一尊身着长衫的中年男子雕塑铜像。他神采俊逸，口叼烟斗，踱步沉思，似俯瞰大海。伶仃洋面，东风劲起，惊涛拍岸，山海壮丽，交相辉映。

杨匏安烈士铜像

这尊雕像的主人——华南地区最早的马克思主义传播者、中国共产党早期优秀理论家、革命家和诗人杨苞安。

杨苞安烈士铜像由广东美术学院教授、著名雕塑家潘鹤塑造。1986年，中共珠海市委和市政府决定为杨苞安烈士建立纪念铜像，供后人瞻仰。关于地点问题，征求家属意见，烈士的儿子杨明建议：父亲热爱大海，闹市中心不适合他的品性。于是，铜像就建在情侣路中段香炉湾畔海岸。杨苞安口衔烟斗，双目凝望远海，海风飘起了他的长衫。

一、南屏启蒙 恭都广雅育英才

（一）家乡与家世

1896年11月6日（清光绪二十二年十月初二），广东香山县南屏乡（今珠海市南屏镇）北山村，杨姓大族长房，二十二代传人杨富祥的妻子陈智，产下一子，按第二十三代传人为"麟"字辈，取名麟焘，后又名苞安。

杨苞安的家乡香山县南屏乡北山村，与澳门一河之隔，数百年来是我国与海外通商和文化交汇的通道。地处一条冲积而成的沙脊尾部，故称沙尾。清嘉庆七年（1802年），传说斗门的沙尾咀村民作乱，官府派兵镇压，误将沙尾当沙尾咀，后得以澄

杨苞安

清，遂将沙尾改为南屏，以示有南方屏障之意。南屏与澳门仅前山河一河之隔，地势险要，是海防的战略要地。

北山村，地处珠海市将军山下竹仙洞与濂泉洞之间，面向前山河，距澳门仅

3 公里，是一个已有 780 多年历史的古老村庄。据传，该村的杨姓原是北宋名将杨文广的一支后裔。北山的东面邻近伶仃洋，在珠江出口处一带，曾是宋末民族英雄文天祥、陆秀夫、张世杰抗击元军的古战场。澳门自明嘉靖三十二年（1553年）为葡萄牙租借，300 多年间已成为华南对外贸易的门户。自鸦片战争以来，由于国家积弱，珠江口沿海地区常受到英国与葡萄牙殖民主义当局的侵扰，南屏、前山、湾仔三乡首当其冲。南屏北山杨族继承杨家将的爱国传统，在当地起着维护海疆、打击侵略者的作用。著名人物如清末民初的杨云骧、杨镇海父子和杨应麟等保乡卫国的英雄史迹，至今仍在乡中传颂。

杨匏安家乡南屏北山村

南屏是一个人杰地灵的好地方，开创中国近代留学教育先河的著名教育家和爱国华侨容闳，就出生在这里。乡人比较尊师重教，民风淳朴。杨匏安从小就聪明好学，少年时就显露出卓越的才华，这与家乡良好的环境有着密切的关系，他的童年和少年时代都是在家乡度过的。

香山，主要包括现广东省中山市、珠海市、澳门特别行政区及佛山市部分地区，处于珠江南海交汇之滨，这是一个让人肃然起敬的地方，名人辈出。香山作为岭南地区的重要文化支点，率先接受了西方文明的洗礼。香山与澳门本属一体，山水相连。在很长一段时期，澳门是中西文化的交汇点。它早于香港近三百年就受到了西方文明的冲击。正是这样一种地理文化地位，香山一开放，就表现出了它积极开拓、兼容并包的一面。近代以来，香山形成的开放的人文环境，孕育了一批敢于睁眼看世界、敢于求索救国救民真理、敢于改变中国命运而名垂青史的英雄人物，如伟大的民主革命先行者孙中山、中国近代最早具有维新思想体系的理论家和实业家郑观应、"中国官派留学生之父"容闳、从大买办成长为中国近代民族工商业翘楚的唐廷枢和徐润、中华民国第一任总理唐绍仪等。他们或从事反清民主革命事业，或寻求实业救国，向西方学习……凡此种种，这样的地理人文环境，对杨匏安的成长都产生了积极的影响。

杨姓人家在南屏一带是个大族，世系绵长。北山村具有丰厚的历史文化底蕴。南屏北山村有一座杨氏祖祠——杨氏大宗祠，建于清同治七年（1868年），保存较完好，整体建筑气宇恢宏。主体建筑坐南向北，进深三间60米，面阔五间并青云巷和两厢。硬山顶，青砖墙，中轴线对称布局，以抬梁与穿斗混合木构架，以石雕、砖雕、木雕、灰雕等装饰，工艺华美。门口原挂有"源分东汉，秀毓北山"的楹联，现为省级文物保护单位。

清代建筑群杨氏大宗祠（省级文物保护单位）

　　杨氏大宗祠内有好几副寓意深远的精美对联，其中一副与众不同：上联为
"余文泗守警英敦　规则呼和于允如"，下联为"浩若功仁贻祖训　祥麟威凤善
慈孙"。这副对联，一般人很难明了其中意思，只有杨氏子孙才懂得其中秘
密——原来杨家历代子孙都按对联顺序取名。杨氏在北山村的老祖宗就属"泗"
字辈，名泗儒。广州有名的杨家祠，原名就叫"泗儒书室"，即源于此。杨匏安
的祖父属"训"字辈，名训常。杨匏安的父亲属"祥"字辈，名富祥。杨匏安
属"麟"字辈，名麟焘，所以有村民尊称他为"焘哥"。"匏安"是他发表文章
用的笔名，参加革命后也成了他常用的名字。

杨氏大宗祠正门

杨氏大宗祠祠堂

关于"匏安"名的由来，据1925年参加革命工作，与杨匏安相熟的吴紫铨回忆：杨匏安最初在报刊上发表文章，多用寒灰作笔名。寒灰即烟火熄灭的冷灰，《三国志》有"起烟于寒灰之上，生华于已枯之木"之语。唐代诗人韦应物也写过"心事若寒灰"的诗句，表明其对世事心灰意冷。杨匏安最初以寒灰作笔名，并非像韦应物那样对事物心灰意冷，而是对旧事物表示不满。他要用自己的生命之火点燃寒灰，使它复燃，真正"起烟于寒灰之上"。匏安取义于《论语》中的"吾岂匏瓜也哉，焉能系而不食"，有自安于匏瓜的意思，借以避免引起反动当局的注意，有利于开展革命宣传工作。[1]

杨家在北山村是大户人家。杨匏安祖父育有13个子女。香山人得西方风气之先，有很多人到海内外各大城市经商、打工或移居海外。杨匏安祖辈从商，近则到港澳，远则到日本和南洋群岛，甚至欧美、澳洲。祖父杨训常随父到南洋群岛、锡兰、印度和拉丁美洲经营茶叶、布匹、瓷器和丝绸等生意，获利甚丰。

---

① 吴紫铨. 革命先烈杨匏安［M］// 李坚. 杨匏安史料与研究. 北京：中共党史出版社，1999：368.

　　杨匏安出生时祖父已去世，家道中落。杨匏安的父亲杨富祥以贩卖茶叶为生，但不善经商，家境日渐衰落。由于地位的改变，杨富祥郁郁不得志，过早就病殁了，全家人靠母亲缝纫维持贫寒的生活。家庭的变故，旧社会贫富悬殊的现象，让小小年纪的杨匏安感受到了世态的炎凉、生存的艰辛。

　　杨匏安的母亲陈智，有良好的知识素养，工诗词书法，秉性刚强正直。杨匏安在三四岁即由母亲教诵诗词古文，打下了深厚的国学基础。陈智，1870 年出生于香山县三乡古鹤村望族。其父陈世棠是香山县著名的侨商、官绅。陈智有 4 位母亲，14 个兄弟姐妹，她聪明过人，幼随兄长在家塾读书，知书达礼，是个受过旧式教育的妇女，除熟习唐宋诗词外，还从小练就了好书法，精通针黹女红，是当地的才女。后由其姑姑为媒与杨富祥结婚，曾产下 9 个胎儿，只养活了杨匏安一人。丈夫早殁，人丁单薄，家庭经济衰败，常受族人的欺压和

杨匏安的母亲陈智（画像）

歧视。陈智赋性刚强，虽然家境贫寒，却不愿接受亲房和母家的嗟来之食，她夜以继日地做女红，借以维持家计。[①]

　　杨匏安有个庶母关秀英，原是陈智的陪嫁婢女，她心性善良，勤劳纯朴，负责一家里里外外的粗活。农忙时，她还到外边打临工，以帮补家用，帮陈智操劳全家生计，她善良且吃苦耐劳的品性也影响着杨匏安。

　　杨匏安的成长，离不开母亲严格而良好的家庭教育。杨匏安虽然是母亲陈智唯一的孩子，备受疼爱，但母亲不溺爱他。杨母对儿子要求严格，从小教育孩子不贪小便宜，不欺骗他人，不做损人利己的事。母亲是杨匏安最早的启蒙老师，她严于

---

①　谢燕章 . 青少年时代［M］//李坚 . 杨匏安传论稿 . 广州：《广东党史资料丛刊》编辑部，2003：15.

律己，凡事以身作则。杨鲍安一生离不开母亲的关心、爱护、熏陶和支持。

正是家乡丰厚的人文底蕴和家庭良好风气的熏陶，杨鲍安养成了好学上进、为人诚实善良、处世刚正不阿的高尚品格。

杨鲍安从三四岁起，就坐在母亲膝上跟着她诵读诗词古文，后来他自称"幼时颇有诗癖"，这主要源自母亲的熏陶。母亲教他诗词歌赋的同时，还讲述岳飞、文天祥、谭嗣同等历史人物的故事，让儿子学会明辨是非忠奸，为人要有气节，做事要公正无私。

（二）求学恭都、广雅

到了上学的年龄，杨鲍安被送到恭都学堂读书，很快便通读了《幼学琼林》《千字文》《百家姓》等启蒙课本，学习成绩优异。清末时，香山南屏、前山、翠微、古鹤一带被称为恭都。恭都毗邻澳门，地处海滨，靠近伶仃洋。南宋抗元英雄文天祥粤东兵败被俘，宁死不降，被元军押往崖门，途经伶仃洋，写下了《过零丁洋》一诗，留下了"人生自古谁无死，留取丹心照汗青"的千古绝句。南宋丞相陆秀夫与元军海战，全军覆没，在新会崖门背负幼帝赵昺跳海殉国，海上浮尸数万，堪称历史罕见的悲壮场面。元人姚珵写了《题陆秀夫负帝蹈海图》，赞颂陆秀夫"丹心犹数中兴年""流芳千古更无前"。这些曾经发生在家乡的史诗，对杨鲍安起着十分重要的潜移默化的作用。杨鲍安在恭都学堂读书非常用功，尊敬师长，勤学好问，10岁左右就能文善诗，才华早露，经常受到师长、亲友的夸奖。有的乡亲甚至视其为"神童"，说他将来前程无可限量。他在后来写的《诗选自序》中说：少年时"乃谬以诗古文辞见称朋旧"，可见杨鲍安在学校邻里中早就有点小名气了。

10岁那年，他又转到离家较远的凤山高小学堂读书。学校立有广雅书院文学馆分校及学堂学长黄绍昌创立的石刻校训：

一、立志；二、立诚；三、立品；四、正学；五、明经术；六、攻史学；七、屏外务；八、戒虚声；九、正文体；十、习书法。

杨匏安严格遵从这一校训，锤炼品性，发奋苦读。

凤山高小学堂是一间具有公益、普惠性质的学校，为社会培养人才，培育学生谋业走正道、踏实求真、讲求实干。凤山高小学堂的前身是凤山书院，建于乾隆二十二年（1757 年）①，一直延续了 200 多年。虽是知县彭科倡建，但实际的创建者则是一位名叫魏绾的官员②，时任广州府海防军民同知。在魏绾的主持下，创建了凤山社学，1757 年凤山社学改为凤山书院。经魏绾努力，彭科在县属公产田中给书院"膏火田"，解决了书院的办学经费问题。③ 杨匏安在这所历史悠久的学校，受到了良好的教育浸润。黄绍昌是香山县著名的文人大家，在国学诗文、教育、绘画等方面颇有声望，杨匏安应该读了不少他的诗文著述，国学水平突飞猛进。

1908 年秋，杨匏安在凤山高小学堂毕业，为了能让他继续深造，家里变卖了仅有的几亩田地，托亲戚带他到广州升学。杨匏安考上了广东高等学堂附中。广东高等学堂附中的前身是清朝洋务派首领两广总督张之洞创办的广雅书院，取"广者大也，雅者正也"的含义而定名"广雅"，即要培养学识渊博、品行雅正之人才。广东高等学堂附中坐落在广州西村，是华南最有名的学府，不但藏书丰富，人文荟萃，而且小桥流水，茂林修竹，环境清幽，风景秀美。辛亥革命后，改名省立第一中学（今广雅中学），改名前后，由著名的国学家吴道镕、诗人黄节相继任校长，诗词学家徐信符等任教师，设有数学、物理、化学和日文等课程。杨匏安在这里学习，既有良师指引，又有丰富的藏书可供阅读，进步很快。

---

① 见清同治十二年（1873 年）陈澧总纂《香山县志》卷六。
② 见《凤山书院碑记》。
③ 门晓琴. 清代香山的书院和学堂［M］//珠海市社会科学界联合会. 珠海经济社会发展研究报告 2012—2013. 北京：社会科学文献出版社，2013：595 – 602.

广东高等学堂附中（今广雅中学）

　　进入广东高等学堂附中，礼堂上悬挂着的是张之洞撰写的对联："虽富贵不易其心，虽贫贱不移其行；以通经学古为高，以救时行道为贤。"广东巡抚吴大澂撰写的另一楹联，上句则是："当秀才即以天下为己任，处为名士，出为名臣。"杨匏安所受的学校教育，大都不离"修身、齐家、治国、平天下""先天下之忧而忧，后天下之乐而乐""以天下为己任"等中国传统文化价值观。

　　杨匏安在广东高等学堂附中就读期间，当时广东的著名学者吴道镕、黄节、徐信符等都相继在该校任教。吴道镕是广东高等学堂附中监督（校长），他平日训勉学生，看淡功名利禄，先学会做人，方可为官。诗人黄节，治学严谨，讲授文史课程，对杨匏安写诗作文影响较大。

　　杨匏安同时接触了康梁改良派、孙中山民主革命派、刘师复无政府主义等各种社会思潮。一些有爱国进步革命思想的老师，对杨匏安很有影响。比如黄节，他响应孙中山的号召，发扬民意，伸张民权，宣传革命，随后又参与创办国学保存会、国粹学社及《国粹学报》。1907 年，黄节赞助于右任等创办《神州日报》，又于次年参与组织南社，以诗文鼓吹革命。

中学期间，杨匏安还读过邹容的《革命军》，陈天华的《猛回头》《警世钟》等论著。他对邹容甘当"革命军中马前卒"极为钦佩，对陈天华誓死报国尤为崇敬。[①]

杨匏安在广州读书时，正处在辛亥革命的前夜。1911 年春，同盟会的领导人黄兴等准备在广州发动起义，因秘密外泄而被迫提前举行，后因寡不敌众，孤立无援，黄兴仅率领 100 多人拼死奋战，大部分起义军壮烈牺牲。后收殓烈士遗骸 72 具，合葬于广州黄花岗，史称"黄花岗七十二烈士"。辛亥革命党人在广州发动的武装起义，给杨匏安留下了终生难忘的记忆。

广州黄花岗烈士陵园

此时的杨匏安耳濡目染，受到了有革命倾向的诸多老师和进步人士的影响，从而在心里埋下了革命的种子，孕育了救民于水火的理想抱负。烈士们英勇献身的革命精神，深深震撼了杨匏安，也激励着杨匏安。

1911 年 10 月，辛亥革命爆发，清政府驻扎在杨匏安家乡香洲前山的一营新兵起义，光复了香山县城。但不久辛亥革命的果实就被军阀袁世凯篡夺了。接着孙中山发动的二次革命，又告失败。袁世凯的走狗、云南军阀龙济光，占据了广

---

① 叶庆科. 珠海历史名人杨匏安［M］. 珠海：珠海出版社，2006：12.

东。他的土匪队伍"济军",进驻香山,贩烟开赌,奸淫掳掠,无恶不作。辛亥革命时逃往港澳的反动豪绅又跑回来,勾结"济军",到处捉人勒赎,封建复辟的恐怖气氛一时弥漫香山城乡。杨匏安目睹着幕幕政治风云的激变,康有为的变法维新失败了,孙中山和他的党人苦心缔造的民主共和国也名存实亡了。他想到有数千年文明的祖国,山明水秀的家乡,依旧是豺狼当道、虎豹横行,"霸气已沉文物改,云流垂尽管弦凄"①,不禁徘徊怅惘,思绪万千,国家的出路到底在哪里?年青一代的出路在哪里?却找不到明确的答案。

此时的杨匏安正如校名的内涵一般,已经成长为学识渊博、品行雅正之人才。

二、首陷冤狱　东瀛游学看世界

1912年,16岁的杨匏安,从省立第一中学(原广东高等学堂附中,辛亥革命后改为省立第一中学,今广雅中学)毕业,结束了难忘的中学生活,他高兴地拿到学校颁发的毕业证书,即将踏入社会,开启人生的新阶段,等待他的前景会是什么?这位品学兼优的青年,对未来,对人生,对社会充满期待,更有抱负要去实现。

(一)国文老师

先前,杨家为供杨匏安去省城读书,把家里的几亩田都变卖了,再无力供杨匏安深造了,他得先谋职,帮补家里生活。杨匏安回到香山南屏,经亲友推荐介绍,到母校——前山恭都学堂当国文老师。杨匏安以满腔热情,开始了为人师表的生涯。

这时的杨匏安还是个十六七岁的小青年,和一些年龄稍大的学生差不了多少,杨匏安以满腔热情、渊博的学识和循循善诱的教学方法赢得了老师、家长和学生的喜爱,成为人们称颂的"小先生"。他对学生耐心引导,事事以身作则,

---

① 杨匏安.泛舟[M]//中共珠海市委党史研究室.杨匏安文集.北京:中央文献出版社,1996:2.该诗原载于《广东中华新报》,1918年5月28日。

学生十分喜欢这位与他们十分接近的"小先生"，学生和家长都叫他"先生仔"。这位身体瘦弱，整天戴着近视眼镜的"先生仔"，学识不但渊博，还多才多艺，既会写诗作对，还会讲点外语（日语），不少学生家中有红白喜事，会上门请他写帖或对联。稍通文墨的乡亲，有时还和他一起吟诗作对。

学生和"先生仔"杨老师很亲近，常向他请教学习上的难题，他热心解答。闲暇和学生交流时，学生还向他讲述社会上的各种传闻，令他大开眼界。有的学生告诉他，村里有一个恶霸，开赌贩毒，放高利贷，欺压穷人，村里人都恨之入骨。还有学生向他叙说，他们村里有个青年人，助人为乐，常拿家中的钱粮去帮助穷人，又好打抱不平，却遭父母责骂，说他愚蠢，不可救药，村里人都叫他"呆子"。杨匏安后来就根据这些传闻，进行艺术加工，写成了小说《王呆子》。

在恭都学堂，杨匏安与同事们相处融洽，彼此谈论国家大事，讨论关心的时事，切磋教学上的难题。杨匏安国文极好，热爱教书工作，正好发挥特长，又受学生喜爱、同事尊敬，也许，他人生的开端还算良好。

（二）蒙冤入狱

杨匏安在恭都学堂任教时，经常不能按时领取薪水。薪水本就十分微薄，每月都被克扣，校长却说这是上头的意思，他也无能为力。恭都学堂校长刘希明，在辛亥革命时，与香山民主革命人士陈自觉、苏默斋等人，跟随孙中山进行反清活动，是同盟会澳门支部成员，受同盟会派遣，在香山县以教学为掩护，于1911年策动当地新军武装起义。但是此人在革命胜利后，便以"革命功臣"自居，到处挥霍，不但将恭都学堂历年存款贪污殆尽，还拖欠老师的薪金。杨匏安当了老师，指望靠工薪养家，岂料常被拖欠薪俸，但又碍于校长是自己的亲戚长辈，心里免不了有些嘀咕。

在恭都学堂任教数年的吴为汉比较了解内情，他私下告诉杨匏安，其实是校长从中做了手脚，贪污学校经费，拿去放高利贷，中饱私囊。刘希明与杨匏安还有点亲戚关系，杨匏安入该校任教时，他曾经帮过忙。刘希明说拖欠薪金是上头的意思，加上他又是"革命功臣"有一定声望，学校教师都敢怒而不敢言。

富有正义感的杨匏安是"初生牛犊不怕虎"，他与吴为汉、同在学校任教的堂叔杨章甫一起，经过调查了解，掌握了刘希明贪污学生学费和教师薪金的罪证。他非常气愤，目睹同事们生活困难，只好撕破情面，向刘希明讨取工薪，并惊动了恭都学堂的校董们。不料刘希明反咬一口，跑到香山县府，诬告杨匏安、杨章甫、吴为汉三人狼狈为奸，栽赃陷害，捣乱学校，图谋不轨，企图搞臭、整倒校长，取而代之。在后台的庇护下，刘希明有恃无恐，穷凶极恶，指使有关人员买通当地官府，把杨匏安、杨章甫和吴为汉拘捕，关进监牢。这是杨匏安一生中第一次入狱，当时他还不满 18 岁。"由于揭露校长贪污学款，反被诬拘捕入狱。父亲一生四次禁于牢狱，此为第一次。"①

这完全是无妄之灾啊！

杨匏安入狱期间，母亲陈智忧心如焚，十分担心儿子的安危。她深知儿子蒙受的是不白之冤，是刘希明一手造成的，她联络杨章甫的父亲和吴为汉的家属，到县府喊冤，揭发刘希明诬陷青年、贪赃枉法等事实。为了营救儿子，她自己写状词，到香山县城和澳门香山同乡会等处广为撒放。迫于社会舆论的压力，香山县当局不得不把杨匏安三人放了。但事后，杨匏安三人无法再回校任教。

入狱是杨匏安人生经历的一个转折。经历牢狱之灾后，涉世不深的杨匏安深切地感受到了当时社会的黑暗，这增添了他对吞食民脂民膏的"官仓老鼠"的痛恨。

入狱使杨匏安丢了赖以维持生活的"饭碗"，他不能再回校任教，当时的广州香山一带在龙济光的统治下，百业萧条，流落街头的失业人士比比皆是，找份工作谈何容易？同时其母亲陈智担心其再次受到刘希明的迫害，于是东拼西凑盘缠，送杨匏安东渡日本横滨勤工俭学。

（三）东渡日本

近代中国不断遭受列强侵略，危机丛生。此时，原有的文化观念不断遭到质疑，中国知识分子面临着空前的信仰危机。1905 年，清政府废除了科举考试制

---

① 杨玄，杨明，杨志，等．先父杨匏安遗事［M］//李坚．杨匏安史料与研究．北京：中共党史出版社，1999：397.

度，转而从留学生中择优录用官员。由于传统文化资源面临的困境，人们将目光转向西方和日本，一方面想从西方和日本文化中汲取营养，另一方面想找到人生上升的出路。

20 世纪初，中国的留学人数大大增加，留学成为一种社会风气，从达官贵胄子弟，到平民百姓学子，或公派，或自费，设法出洋，形成北洋政府时期的留学热潮。

北洋政府时期，教育部制定实施了特别官费留学政策、一般公费留学政策、自费留学政策以及留欧、留美、留日管理规章，形成了比较规范、完整的留学政策体系。这些政策支持、鼓励留学，以"求外国高深之学术、促进本国之文明、启发社会之知识"为留学宗旨，大大推动了北洋时期留学教育的发展，使之呈现百家竞派、自由发展的繁荣局面。其中，仅大的留学热潮就有：以庚子赔款为中心的留美热潮、近代史上的第二次留日高潮、轰轰烈烈的留法勤工俭学运动、第一次世界大战后的留德热、20 世纪 20 年代的留学苏俄等。

在 20 世纪最初的十几年中，留日学生在中国留学生中处于主流地位，"因亡命客及留学生陡增的结果，新思想运动的中心，移到日本东京"①。

第二次留日高潮出现于 1914 年，主要推动力量是政府的支持鼓励和二次革命等政治因素的影响。中华民国成立后，教育部先后颁布了《经理留学日本学生事务暂行规程》和《管理留日学生事务规程》，对促进留日运动的发展起了积极的推动作用。仅 1914 年，就派遣了官费留日学生 1 000 余人，自费生就更多了。二次革命失败后，孙中山、黄兴等人相继逃亡日本，大批留学生亦追随而至，极大地壮大了留日队伍。加之因对民国创立有功而被派往者，到 1914 年，中国留日学生人数达到 5 000 多人，仅次于 1904 年日俄战争前后的鼎盛时期②，形成了留日运动史上的第二次高潮。此后尽管由于日本的对华侵略和中日关系的变化，留日教育几经起伏，人数时增时减，但留日总人数仍极为可观。北洋政府时期，

---

① 梁启超. 中国近三百年学术史［M］. 天津：天津古籍出版社，2003：34.
② 实藤惠秀. 中国人留学日本史［M］. 谭汝谦，林启彦，译. 北京：生活·读书·新知三联书店，1983：88.

留日人数当在两万人左右，居留学各国人数之冠。①

日本通过明治维新迅速成为近代亚洲强国。甲午战争中国失败后，清廷开始选派学生前往日本等国留学。与此同时，梁启超、孙中山等人以及部分早期同盟会人士赴日本继续进行活动，探索救国之路，形成了赴日留学热。20 世纪一二十年代前中国的有志青年纷纷留学日本，如周恩来、鲁迅、郭沫若、郁达夫等。

在这种社会背景下，遭遇人生重大挫折、面临困境的杨匏安，加入了出洋留学大军，前往日本。

1915 年，杨匏安得到了一名华商的帮助，且家人为他筹到了一笔旅费，杨匏安和比他大两岁的堂叔杨章甫以及同仁吴为汉，一起随着商人东渡日本。他们登上开往日本的货轮，到了横滨。当时的横滨是华侨聚居之地，时代思潮在那里涌动，戊戌维新志士曾在那里激扬文字，梁启超就在那里办过《新民丛报》，革命党人孙中山、章太炎在那里宣传过反清言论，进行过反清活动。杨匏安到横滨求学，既接受新思想、新文化，又受到革命精神感染，为他日后进行思想启蒙，从事革命活动打下基础。

到横滨后，吴为汉带着杨匏安、杨章甫，在唐人街一间商馆找到了他的姐夫——一个势利的买办，当他听说他们是从狱中出来且被控"图谋不轨"，态度十分冷淡，更不用说接纳他们和介绍工作了。杨章甫年龄较大，涉世较深，他看透了吴为汉姐夫的态度，便带着杨匏安和吴为汉出门，找中华会馆求助。②

中华会馆命一位十三四岁的少年领他们租了一间简陋的小阁楼，总算有了一个住处，可以安顿。真是无巧不成书，这位热情的带路少年名叫潘兆銮（潘侠夫），后来回国，通过杨匏安等人的介绍，加入中国共产党，成了革命同志。③

杨匏安等人带来的盘缠很少。不久，吴为汉被他的姐夫接走，留下杨匏安两叔侄，四处奔跑找不到工作，偶然找到些临时工，但毕竟难以维持生活，于是，

---

① 元清，等. 中国留学通史·民国卷［M］. 广州：广东教育出版社，2010：2.
② 谢燕章. 青少年时代［M］//李坚. 杨匏安传论稿. 广州：《广东党史资料丛刊》编辑部，2003：27.
③ 谢燕章记录潘兆銮夫人黄琼在大沥的回忆，1970 年 10 月 24 日。

他们不得不将值钱的物品典卖，杨匏安在日本时写的诗中有"避债怕闻梯得得"之句，是他们当时穷困的生活写照。杨匏安将家乡冤案真相写成小册子，命名"如此"，油印出售，一来赚点钱聊补短炊之危，二来向华侨揭露刘希明的罪行和地方政府的腐败，雪洗他们的不白之冤，为争取考进日本的学校，也为方便打工创造条件。艰难的处境下，他顽强地拼搏着。

在日本，杨匏安虽穷困拮据，半饥半饱，但他人穷志高，克服了种种困难，努力学习，坚持不懈。没有钱买现成的书刊，便向别人借阅，或在书店中浏览，并以坚韧不拔的精神，很快攻克了日语关，搜集有关各种社会思潮流派的资料，进行学习研究。

杨匏安的物质生活是极为贫困的，但他的精神世界极为丰富，文化生活也十分充实。买不起书，一有空就去书店学习或向他人借阅西方的政治、哲学思想、文学类图书，因此接触了大量日语版的马克思主义图书。20 世纪初，日本是马克思主义思想理论传播至中国的来源国之一，也是亚洲地区较早译介马克思主义思想理论的国家，出版了众多介绍、评述社会主义理论的书刊，直接影响了中国的知识分子与社会大众。杨匏安在横滨半工半读，阅读了大量欧美近现代书刊、马克思主义思想理论和各种思想流派的著作，开阔了眼界，其思想观念发生了深刻的变化。这为他后来回国传播新文化启迪民智，传播马克思主义，寻找救国图强理论，奠定了坚实的学养基础。

（四）挚友与爱情

杨匏安住所的隔壁是一间女子私塾，塾长叫潘雪簃，是一位爱国女教师，由于彼此爱好诗词文学，两人很快结成忘年之交。潘雪簃年过五十，温文尔雅，谈吐大方，广东南海县人，其夫康有制是改良派康有为的堂弟。戊戌变法失败后，康氏家族遭到清廷通缉，康有制率家逃到澳门，以教书为生，不幸病逝。康有为的首席弟子张玉涛在日本横滨创立大同学校，特聘潘雪簃为教师，于是，潘雪簃便举家东渡横滨，后因政见不同，离开了大同学校，自开一女子私塾以教学为生。她为人正直，坚持民族气节，乐于助人，令杨匏安等人深为敬佩。

　　潘雪箴十分同情杨匏安三人在家乡的遭遇，在生活上给予他们力所能及的帮助，并介绍学生购买杨匏安他们的小册子《如此》。潘雪箴很看重杨匏安这位迫切追求进步的青年，她在上课之余，常邀杨匏安、杨章甫到家中做客。据《康若愚自传》中有关杨匏安的回忆："母亲设塾教学的第八个年头，这时有青年杨匏安，从国内来找职业。他因反对校长，被反诬捣乱入狱，他们三人出狱后随商人来此，职业是不易找，日久断炊，就拿带来的书来兜售，内有《如此》的油印刊物，是他们自编的入狱与反抗的说明。母亲同情他们，介绍学生购买几次，自此以后，杨于晚间常来谈论文学，如托尔斯泰的《复活》；又从无政府主义谈到共产主义。他们就这样成了好朋友。他不来，母亲就去请（并常唱和诗词）。"①他们彼此之间既有诗文的唱和，也有对文学著作的鉴赏，还有对各种思潮的探讨。他们还经常讨论托尔斯泰等人的文学著作乃至无政府主义和共产主义，研究时局，针砭时政，抒发对国家将来富强的理想之情。

　　随时间的推移，潘雪箴的儿子康佛、女儿康炯昭也成了杨匏安的挚友，常一起赏文作诗，讨论各种话题。杨匏安的儿子回忆："父亲在日本的情况，我们知道很少。从他后来熟悉日文，发表大量宣传马克思主义的译著来看，他在日本时间不会很短。祖母说过，父亲在日本时，曾在康姑姐家里寄宿。康姑姐即康炯昭，又名康小玲、康秀文，解放后在广东农业厅工作，用名康若愚。她是父亲生前的挚友，是我们兄弟非常熟悉，也非常喜爱的一个人。"②

　　康家兄妹国学功底深厚，加上对事物的看法与杨匏安相近，年龄相仿，几个青年人在一起，畅谈人生理想，纵论社会大事，题诗作词切磋赏析，彼此之间欣赏钦佩，有聊不完的话题。康佛也爱好诗词，1915年，他在横滨写了《虞美人·赠杨匏安》一词，称赞杨匏安是"傲骨真人子"。

　　《虞美人·赠杨匏安》用了三个典故，强化了"知音"的主题。其一，焦尾琴。东汉文学家、音乐家蔡邕用烧焦的桐木制作的七弦琴，为我国古代四大名琴之一，传说音色极好。其二，唐衢。唐中叶人，屡试不第，多愁善感，感而哭

　　① 摘自康若愚1957年7月写的《康若愚自传》有关杨匏安片段。
　　② 杨玄，杨明，杨志，等.先父杨匏安遗事［M］//李坚.杨匏安史料与研究.北京：中共党史出版社，1999：390 - 391.

泣，人谓唐衢善哭。其三，伯牙琴。春秋时代的琴师俞伯牙操琴，琴声高妙，唯
钟子期知音，能领会琴曲志在高山、流水。词的大意是：我在这远离故乡的天涯
海角，听到小楼里响起表露心情的琴声，寄语那傲岸青年，你不要流泪，不要难
过伤心。世间群龙酣战，中华大地上的狮子还没醒来，有朝一日春雷震醒睡狮，
那时你的琴声一定会和着雷声同奏而找到知音！①

虞美人·赠杨匏安

天涯听曲怜焦尾，

傲骨真人子。

小楼歌哭总相关，

寄语唐衢莫个泪澜翻。

玄黄龙战天如醉，

禹域狮方睡。

春雷何日奋强音，

惊破沉酣一试伯牙琴。

一九一五年于横滨②

　　康佛这首词充满热情，对杨匏安的困难境况表示深切同情，下阕隐含龚自
珍"九州生气恃风雷，万马齐暗究可哀。我劝天公重抖擞，不拘一格降人才"
的诗意，表示深深地理解杨匏安的志向，勉励他坚定自己的信念，终会有一展
抱负的时候。

　　杨匏安看到挚友的赠词，即兴和韵写了一首《虞美人·和康佛》回赠：

---

① 叶昌言，门晓琴. 以其诗词解读杨匏安［M］//政协珠海市委员会文史资料委员会. 珠海文史
（第二十三辑）. 珠海：政协珠海市委员会文史资料委员会，2014.
② 摘自《康佛回忆录》，由广东省委党校何锦洲教授提供，原件存广东文史馆。

杨匏安

虞美人·和康佛

冲流自惜赪鲂尾，

白眼无余子。

小楼门设也常关，

知己天涯谁复恨虞翻。

醽醁处处人皆醉，

懊恼和衣睡。

广陵今日有知音，

累得阿侬重理旧时琴。

一九一五年于横滨①

　　杨匏安的和词一开头便以坚定、自信的语气表明自己的态度和决心："冲流自惜赪鲂尾，白眼无余子。"冲流，冲击水流。赪鲂，红鲤。鲤鱼逆水冲流要依靠鱼尾发力。杨匏安答复康佛：是的，我已经积储一切力量，做好了搏击的准备，如同逆水冲流的红鲤，并珍惜保持这股动力。同时我也会像晋人阮籍那样，蔑视礼教，以白眼看待"礼俗之士"；也会学习陶潜，并非对所有人都敞开自己小楼的门扉。杨匏安要学阮籍白眼看人，要学陶潜闭门谢客，并非故作清高，而是表明自己珍重操守，不把世俗的干扰和艰难放在眼里。这是一种积极抗争的人生态度，这与他的素养和遭遇有关。

　　生活的、社会的种种折磨接踵而来，杨匏安只有以清高为武器向一切邪恶抗争，一个仅十八九岁的青年，身在异国，确实难为他了！然而，造化总会给自强者眷顾。很快杨匏安就遇上了命运的知己，同潘雪箴一家成了好朋友，他从心坎里向康佛掏出了感激之情："知己天涯谁复恨虞翻！"虞翻，三国时余姚人，曾犯颜极谏孙权，被贬谪交趾，临终作自白书说自己没有知己朋友而遗恨终生。杨

---

　　① 摘自《康佛回忆录》，由广东省委党校何锦洲教授提供，原件存广东文史馆；中共珠海市委党史研究室. 杨匏安文集 [M]. 北京：中央文献出版社，1996：1.

匏安引用此典故反用其意思：虽是天涯海角客居流离，但能有你这样的知己，便没有虞翻老死异地之恨了。

下阕："醨醨处处人皆醉，懊恼和衣睡。"醨，酒糟；醨，淡酒。处处，到处。人皆醉，麻木人生。这里用了《楚辞·渔父》中屈原与渔夫的对话典故。屈原曰："举世皆浊我独清，众人皆醉我独醒，是以见放。"渔父曰："……世人皆浊，何不淈其泥而扬其波？众人皆醉，何不餔其糟而歠其醨？"杨匏安借用典故，对时人安于现状、不关心国事的麻木状态表示担心与无奈。同时他告诉康佛：我由于内心太难过了，晚上常常和衣而睡。现在我终于找到了知音，为有了一个可以倾诉心曲的朋友感到欣慰。"广陵今日有知音"，广陵，指乐曲《广陵散》。三国时，嵇康因不满司马集团专制被害。临终前索琴弹奏《广陵散》，抒发心中愤慨。这里，杨匏安反用了嵇康的典故，嵇康至死没有知音，而自己幸运地找到了知音，所以"累得阿侬重理旧时琴"。"累得"，是调侃语，累得我还要重新调理旧日的古琴。这一风趣而带点谐谑意味的话语，表示友情的深厚和关系的亲密无间。[①]

这是迄今为止我们看到的最早的杨匏安诗词，写作水平起点极高。如前所述，此时杨匏安生活极端艰难，但人生态度十分积极，没有怨天尤人，没有消极颓废，全首词作的基调积极乐观，强调感恩，强调积蓄力量，强调迎接未来奋斗，让人看到一位真实的奋发有为的青年形象。词在写作技巧方面也取得了极大成功。全词共八句，有六句用典，而且准确无误，大大地提高了语言的表现力，如："知己天涯谁复恨虞翻"，如果用直接叙述，换成："远在天涯寻找知己，多不容易啊"，就无法传达出其中的委婉深挚的韵味！再如"广陵今日有知音"一句，也写得惟妙惟肖。嵇康临终弹琴，没有找到知音。杨匏安用此故事表示自己比嵇康幸运，"今日"就找到了知音，"今日"就有一个可以倾诉心曲的朋友！弦外之音强烈而清晰。凡此种种，看出其功力，非同小可！

偶尔，几个年轻人到公园散步，在异国樱花盛开之际，杨匏安诗兴大发，写词一首，仿女诗人苏蕙的回文诗，赠给康佛。其词如下：

---

① 叶昌言，门晓琴. 以其诗词解读杨匏安［M］//政协珠海市委员会文史资料委员会. 珠海文史（第二十三辑）. 珠海：政协珠海市委员会文史资料委员会，2014.

杨匏安

菩萨蛮·回文词

鸟啼愁处红花笑，

笑花红处愁啼鸟。

游客莫多愁，

愁多莫客游。

树摇蝉咽苦，

苦咽蝉摇树。

长夏困怀乡，

乡怀困夏长。①

    自古以来，花开时节容易触发游子思乡的情怀，杜诗名句"花近高楼伤客心"，对此感怀至深。杨匏安此词用回文词的形式展示、深化了这一主题。

    这首回文词从字面看来表述比较简单，反反复复渲染了游子的思乡之情。鸟啼：相传子规鸟的啼叫声似"不如归去"，最易牵动客居人的思乡之情。红花笑：红花开了，盛夏到来，这时节，异国游子内心自然泛起了思乡的涟漪。"游客莫多悉，愁多莫客游"是无奈之下的自我开解和互相安慰！杨匏安、杨章甫、康佛、康若愚，都是广东人，年龄相近，抱负相仿，乡音相同，对原来熟悉的乡土风情、生活习惯等方面，当然有许许多多共同的话题。词章把所有这些话题都熔铸在"怀乡"之中，通过恳切、深沉而独特的意象：鸟啼、花笑、树摇、蝉咽，连环相扣、反复回旋地传达出来。

    词中回环吟唱"游客莫多愁""乡怀困夏长"，结合当时的社会背景、生活处境，细细玩味之后，不仅仅表达了简单的怀乡之情：大树，根基也；蝉，居者也。树动摇、蝉苦咽，是否还暗隐"山河动荡、百姓受苦"之意呢？末两句"长夏困怀乡，乡怀困夏长"是全篇主旨，岂止是黑夜之长，身居异国，前路茫茫，生计艰难，思乡情切。而真要回乡，面对黑暗的社会现实，又陷入更深的苦

---

① 摘自《康佛回忆录》，由广东省委党校何锦洲教授提供，原件存广东文史馆；中共珠海市委党史研究室．杨匏安文集［M］．北京：中央文献出版社，1996：1.

"困"。

杨匏安诗思敏捷、才华横溢。《虞美人·和康佛》与《菩萨蛮·回文词》，是现存最早的杨匏安的两首词作，是他在日本连吃上饭都艰难的时期写成的，当时他才19岁。这两首词，即使用严厉的目光挑剔，也找不出多少写作技巧上的毛病。层次结构分明，语言组织缜密，真叫人不得不敬佩这个天才少年的艺术造诣。

潘雪簖一家与杨匏安的友情日笃，尤其是女儿康炯昭（后改名康若愚）对杨匏安的才华十分钦佩，产生了爱慕之情。杨匏安亦感到这位淑雅纯情的少女很中他的意，不久，便由互相爱慕转为相恋，潘雪簖看在眼中，默默地同意了女儿的选择。1916年初，潘雪簖患病，请杨匏安代课。岂料潘雪簖竟一病不起，临终前，她把杨匏安请来，将女儿康炯昭的终身托付给他，溘然长逝。在异国的土地上，潘雪簖给了杨匏安母爱，她的死使他感到十分沉痛，对照顾康炯昭兄妹更觉有义不容辞的责任。

1916年，杨匏安刚满20岁，母亲陈智抱孙心切，且感本宅人丁单薄，便托人物色，经同县翠微乡的亲戚做媒，介绍其姨夫的堂侄女吴佩琪与杨匏安婚配。这种亲上加亲的婚姻形式在当时的旧中国是十分通行的。陈智心中十分中意吴佩琪这位贤淑识礼的女子，便为杨匏安订了这段婚姻。为了迎娶儿媳，陈智择好了日子，以"母病"为由，叫杨匏安速归。杨匏安是个孝子，得知母病，未知其中实情，便匆忙结束了在日本的工读，满怀愁绪，担心着母亲的健康，乘船回国。

杨匏安的妻子吴佩琪，摄于1916年

杨匏安回国后，匆匆返回北山家里。不料等候他归来的母亲却是笑脸相迎和满堂吉庆。他讶异地问母亲病好了吗？陈智高兴地答道："我从来没有病过，只是想你快点结婚，生个孙儿，以完成我多年的心愿！"接着，便告诉他，已为他订了婚约。杨匏安有如五雷轰顶，他离开日本时康炯昭兄妹的送别之情，言犹在耳，与康炯昭的旦旦誓言仍在脑际萦回，本想回国后向母亲禀明，便接康氏兄妹回国，想不到却出现了眼前这一幕。

杨匏安的儿子们回忆："家父回国时，潘将女儿托付给他，随同回国。我们听说，父亲同康姑姐，本有婚姻之约，但回国后，祖母已经为他订婚，对象居中山翠微村，姓吴名佩琪。"①

杨匏安将潘雪箴临终托孤以及与康炯昭订立婚约之事详细告诉母亲，请求母亲陈智退掉其与吴佩琪的婚约。在旧中国，虽然帝制已被推翻了，但封建族权家规仍顽固地统治着整个社会，陈智所接受的是封建风俗成规教育，一下子是无法改变过来的，她不答应儿子的请求。

杨匏安默念母亲为了他的成长，备受折磨20年，耗尽了心血，养育之恩岂能忘却。他不好忤逆母亲，只好接受这封建传统的"父母之命，媒妁之言"的婚姻。但是，他心上的姑娘毕竟是康炯昭，而不是陌生的吴佩琪。因此，他的内心感到十分痛苦。

杨匏安与吴佩琪的婚事已成定局，他写了一封详细的信给日本横滨的康炯昭，表达万分无奈之情，表明母命难违，不得不就此分手，劝康炯昭另找婚配。陈智得知了儿子与潘雪箴一家的深情之谊后，体谅儿子不易，她虽不便推掉这门亲上加亲的婚事，但妥善安排儿子对康家的承诺是完全可以的。于是陈智为潘雪箴临终托孤之事，也写了一封充满慈爱之心的信给康氏兄妹，表示愿将两人收为义子义女，以匏安作兄长。不久，康氏兄妹一起回国，在澳门拜陈智为干娘，拜匏安夫妻为兄嫂。"父亲与康姑姐有很深的感情，但顺从祖母意愿，结果康姑姐拜祖母为义母，称家父为大哥，同我们家保持密切的来往。她后来同黎演荪结

---

① 杨玄，杨明，杨志，等．先父杨匏安遗事［M］//李坚．杨匏安史料与研究．北京：中共党史出版社，1999：391.

婚，担任广州道根女校校长。"①

"杨匏安的职业始终不易找，回澳门去了。他的母亲来信叫我去，问我愿意当她的女儿不？我就像鲁滨孙漂流记样漂到了陌生的澳门。……这时杨匏安在广州找到时敏中学当教务长的教职，我也随着他家迁居广州。"② 康炯昭后来经杨匏安介绍与华侨教师黎宝书（黎演苏）结婚，在杨匏安的影响和引导下，双双走上了革命的道路。康炯昭与杨匏安一家人也结下了终生友谊，杨匏安一家老少都很喜欢她，孩子们亲切地叫她"康姑姐"。

在母亲陈智的主持下，杨匏安与吴佩琪结婚。吴佩琪小杨匏安 2 岁，出身于香山县翠微乡望族，勤劳贤淑，识事理，明大义，性情温顺。她与杨匏安结婚后，逐渐知道丈夫娶她的苦衷，得知杨匏安在日本与康炯昭相恋，只因为孝顺母亲而斩断情丝，顺从母意与自己结婚时，深感丈夫的一片孝心实在难得，同时也为杨匏安负责任、重情谊的行为感动。此后，吴佩琪无怨无悔地跟随杨匏安，支持丈夫事业，协助家婆操持打理家务，维持一家人的生活。

三、澳门教书　结友写作传新知

1916 年底，经亲友引荐，杨匏安到澳门教书。印刷铺老板陈立如，家里有年龄不一的几个小孩，聘杨匏安为西席（家庭教师），教几个孩子读书，也帮助他料理些文案事宜。杨匏安根据学生的年龄和接受能力分别施教，无论国文诗词歌赋，还是日语，孩子们跟着杨匏安学得津津有味，学业成效显现，这使陈立如非常满意。他为杨匏安在澳门租了房，安了家。杨匏安为了做好教学工作和照顾家庭，把母亲和妻子一家接往澳门，还将失去母亲的堂弟杨广（青山）带在身边，让他接受教育。

① 杨玄，杨明，杨志，等. 先父杨匏安遗事［M］//李坚. 杨匏安史料与研究. 北京：中共党史出版社，1999：391.
② 摘自康若愚 1957 年 7 月写的《康若愚自传》有关杨匏安片段。

20 世纪初澳门南湾

　　杨匏安到澳门后，教书之余，逐渐与教育界、文化界人士交往，认识了冯秋雪、赵连城夫妇（据杨匏安堂弟杨广回忆：冯秋雪是澳门佩文学校创始人之一，教育家、诗人，与赵连城均为同盟会会员。杨匏安和冯秋雪夫妇是诗友，后成为挚友。1927 年 12 月广州起义前后，他们是中共澳门地下党的重要人物。中华人民共和国成立后回广州任省市政协委员），莫运公和澳门翰华学校校长黄沛公（黄沛功）等人。杨章甫此前已举家迁往澳门，设"渥提寄庐"书馆。康佛和康炯昭应杨母的邀请从日本横滨来到了澳门。这群青年人，意气相投，常聚集在一起写诗作文，观赏"霜叶争霞明水际，风帆向晚走云端"的美景；纵论时政，畅谈人生，指点江山，抒发"九万里天通呼吸，五千年事费平章"的豪气。

　　几百年来，澳门华洋杂处，中西文化交汇，在这样一个文化氛围比较宽松的环境里，杨匏安凭着自己广博的学识、优质的教学，不仅赢得陈立如全家的赞赏，而且在澳门及内地文化教育界崭露头角。

　　在澳门一年多的时间里，杨匏安在家教与社交活动之余，撰文向人们传播在日本所接受的新科学知识。他以"寒灰"为笔名，写了不少诗词和文章，出过文集——《寒灰集》，可惜久已失落。目前找到的有在《东方杂志》上刊载的文章以及在《广东中华新报》上留下的几首诗作。透过这些不多的作品，让我们管中窥豹，略见一斑那段经历。

兹选杨匏安诗作三首如下：

登东望洋山同沛功粟一分韵得洋字

天风浩浩水汤汤，跋石攀松看夕阳。
几片风帆成点缀，半间茅屋寓沧桑。
颇嫌啼鸟催诗急，却讶归云袭袂凉。
自分凿坯栖隐去，壮怀收拾叹茫洋。

此诗是杨匏安在澳门同朋友黄沛公、粟一攀登东望洋山时所作。黄沛公、粟一都是澳门教师，是杨匏安新认识的诗友，都是热血青年。夕阳西下，他们迎着浩浩的海风，面对茫茫的大海，跋石攀松，登上东望洋山，远眺十字门，分韵赋诗，畅叙豪情。

下山小饮

山腰日气莽苍苍，羁客凭高怯望乡。
九万里天通呼吸，五千年事费平章。
风帆远掠寒林过，云兽纷擎绝壑藏。
采得杂花归去晚，酒家尚有松醪香。

这首与上一首《登东望洋山同沛功粟一分韵得洋字》应是同时所作。上一首写登山，这首写下山。"九万里天"，指中华大地。"通呼吸"，指休戚相关，祸福与共。"五千年事"，指中华民族几千年历史。"平章"，指辨别、品评。"费平章"，指难以一一评说。这里，杨匏安提出了一个发人深思的大问题，看来他是用心掂量过的：从当代社会的种种危机到中华民族几千年的兴衰历史，个人的、社会的、民族的、国家的前途在哪里？未来怎么办？他心如乱麻，剪不断，理还乱，永远说不清楚！好一个"费平章"啊！由此我们似乎窥见了青年诗人那颗忧国忧民之心。诗的后半段着重对眼前所见与所想的素材进行巧妙的艺术构思和描绘，表达他热爱自然、热爱生活的心态。

钓

收拾诗篇理钓竿，潺湲秋水辨微寒。

居夷有此宁为陋，合辙于今倍觉难。

霜叶争霞明水际，风帆向晚走云端。

单襦皂帽萧条甚，老却天涯管幼安。

此诗写于初秋，实录当时的生活。诗人的情绪较前首冷静多了。诗中劈头就说，现在要放下书本去料理钓竿了。接着又满有情致地写到欣赏潺湲的秋水，享受初秋的凉风。对自己当前的居所条件、生活环境也较为满意："居夷有此宁为陋"，他认为澳门（夷）这个地方即使是居住"半间茅屋"也不算简陋了，何况这里的周围还有许多动人的景色！那鲜艳的霞光与霜天红叶交相辉映，倒影在平静清澈的水面上，当黄昏来临，海上的风帆像白云飘移……诗人如此细致地描绘了这些动人的景色，当然同他当时的心境有关。杨匏安与吴佩琪结婚后，他母亲主动邀请康氏兄妹回来，并认康炯昭为干女儿，从此杨康两家结下深厚友谊，个人情感的波折此时已经了结。这种个人情绪的变化，自然会表现在诗中。社会处于大变革的前奏，先知先觉者总是少数的，慨叹知音者稀是有大抱负的青年人的常态。诗的末尾强调要做"老却天涯管幼安"！管幼安，即管宁（158—214），三国北海人，淡泊名利，隐居辽东三十多年，魏文帝、魏明帝分别征他出仕，管宁都推辞了。诗中作者以管宁自期，表明自己"宁愿清贫，不慕虚荣"的高洁志向。"霜叶争霞明水际，风帆向晚走云端"有积极奋发的含意，这是全诗的主旨。

统考这三首诗，有年轻有志者的豪放之气，也有养家糊口的生活困窘；有寄

情山水的开心，也有借酒浇愁的苦闷；有情绪低落的消沉意识，也有忧国忧民的
精神情怀。诗歌勾勒了杨匏安飞扬的文采，丰富的精神，博大的视野，高远的
理想。

1917 年 10 月 15 日，杨匏安以"匏厂"为笔名，在《东方杂志》第十四卷
第十号发表了科普文章——《原梦》，这是我国较早向国人介绍关于梦的科学解
释的一篇译作。该文节译自日本市村氏《变体心理之研究》一书中的内容。《东
方杂志》是商务印书馆出版发行的综合性期刊，创刊于 1904 年 3 月 11 日，馆址
设在上海，是当时国内影响较广的大型综合刊物。中国近代著名的科普出版家、
翻译家杜亚泉曾任商务印书馆编译所理化部主任，这位"科学报国的先驱者"
以科学报国为己任，1912 年出任该刊主编，在主持《东方杂志》期间，致力于
介绍物理、化学、医学、政治、法学、哲学等自然科学和社会科学方面的最新知
识、最新动态。杨匏安节译的《原梦》正契合了刊物的这一要求。

《东方杂志》第十四卷第十号封面

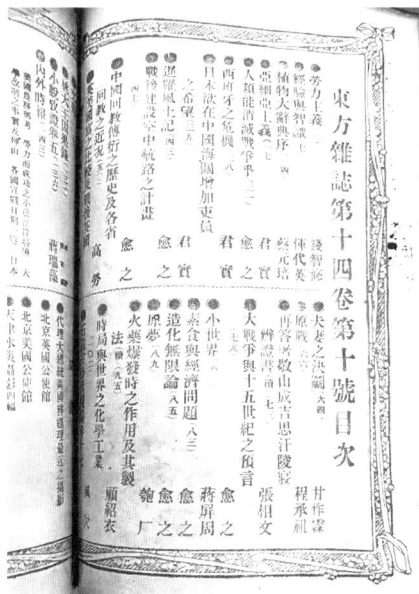

1917 年 10 月 15 日，杨匏安以"匏厂"为笔
名，在《东方杂志》第十四卷第十号发表了科普
文章——《原梦》

《原梦》全文约 4 000 字，对人睡眠时的生理机制、睡眠的程度和产生睡眠的生理原因都作了解释，与现代理论一致。《原梦》还解释梦及梦中意识："梦之所以为梦，不外当吾人睡眠中，因一部意识之活动，受身体内外所来之刺戟而生之错觉耳。不然，或由于神经中枢直接的刺戟而生之幻觉。如此之梦，固非意识全部活动，唯其活动仅起于一部。故凡注意判断推理种种之高等精神作用，乃付阙如。"[①] 这对梦中的意识、梦的成因，作了合乎逻辑的解释。文中还对梦能否预测吉凶祸福，以及梦与精神病的关系等，都作了科学分析。这些科学知识有利于破除民众中存在的某些愚昧的迷信思想，不乏真知灼见。

杨匏安在澳门的生活渐趋稳定，大儿子杨文达已出生。但是，澳门在葡萄牙殖民主义者的统治下，赌坊、鸦片烟馆、妓院林立，是富人的乐园，华人被视为低等民族，劳动人民更是处在水深火热之中。从苦难中走过来的杨匏安肯定做过许许多多的思考。杨匏安教学之余，意识到这种社会与自己所向往的社会相去甚远。

杨匏安的内心深处蕴藏着更重要的东西，那就是长期积累下来的，被压抑着的忧患意识、爱国情怀，一直没有得到抒发，他渴望有更大的平台，施展自己的才华，渴望有理想的社会，实现人生的抱负。

1918 年，杨匏安的挚友陈大年从日本回到广州，和容伯挺创办了《广东中华新报》，邀请杨匏安到《广东中华新报》兼职工作，并介绍他到私立时敏中学任教务主任。杨匏安欣然受聘，开始了他新的人生旅程。

---

① 杨匏安. 原梦［M］//中共珠海市委党史研究室. 杨匏安文集. 北京：中央文献出版社，1996：7－8.

第二章

广州教学笔耕　投身新文化运动

　　1918 年，杨匏安举家迁往广州，他先后执教于时敏中学、南武中学及省立甲种工业学校，并在《广东中华新报》当兼职记者。广州的政治文化环境，不但促成了杨匏安思想精神的巨大飞跃，也为他在社会科学领域中的研究提供了土壤和条件。杨匏安良好的文化素养在这时期得以厚积薄发。

　　杨匏安以满腔热情，投身于五四新文化运动，勤奋笔耕，创作、编译了大量宣传新思想新文化的作品，涵盖了社会科学的多个领域，一些著述极富有开拓性和前瞻性。他有计划地介绍西方美学、哲学思想和社会学说，在报刊开辟专栏，先后译介了康德、黑格尔等人的观点及唯心论、唯物论、一元论、多元论、社会主义、共产主义等学说。杨匏安在启迪民智，开拓视野，倡导民主科学思想等方面不懈努力，成为华南新文化运动的骨干。

一、清贫教师　傲骨铮铮淡名利

　　1918 年，杨匏安受挚友陈大年邀请到广州时敏中学任教务主任，兼职《广东中华新报》工作。于是杨匏安举家迁到广州，同时搬到广州的还有他的堂叔杨章甫一家。两家十多口人一起住在司后街（现为越华路 116 号）杨家祠。杨匏安最初的革命活动就是从这里开始的，他在这里写下了不少开启民智、介绍新学说的文章，也著有宣传介绍马克思主义的论著。杨家祠是杨匏安从事革命活动的重要场所之一，是中共广东支部的所在地，也是大革命时期在广东的一个革命指挥所。杨家祠由此与中国革命紧紧联系在了一起，这是后话。

时敏中学是 1898 年三水人邓家仁、邓家让兄弟和新会人陈芝昌等一批有维新思想的新科举人和青年士绅在广州创办的。他们于 1897 年创办时敏学会，次年在荔枝湾附近多宝大街宝庆新街（今多宝路 39 号）设立时敏学堂，是清代广州第一家民办的新式学堂。民国初改名时敏中学。邓家让（1870—1936），字恭叔，清光绪丁酉科举人，1901 年，他招募四会、广宁八千余名农工，创办"广东垦场"。1916 年，邓氏将垦场全部土地无偿分给场工种植。1917 年，邓家让接替其兄邓家仁出任时敏中学校长。

杨匏安在时敏中学，除了担负教务工作外，还兼任一门国文课的教学工作，工作繁忙，平日住在时敏中学，每逢星期天或休假日，便回杨家祠，探视家人。时敏中学是民办学校，办学经费不足，时常拖欠教师的薪水。杨匏安上有母亲陈智、庶母关秀英，下有妻子吴佩琪和幼小的长子杨文达，再加上独身的姑母和早年丧母的堂弟杨广，一家七口的生活多要靠他维持。由于教师薪俸无法保证，母亲和妻子靠缝纫、做手工梘（肥皂）、卖糍粑来维持生活，他经常要在教学之余，昼夜写稿帮补家用。

在时敏中学任教时，杨匏安勤奋创作，在《广东中华新报》上发表的旧体诗，一方面反映了他的清贫生活，有开心愉悦，有内心的痛苦和对未来的期盼。如："把酒乐斯须，偷闲静里娱。相逢皆作客，不醉且行沽"（《同无庵都休饮酒》）；"相见拼一醉，归去独陶然"（《过无庵小饮并柬章甫》）；"霸气已沉文物改，云流垂尽管弦凄。天心厌乱人思乐，底事春城尚鼓鼙"（《泛舟》）。"霸气"委实"消沉"了。戊戌变法失败了，辛亥革命的果实被袁世凯篡夺了，政局乱糟糟，人民悲戚戚，这就是眼前的一切！什么时候老百姓才能有个安生的日子，看到光明？他回答不了，也没法回答。所以只能作这个悲怆的总结。这是诗人绝不愿意看见的，却是无可奈何的！诗人只好发出痛苦的诘问："天心厌乱人思乐，底事春城尚鼓鼙？"没完没了地打啊，杀啊，抢啊，烧啊，连老天爷都厌烦了，为什么好端端的一个广州城还不断地传来枪鸣炮炸之声呢？读到这里，我们看到诗人内心何等愤懑和焦灼！有些许无奈的心情，更有不向世俗低头的傲骨。杨匏安凭借自己的学识，却还不能给家人带来富裕的生活，回报含辛茹苦养育自己的老母亲；从事繁重的工作，却只能维持最低的生活需求，恶劣的社会现实使他内心更加痛苦。生活在理想与现实残酷夹缝之中的杨匏安，是"贫贱不能移"的傲骨，支撑他在贫困交加中依然淡泊名利。

当时，广东省警察厅秘书陈恭受是杨匏安的老乡，十分欣赏杨匏安的才干，对他颇为器重，曾以金钱、官职为诱，欲收其为亲信，为己效劳。杨匏安恶其品性，坚辞不就，宁可清贫度日，也不去应这个"肥缺"。陈恭受为报复杨匏安，阻止报馆刊发"寒灰"的文章，杨匏安换笔名"匏安"，笔耕不辍。孔子曰："吾岂匏瓜也哉！焉能系而不食？"这就是他取名匏安的由来。

杨匏安从小生活在政治风云激荡、社会思潮涌动、弄潮儿女迭出的环境中。文天祥、陆秀夫临危救主，林则徐虎门销烟，沈志亮镰刀怒斩业马留，孙中山辛亥革命……这些激动人心的历史事件就发生在他的身旁。他有良好的家教，从小就跟母亲诵读诗词古文，他自称"幼时颇有诗癖"，入学以后有良师指点，广泛接触各种社会思潮，加上自己努力学习，不断提高思想、文化素养，很早就崭露诗思文才。他说："不佞少而颓唐，学殖荒落乃谬以诗古文辞见称朋旧。"（《诗选自序》）。所谓"颓唐""荒落"，带有自谦、揶揄之意，不能以此论定其思想品德。青少年时代的杨匏安就立下志向，绝不辜负家庭和社会的期望。他刚踏进社会就勇敢揭露校长贪污；在日本生活极度艰难仍努力学习日文，结交新朋友，汲取各类新知识；在教学中弘扬诗教，主张以诗"厚人伦，美教化，移风俗"。杨匏安背负着七口之家的生活重担，他拼命工作，拒绝不义之请。

杨匏安从家乡到日本横滨，然后到澳门，再到广州，一路当过小学教师、代课教师、家庭教师、中学教师，显然他热爱教书，把自己才华用在培育学生上。他在教学中，以文为例，教育学生做品性高洁的人，引导学生关心民间疾苦，心中有国有家。在学校他也是更愿意与清高有才的同事来往。杨匏安在时敏中学有两位志趣相投的同事、诗友贺无庵和孙都休。他们时常饮酒吟诗，或在课余之暇，一起到荔枝湾划艇、散步，欣赏夕阳西下、荷叶田园的璀璨风光，为艰苦的教学生活增添了不少情趣。贺无庵原是广西世家子弟，在广西等地做过几任中学校长，时任时敏中学学监，比杨匏安年长近10岁，两人是在澳门认识的。贺无庵厌恶世情，敝屣荣华。孙都休是年过三十的独身外省人、书画家。杨匏安鼓励他多写诗。过去孙都休极少发表诗作，在杨匏安鼓励下，曾在两个月内，在《广东中华新报》连发诗作 80 余首。三人都是满腹才学之人，都具愤世嫉俗、寄情诗酒、清高自赏的心态。杨匏安或许与其他同事沟通往来少，难免被人误会，与他人产生隔阂，"被高等师范学校毕业的教师排挤为不懂新教育事业"，杨匏安立即辞职，离开时敏中学，奋笔为文，写成《青年心理学》和《美学拾零》共四万余字，于 1919 年 5 月在《广东中华新报》上发表。这是他留学日本时积蓄的潜能的又一次迸发，表明他并非如时敏中学某些同事的想象，出身于张之洞广雅门下、只会饮酒吟诗的古董，而是新文化运动的弄潮儿。

由于新闻界朋友、著名律师陈大年的介绍，杨匏安先后转到南武中学和省立甲种工业学校任教。南武中学和省立甲种工业学校的学生运动十分活跃，特别是省立甲种工业学校，五四运动以来，一直是广州学生运动的主要支柱。后来成为著名共产党人和革命烈士的阮啸仙、刘尔崧、张善铭、周文雍等，都出自这所学校，周文雍还是杨匏安教过的学生。杨匏安在这两所学校，以他的才学和人品赢得了学生的敬仰，为其后广州党组织建立后的发展，为共青团工作的展开，打下了一定基础。

二、兼职媒体　激扬文章启民智

在杨匏安读书工作的年代，爆发了第一次世界大战，俄国发生了十月革命，中国发生了辛亥革命，其后又发生了五四运动。这是一个激荡的年代，革命的年代，也是改变中国社会的年代。杨匏安来广州执教的时候，正是我国新文化运动蓬勃发展的时期。新文化运动以 1915 年 9 月 15 日《青年杂志》在上海创刊为标志，陈独秀任主编，李大钊是主要撰稿人并参与编辑工作。新文化运动经过了前期、后期两个阶段，前期以反对封建旧文化，提倡民主科学为主，这场运动的口号是"德先生"和"赛先生"，是辛亥革命民主思想在文化领域的延续。后期以宣传十月革命和社会主义为潮流，五四运动以后，马克思主义的传播成为主流。以陈独秀、李大钊、鲁迅为代表的民主主义者发动的这场反封建新文化运动，大张旗鼓地宣传民主科学，反对封建尊孔复古。

就生活在广东的杨匏安来说，眼见辛亥革命的果实被军阀袁世凯篡夺了。接着孙中山发动的二次革命，又告失败。袁世凯的走狗、云南军阀龙济光，占据了广东。他的土匪队伍"济军"，进驻香山，贩烟开赌，奸淫掳掠，无恶不作。辛亥革命时逃往港澳的反动豪绅又跑回来，勾结"济军"，到处捉人勒赎，封建复辟的恐怖气氛一时弥漫香山城乡。一幕幕政治风云的激变，康有为的变法维新失败了，孙中山和他的党人苦心缔造的民主共和国也名存实亡了。作为一个正直的知识分子，杨匏安耳闻目睹有数千年文明的祖国，山清水秀的家乡，依旧是豺狼当道、虎豹横行，"霸气已沉文物改，云流垂尽管弦凄"。他不禁徘徊怅惘，思绪万千，国家的出路到底在哪里？年青一代的出路在哪里？他找不到明确的答案，能做的，就是拿起手中的笔，奋发写作，来抒发情怀，针砭时弊，这在客观上顺应了新文化运动的潮流。

受新文化运动的影响，杨匏安在教学之余给《广东中华新报》等刊物投稿，宣传新思想、新文化。《广东中华新报》是当时广州一家规模、影响都比较大的报社，办报倾向进步民主，成员大都是留日学生。在该报杨匏安发表了大量的介绍西方学说、开启民智的文章，涉及文学、政治、哲学、美学、心理学等多个领域。

杨匏安在新文化运动前期的作品，以科普、诗歌、散文、小说为主。目前所看到的作品，大多发表在《东方杂志》和《广东中华新报》上，尤其以后者发表为多。

新文化运动时期，中国人把外国文学作品翻译介绍到中国来。欧洲、俄国、日本、印度等国家的文学名著的译介纷纷进入读者视野。杨匏安在新文化运动的背景下，节选过托尔斯泰的小说《迁善》（载《广东中华新报》1919 年 3、4月）、《滑铁卢之战》（载《广东中华新报》1919 年 4、5 月）。还有一些小品文、寓言等，也都发表在《广东中华新报》上，比如《避债》《智妇》《远识》《波斯老人》等，从中可看出杨匏安的博学多才，以及博览群书、融会贯通的驾驭能力。这些作品涉及多个国别，杨匏安可能是从翻译作品中节选的，分期连载在报纸上。

（一）《东方杂志》上的科普作品

1918 年 5 月 15 日，在《东方杂志》第十五卷第五号上，杨匏安发表了《晕船之防止法》一文，不到 2 000 字。这篇文章的发表，适应了当时民众现实生活的需要。当时，南方民众远行主要靠乘船，而好多人都有晕船的现象，乘客都渴望有办法防止晕船。杨匏安在文中，根据个人乘船东渡日本时的经历体会，并结合好多人的实际情况，提出了防止晕船的 15 种细致的方法："预防之法有种种。选巨大之船舶，座位宜近船之中部，是其一也。船初解缆。勿遽下仓房休息，必以一小时在甲板上，延伫既归己室，宜洞辟窗户，以流通空气，是其二也。乘船之前一日，预服甘汞及其他平善之下剂。使便溺通利……须每日服药一次：稀盐酸 1.0 格兰姆，番木龟丁几 1.0 格兰姆，蒸馏水 30.0 格兰姆。以是三者调服，以助消化，是其九也……"① 告诫乘客在乘船之前和乘船之时，需要注意的种种方法和道理。这些方法现在看来，也有一定的科学原理。《晕船之防止法》内容实在，条理清晰，务实求真。这也是杨匏安一贯的文风。

（二）《广东中华新报》上的文学作品

杨匏安的诗歌、散文、小说，主要见于《广东中华新报》上，1918 年最多。《广东中华新报》是他创作发声的平台。《广东中华新报》是当时广州一家规模和影响较大的报社，创刊于 1916 年底，日出两大张，社址设在西关第七甫五十八号。社长容伯挺（1886—1922），广东新会人，同盟会会员，与李大钊、林伯渠同为中国留日学生反袁秘密组织"神州学会"的骨干。1916 年 1 月，蔡锷反对袁世凯称帝，在云南起义。神州学会主要成员李大钊、林伯渠、容伯挺等纷纷回国，从事反袁活动。容伯挺历任护国军军务院政务委员长梁启超的秘书、广东省议会议员等职。《广东中华新报》的总编辑、主笔是陈大年（1882—1969），字萝生，南海人，世居广州，是广州报界的著名记者。陈大年身型矮小，而声若

---

① 杨匏安：晕船之防止法［M］//中共珠海市委党史研究室. 杨匏安文集. 北京：中央文献出版社，1996：26 - 27.

洪钟，绰号"大声公"，常用笔名"惺公"由此而来，为人慷慨豪气。辛亥革命前后，他执教南武学堂，兼职报社，写文抨击袁世凯窃国，被通缉，亡命东京，肄业法政学堂，后任大律师。他曾任教横滨华侨学校，结识了杨匏安，大杨匏安十多岁，俩人很投缘，成为挚友。

陈大年任《广东中华新报》总编辑时，多次转载蔡元培、李大钊、胡适等人传播新文化、介绍新思想的文章。陈大年撰文盛赞北京大学文科诸教授为改造中国的"第一流中心人物"，称"陈独秀名满海内，为新派文学之主唱者"。

杨匏安在进入《广东中华新报》的初期，发表了近 20 篇富有新意的散文、小说、旧体诗和世界文学泰斗托尔斯泰等人的小说译文。陈大年称赞同事加挚友的杨匏安，称："友人杨匏庵，文字雅洁，一望而知曾致力于古文者。昨寓书于记者，痛论近人所为小说之弊，谓小说之运词，似乎宜于华丽……脱在老手，必删除薄艳，外质而中膏，毋佻毋纤，恒存肃穆之气……如畏庐短篇杂著，虽多有经人翻译者，然一出此老笔下，有雅俗之辨，……匏庵健者，宜其有此独到之语也。一般小说家可以知所戒矣。"[1] 他对杨匏安文章文字雅洁、言之有物、文风独到很是欣赏。这相比于当时报纸副刊发表的那些清宫艳史秘闻和鸳鸯蝴蝶派的哀情小说，要鲜活生动，贴紧民间疾苦，抒发劳苦大众心声。

杨匏安的十多篇散文，最长的不到 500 字，短的只有 100 多字，取材于古今中外的各类故事，有启迪智慧的，有警示劝导的，有惩恶扬善的。文章幽默风趣，读起来很有意思。如发表于 1918 年 3 月 2 日的《窃疾可治》，写一妇女不满其夫"日则酗酒，夜必行窃"，就请医生为其夫治疗"窃疾"。医生虽觉可笑，但感其诚意，给她一些令人服后"夜必患咳"的药。她偷偷地给丈夫服了这种药。其夫晚上出去偷窃，"咳声顿高"，怕被人发现，不敢再去偷窃，"遂改行为善"。这篇看似笑话的短文，却颇有深意，耐人寻味，主旨在于劝导踏入犯罪之路的人早日改邪归正。又如《智妇》一篇，讲一位比利时农妇为自己争取利益的故事，篇幅不长，兹录于此："前此比利时有一农夫，卧病垂死，弥留之际，诏其妇曰：吾家长物无多，但余一犬一马，吾死后，货吾马，以金畀予亲族，货

吾犬，卿目有之。妇曰，诺。既葬其夫，系犬马于市，榜其价曰，马值五佛郎，犬则五百（佛郎），市人见其犬马之价悬绝，以为狂，一人欲买其马，妇不可，言欲得马，宜先取犬。众益异之，后有并买其犬马者，于是妇人遵夫遗嘱，以五佛郎与夫之亲族，而犬值五百，己则受之。"在那个时代，妇女社会地位普遍不高，大多没继承权。杨匏安很同情妇女的境遇，写这篇文章，意欲展现农妇为自己争取利益的智慧。

文言体小说《王呆子》，4 200多字，发表于1918年3月《广东中华新报》，从3月14—22日，连载9天，描写一位绰号王呆子的青年农民为父亲、姐姐复仇而诛锄恶霸的故事。王呆子的父亲和姐姐被恶霸郑某迫害致死，呆子却自愿到郑家为佣，服侍主人唯恐不周，邻里皆不齿其为人。恶霸郑某也以他愚蠢可欺，不加戒备。第二年清明节，王呆子随主人进山扫墓，乘主人拜祖之际，骤举锄将恶霸击晕于地，取怀中利刃，剜出仇人心肝拜祭父亲、姐姐后，入山当了绿林好汉。

其实王呆子并不呆，他的内心充满了灵性和智慧，细心而又勇敢。他瞅准了机会，复仇火焰瞬间爆发出来，积郁在心中好几年的仇恨、耻辱、隐忍、委屈，终于在这一天得以释放，得以雪耻！小说《王呆子》，应该是取材于杨匏安在家乡当小学教师时的所见所闻。故事地点来源于靠近澳门的小山村。为富不仁的郑氏靠贩卖洋烟、开赌馆、放高利贷，大发不义之财，这都是杨匏安的家乡、靠近澳门的香山县南屏乡一带的现实生活的反映。

在这篇小说中，杨匏安尽情抒发了他对被剥削者、被压迫者的同情和对旧社会积郁已久的愤懑，但他毕竟还没有找到正确的斗争道路，只能把伸张正义、为民除害的良好愿望，寄托在被污辱的、被迫害的贫苦农民的个人复仇行动上。尽管如此，他看到了蕴藏在广大的底层农民身上的力量。

从文学角度分析，小说《王呆子》塑造了一个有血有肉、有思想有行动的、可惊可叹的农民形象。鲁迅1918年5月发表在《新青年》上的《狂人日记》是中国新文学运动中的第一篇白话小说，寓意深刻，题材新颖，在思想上和艺术上都有很高成就。在塑造社会底层人物上，杨匏安笔下的王呆子与鲁迅笔下的阿Q有异曲同工之妙，杨匏安的《王呆子》比鲁迅的《狂人日记》还早2个月发表。

杨匏安的《王呆子》文笔老辣独到，人物关系虽不复杂，但构思曲折，情节跌宕起伏。对主人公王呆子无刻意的心理描写，但给人的印象丰满、鲜活生动。整个故事弥漫着残酷的氛围，却又如此真实而撼动人心。

从政治意义上讲，杨匏安写《王呆子》的时候，正是胡适、陈独秀鼓吹"文学改革"，提倡"文学革命"的时候，当时响应"文学革命"的小说、进步的文学作品多是在"打倒孔家店"口号影响下，反映小资产阶级学生反对封建婚姻、反对礼教的内容，尚未触及农村反封建和农民革命的问题。杨匏安的小说《王呆子》虽然是用文言文写作的，但是其创作思想、内容是那个时代难得的。它不仅是"文学革命"的组成部分，而且是实实在在的革命文学，从这个意义上讲，杨匏安也是"文学革命"的先驱人物之一。

（三）新闻时政评论作品

杨匏安在《广东中华新报》兼职工作，作为一位报纸从业者，他对时事政治和国内外发生的大事有着良好的职业敏感度。当时社会关注的焦点在杨匏安的作品中以新闻时政评论的形式及时展现出来。代表作品有《永久的平和果可期乎》《三公司风潮之观察与批评》和《青年心理讲话》。

1. 《永久的平和果可期乎》

1918 年 11 月，第一次世界大战以德、奥等同盟国战败，英、法、美、中、日等协约国战胜而结束。对于战后的世界格局，1919 年初，战胜国在巴黎召开和平会议，进行重新划分。1 月 8 日，美国总统威尔逊提出和平条款十四点，主张建立国际联盟，解决国际争端，大小国家一律平等，保证各大小国家的领土完整以及政治独立等。威尔逊打算凭十四点原则结束战争和实现一个所有国家共享的、公正的和平。为了开巴黎和会，他在巴黎待了 6 个月，和会期间，他不倦地宣传他的计划，最终实现了在凡尔赛条约中加入了关于创建国际联盟的章节。

威尔逊的主张被殖民地民族主义者给予了厚望，产生了极高的期待，确实迷惑了全世界许多善良的人民。中国人民更是举国欢腾，以为从此可与列强平起平坐了，连名流学者如蔡元培、陈独秀、李大钊等都说协约国的胜利是公理对强权的胜利，"是劳工主义的战胜"，是"民主主义的战胜"。梁启超更说："今次之战，为世界之永久平和而战"，国际联盟是实现世界大同"最良之手段"。北京市民、学生推倒了作为国耻标志的克林德碑。① 北京政府用拆下的碑石在中央公园建立"公理战胜"碑，通令全国放假庆祝胜利。

杨匏安对战后形势，却另有看法。他不忍坐视举国沉迷于世界即将获永久和平的误区，于1919年3月3—5日在《广东中华新报》上发表题为"永久的平和果可期乎"的文章，对国民的盲目乐观提出质疑，文章的第一部分，就对第一次世界大战的惨烈，可能会出现的结果以及欧洲列强的本性作了高瞻远瞩的评述："今次之大战争，伏尸流血者一千八百余日，举世为之抢攘，盖史乘所未有之奇祸也。彼悍暴之德意志人一旦力穷势蹙，乞盟城下，从此六洲携手，放马销兵，吾人固祝此种亲睦之幸福，随阳和以敷散八表矣。顾以吾人所观，则欧洲之纠纷犹不敢遽云止息，以德、奥、俄三大帝国，现方分崩离析，将来必有多数新建小国出现。此中过激社会主义运动其势愈益猛烈，大类洪水之后，混沌苍茫，不知从何收拾，奠宅之期，吾人更难臆料，欧洲前途犹在昏暗中也。此次战争结果，世界形势将更换面目，旧日之地图尤须大加修正，吾人虽认其说之不诬，然仅除德人一害，而谓理想中之新欧洲遂由此实现，则又失之武断矣。假令战争善后之策不得其宜，各种重要问题措施未当，其所贻留之导火线必较前加剧，是则欧洲中东两部将一变而成为第二巴尔干……"② 第一次世界大战后，世界历史的走向，很多被杨匏安言中。

该文深刻地指出帝国主义列强的本性："朝言弭兵，夕则扩张海陆军备，不遗余力"，从而导致战争的爆发。他预言战争结束后："战争善后之策不得其宜，各种重要问题措施未当，其所贻留之导火线必较前此加剧。"

他提醒国人："祸福倚伏，正自难知，高瞻远瞩者未尝不为之寒心也。"

杨匏安对战后英美法大国操纵的和平主义和成立国际联盟的作用深表怀疑："方今标榜和平主义如英、法、美诸国，所谓势不得已而后投入于战争旋涡者，

---

① 克林德原为德国驻华公使，在义和团运动中被杀。八国联军入侵，清政府战败，德国强迫清政府为克林德建立纪念碑。

② 杨匏安．永久的平和果可期乎［M］//中共珠海市委党史研究室．杨匏安文集．北京：中央文献出版社，1996：30.

大抵因国家生存上之利害关系使然也。欧洲所以酿成此次战乱，人莫不知巴尔干半岛实为祸胎。然利害关系一日未释，则在在无非巴尔干半岛。此际若任其祸胎潜伏，不早为之所，纵使国际联盟既成，究亦一时姑悉之策，风云变幻，异日又因利害之冲突，能保其不再起纷争乎？"①

杨匏安在文中对国际联盟和世界和平，有独到的见解和深刻的认识："是故今日善后之策，人皆以国际联盟一事为急务。威尔逊总统与各国政治家乃群起高唱，以冀正义之维持。虽然，国际联盟万国平和一语，其用意犹是也。曩者固尝有人揭万国平和以号召一世，欲其速于实现，则又有万国平和协会之设及万国和平强制同盟团之组织，然而，此种企图终不过垂诸空文而已，实则未尝见一时之效果，何故哉？……更进而言之，国际联盟未尝不足以为永久平和之保障，吾人既见此亘古所无之悲剧，动魄惊心，谁愿更罹惨祸，人心厌乱，自当祝其早日成立，但国际联盟既成之后，遂谓永久平和之幸福即随之而至，吾人殊难深信。盖欲图真正永久的平和，须先泯灭一切种族偏见及破除宗教之人我执，一视同仁，强弱相扶，贫富相济，必待国际的生存之意义毕竟完成，夫然后永久平和庶几可期矣。不然若今日仍以有色人种之名，而凌虐亚细亚及非洲诸族，或以异教之故，务排斥基督化外之民，一若天经地义，行所当然者，如此而欲平等大同，非欺人之语，则亦徒托空想焉耳。"②

杨匏安的国际时事评论和预料，最终事实证明是说到要害上了。美国辜负了殖民地民族运动的期待，威尔逊本人其实不太关心亚非的民族解放，他认为殖民地诸民族的文明发展水平没有达到能够独立建国的水平，所以需要国际托管，这在事实上放纵了英法海外殖民帝国的压迫。随之殖民地世界对美国和整个西方自由主义意识形态的失望，促成了1919年的全球反抗西方帝国主义国家殖民统治的浪潮。在此背景下，中国的五四运动、朝鲜半岛的三一运动与印度的阿姆利则惨案等一起，形成了席卷世界的殖民地和半殖民地民族运动浪潮。中国的五四运

① 杨匏安. 永久的平和果可期乎［M］//中共珠海市委党史研究室. 杨匏安文集. 北京：中央文献出版社，1996：31.
② 杨匏安. 永久的平和果可期乎［M］//中共珠海市委党史研究室. 杨匏安文集. 北京：中央文献出版社，1996：32.

动就是这一全球反帝浪潮的一部分。

杨苞安广博的学识、坎坷的经历和对事实的洞察力，让他对世界形势有一个清醒的预判，这是非常了不起的。这篇文章对现今观察国际形势，仍然具有启发参考的意义。同时，杨苞安作为一位报纸从业者，具有对实事的分析评判能力，已开始用辩证的思维去观察世界大局，抓住西方列强的本性、民族和宗教问题，对第一次世界大战后国际形势的发展做出正确的判断。杨苞安对文字的超强驾驭能力，让他纵横捭阖，其综合分析研判天下大事的能力也远远在群人之上，可谓卓尔不群。

2.《青年心理讲话》

在 1919 年 1 月召开的巴黎和平会议上，中国代表提出的废除二十一条等维护主权的合理要求未能通过，北洋政府却准备在和约上签字的消息，令举国义愤。

1919 年 5 月 4 日，北京 3 000 余名学生齐集天安门前示威游行，要求收回山东特权、拒绝在巴黎和会上签字、废除二十一条、抵制日货等，由此爆发了以学生斗争为先导、各阶层积极响应的反帝爱国的五四运动。北京学生集会、游行，提出"外争国权，内惩国贼"的强烈要求，遭到镇压，更激起民众的愤慨，继而一场以学生和工人为主的游行、罢课、罢工运动，席卷全国。慑于民众的威力，中国代表拒绝在和约上签字。

五四运动爆发后，广东人民群起响应。中华国难同志会广东总部、广东外交后援会、广东省会学生联合会等，纷纷发出通电，声援北京学生的爱国行动，一致要求惩办卖国贼，收回青岛，释放被捕学生。广东各大报刊也以显著的标题报道北京学生运动的消息，支援爱国学生的反帝斗争。5 月 11 日，广州举行了 10 万人的国民大会。北京大学预科广东籍学生郭钦光，在参加五四示威游行过程中遭到军警殴打，积愤呕血致死，引起广东各界的更大义愤，导致运动升级。接二连三的群众集会游行和检查日货洋货运动，怒潮汹涌，广州城的学生、市民、黄包车工人、苦力，乃至妇女、儿童，天天都在谈论声讨国贼，抵制洋货，爱国热情空前高涨。愤怒的民众，也把怒火发泄到华侨在穗创办的环球百货公司、企业上，时而有冲突的事件发生，影响到正常的生产经营活动。更有宵小之徒顺手牵羊的事发生。社会处于无序混乱之中。

杨匏安身处新闻行业，他高度赞扬民众特别是青年人的极大爱国热情，看到了青年人的力量，也看到了青年人狂热和缺乏理性的一面。同时忧虑广州的一些媒体，献媚民众，不但起不到社会舆论正确引领者的作用，反而推波助澜，致使治安越来越混乱，影响到正常的生产经营活动，忧虑当局武断粗暴惩罚民众的严苛做法。他认为社会舆论的指导者，应该倡导保持理性的思维，然后方可做出正确的舆论导向。正是这一忧国忧民的心态，驱使他撰写了针砭时弊、以西方新科学知识启迪民众、引导社会理智对待爱国华侨创办的商贸企业、了解青年心理的《青年心理讲话》《三公司风潮之观察与批评》。

杨匏安所深忧的群众盲目举动，主要为广州学生、市民受别有用心者的蒙蔽利用，把攻击矛头指向爱国华侨创办的大新、先施、真光三大百货公司，以及良莠不分，追殴过街的日本侨民乃至戴台湾草帽的同胞。情况见于当时报载省会警察厅厅长魏邦平写给广东督署的报告："五月卅日晚七时，有身穿白斜布服十余人，手持抵制劣货小旗，并有多数过路人追随，由东堤高唱抵制而来。见有头戴草帽者，便抢下撕毁；穿作一串，沿途呼喝……先施公司关门稍迟，致被击破玻璃门柜及八角招牌……街上有数名日本人被群众追殴，致跳江泅水逃脱。有若干名则由警察护送回沙面日本领署。有一滇军士兵季少先，向警署投诉，适由大新公司购物出来，被众人误认为日本人，殴伤脚部，抢去草帽、戒指及银元若干……"① 民众的仇洋怒火发泄到爱国华侨创办的百货公司上，致使他们不得不发一个启事，来说明原委以解民怨，日常经营战战兢兢。当时报载大新公司五月卅一日启事："昨晚九时半，有农林试验场兽医钟宝煌，因头戴台湾草帽，被多人追逐，至西堤敝公司门前晕倒，头部受伤，群众围观。敝公司西药铺伙伴舁至二楼施救，外间不察，疑为公司捕人，要求释放。后由警察游击队及肇军到场劝谕，至夜半，钟君已获安全，向众说明敝公司救护之意，并无捕人，大众始释然。"②

① 李坚．杨匏安史料与研究［M］．北京：中共党史出版社，1999：51－52.
② 李坚．杨匏安史料与研究［M］．北京：中共党史出版社，1999：52.

杨
匏
安

《青年心理学》全文约 15 000 字，从 1919 年 5 月 21 日起至 6 月 27 日止，在《广东中华新报》连载 32 天次。从第二天起，文题改为"青年心理讲话"（以下简称《讲话》）。杨匏安在文章开头即开宗明义写道："青年心理学者，所以研究青年期内之精神状态者也。"《讲话》在界定青年期和介绍美、德学者的研究方法后，从普通心理学、犯罪心理学以及社会心理学诸方面，对青年心理的表现，作了多视角的分析。杨匏安在文中系统科学地研究了青年心理，指出：青年感觉敏锐，想象丰富，但因缺乏经验，往往脱离实际，流于空想。遇事容易冲动，有时候容易产生过激行为，往往被别有用心的人利用。他通过研究介绍青年心理学，期望青年加强道德修养，引导青年理性参加爱国运动，而社会各界特别是新闻界应该正确引导青年的行为。

杨匏安发表在《广东中华新报》上的文章《青年心理学》（1919 年 5 月 21 日）

《青年心理学》(1919 年 5 月 22 日)

《讲话》开头即引儒家经典《礼记》："人生十年曰幼学，二十曰弱冠，三十曰壮有室"，然后援引美国学者山福氏、德国学者弗嘉斯达氏和法国学者哇里阿氏等著作，"折衷众说"，确定男子青年期为十四五岁至二十五岁；女子青年期为十四岁至二十二三岁。他在文中，首先对研究对象的年龄段作了明确的界定，并介绍了美国、德国、法国学者的研究方法。

进而介绍西方青年心理学的研究方法——实证科学的"观察法"和"实验法"，向读者介绍了新的科学方法。并以大量材料说明科学家如何通过调查、统计、量化分析，来细致入微地剖析青年的心理问题。杨匏安的介绍，给中国这个以注经为做学问的基本方法的国度带来新的启示，无疑具有根本性意义。

在文中，杨匏安详尽地、多视角地介绍了西方心理学是怎样对青年的感觉、情感、心态、情操、意志、行为等各个方面进行观察和分析。大致谓：青年感觉敏锐，想象丰富，但因缺乏经验，往往脱离实际，流于空想；遇事辄随众附和，喜欢结党；感情方面，快意之心既盛，而傲慢之情亦高，每好侮辱他人，而流于恶德。青年欲望日增，学生在校，常起风潮，其始往往慷慨激昂，不得最后胜利，誓不罢休；然事过一二日，虽无挫折，亦销声匿迹，归于无何有之乡。盖忍耐力薄，意志脆弱，遇事不能永保同一心态。

在此基础上，对青年犯罪问题进行逐层深入的剖析。他指出，青年犯罪有"先天的原因"与"后天的原因"："先天的原因"，具体包括遗传因素、早期家庭环境、父母的年龄，以及对孩子的宠爱或遗弃等；"后天的原因"，则有"家庭、教育、贫困、居处、交友、饮酒"等。他详细探讨习惯养成、意志锻炼对青年身心的影响，并借助个人心理学和社会心理学的研究方法，探讨了影响青年身心塑造的主客观因素。

就犯罪心理学来说，杨匏安从青年心理特征入手，分析犯罪者从先天到后天的诱因，婚姻质量好坏对子女的影响，家庭教育与青年人格的关系，生存环境、受教育背景与品德等，阐述犯罪的种种心理原因。他强调家庭教育的重要性："尚有一事，颇极重要，则儿童生后，其抚育委其何等人之手也。因家庭教养之关系，结果实足令人惊异。莫氏又言：家庭弗善之青年，纵不为罪大恶极，然具不良品格者，百人中至少有八十人也。"① 他主张有针对性的个性教育，指出对青年学生教育的"笼统之弊"。同时指出学校教育的不足"重智识而略德性"。在今天来看，这些观点也符合科学的教育观，具有现实意义。

《讲话》深有感慨地写道："观于社会一切风潮，其发难之始，或以微故，继则一倡百和，遂成不解之纷。……至为政客鼓煽，淆厥是非，群氓之应如响，以致国家扰攘，其祸终无穷已。故鲁滂（庞勒）氏谓：群众为野蛮的、为无理的，非过论也。"在文中，杨匏安指出，青年感觉敏锐，想象丰富，但因缺乏经验，往往脱离实际，流于空想，遇事容易随众附和，这一弱点常为别有用心之人所利用。他总结过去的经验，认为"社会一切风潮"，开始时动静不大，"继则一倡百和"，许多人随大流，最后酿成"不解之纷"，如果再遇到一些政客及另有所图之人煽风点火、混淆是非，以及一些唯恐天下不乱的流氓地痞的附和，则

---

① 杨匏安．青年心理学［M］//中共珠海市委党史研究室．杨匏安文集．北京：中央文献出版社，1996：66－67．

会导致国家大乱，祸患无穷。

　　杨匏安感到深忧的群众盲目举动，主要为广州学生、市民受别有用心者的蒙蔽利用，把攻击矛头指向爱国华侨创办的大新、先施、真光三大百货公司，以及良莠不分，追殴过街的日本侨民乃至戴台湾草帽的同胞。有感于当时的混乱情况，杨匏安于《讲话》写道："于群众集处之时，苟遇暗示观念，不特引动其感情，彼辈更无暇审察，立显之于动作，此时往往酿成巨变（如五月三十城厢内外之排斥劣货风潮是其一例……）。""群众集合时，感情及动作之传染极易，而青年人尤为迅速。欲禁遏此种传染，虽大力者不能。……故指导青年团体之人，腾口说、播声气、宜审慎出之。"①

　　至于"对青年之罪过，宜劝诫，不宜惩罚。以其本性浮躁，不善于思考，骤遇此责，纵不为暴烈反抗，亦必烦闷僵仆，引起其有害身心之举。教育家所当留意者也"。最后，他谆谆劝告青年："程子有言：人于梦寐间，可卜自家所学深浅。然则吾人就寝之际，亦应讲求修养功夫，使其能斥去喧烦，则心君安泰，神明湛然矣。"② 杨匏安在阐述西方群众心理学之际，援引宋代理学家的言论加以印证，于此可见杨匏安中西结合的治学方法。与当时完全否定儒家文化传统的民族虚无主义态度有所不同。

　　从心理学发展史看，1879 年德国学者冯特首创心理学实验室，标志着心理学从哲学中分离出来，成为独立的学科。日本较早受到德国影响，元良勇次郎等人于 1888 年在东京帝国大学设心理学讲座，1903 年创办心理学实验室，出版心理学研究著作。清朝末年，我国推行新政，设师范学堂，开心理学课程。王国维任教南通师范，在我国首次翻译元良勇次郎的《心理学》及丹麦霍夫丁的《心理学概论》作教材。1917 年蔡元培出任北大校长后，支持陈大齐在校建心理学实验室，陈大齐的著作《心理学大纲》是我国最早的大学心理学讲义。20 世纪初至 1920 年，是我国心理学的胚芽期。

---

　　① 杨匏安. 青年心理学 [M] //中共珠海市委党史研究室. 杨匏安文集. 北京：中央文献出版社，1996：69.
　　② 杨匏安. 青年心理学 [M] //中共珠海市委党史研究室. 杨匏安文集. 北京：中央文献出版社，1996：70.

五四运动时期，专门针对青年心理学的研究还处于开垦期，《讲话》无疑是比较早的作品了，可以说杨匏安是中国青年心理学最早的拓荒者。而且，杨匏安的文章，不仅仅是停留在研究介绍的层面，还结合科学原理，对时政的评论深刻透彻，有针对性地寻求解决当时社会最突出问题的方法。

3.《三公司风潮之观察与批评》

广州打倒"三大亡国公司"的风潮愈演愈烈。《广东中华新报》主笔陈大年，发表为三公司辩护的商榷书，遭到别有用心的人的诬蔑围攻。杨匏安挺身而出，发文《三公司风潮之观察与批评》（文章残存过半，以下简称《观察》）。在抵制洋货的广州学潮中，三大公司成了泄愤的靶子。杨匏安从各个角度对三大公司经营、祖国经济和发展民族工商业的利弊以及"打倒"三公司的得失作了科学、理性、深刻的剖析。

杨匏安仔细研究三公司经营环球货物的比例，让大家观其究竟："三公司自称环球货品，所谓环球货品之内容，以国别分析之，可得下列约数，即本国制品占十分之二三，欧美制品占十分之五，日本制品占十分之二三，故日本品之数量价值，约略可与本国制者相当，此实情也。责为输入外货，则诚百喙莫解，故根本难得国民之同情者以此。"

杨匏安考察三公司自成立至今对发展国家和广东省经济以及繁荣民族工商业的功绩，作了以下六点梳理："（一）集中资本，行繁复伟大之经商法，使粤人受一刺激，得一经验，增进其企业趣味，激发其商战雄心。（二）自粤汉铁路公司腐败以后，大股份公司甚难创办，盖社会信用已经破产，人人无互相信托之心，只能以父子亲戚小小结合，从事经营。尤甚者，则父子不相信，亲戚不相信；即相信矣，然规模又安能伟大，事业界可怜状态，真为环球所无。自黄在朝、马应彪、蔡昌诸人出，矫此恶习，其栽培社会信用之心，厥功实为不小。（三）陈列各国货物于一肆，使内地制造家得所观摩，得种种模型以供仿效，其有益于内地工业界之智识不少。（四）因资本集中，得以兼营种种事业，如大新、先施两公司之建筑新房屋开辟新街道。……此外三公司附设之特种小工场亦有数项。……经营娱乐场，大新公司开诸种展览会，皆与文化风俗有益。总之，广州城增长许多活气，不能不谓三公司与有力焉。（五）蔡昌以一商人建筑一东亚得未曾有之大厦，魄力之雄，气象之伟，计划之远大，皆足为广州豪。……十二层高楼，矗立空际，使凡到广州者，登楼一眺，可以一览无遗，有益游客，实匪浅少。……其为粤人争体面者事尚小，为粤人壮志气者事诚大，想纵有反对蔡氏者，一言此点，亦必同声赏之，盖其功在人耳目，不可掩也。（六）真光公司规模虽不及二者之高远，然举动坚实，不骄不吝……捐资行善不息，……总之粤中既有三公司，则此后公益大事……社会倘有漫急，亦有所恃。三公司能知勉乎此，粤人何怨而必不容其生存乎！"①

杨匏安的这六点分别从集中资本办大商业、建立社会诚信、内地工业界的学习模式、跨界多领域经营、十二层楼高的南方大厦成穗城地标意义、捐资行善对广东省的重要性等方面，作了全面入情入理的分析。从中可以看出，杨匏安对城市的管理、经济的繁荣、社会的发展等诸方面都有令人敬佩的专业性见解。

杨匏安对海外华侨回到祖国创业的艰辛，深表同情和敬佩。对华侨创办的企业对广东省和全国经济的重要性作了高度评价："我数百万在外同胞，栉风沐雨，各以血肉汗泪，易取外人金钱，归饷祖国以填补每年贸易上外溢资金之缺额，内地得此反哺，乃仅能维持其经济均衡，故谓吾人生活上之安全瓣，大半系诸海外侨胞，非过言也。现内地资本困匮，百凡产业，百未兴一，将来欲救吾粤于穷困，舍仰仗于华侨之。资本智识经验外，实无更善之道，此已为一般定论，无何疑者。三公司资本合计总在千万以上，附项亦在千万以上，其中资金，吸自海外者，占大部分。"

对于民众不分青红皂白、一棍子打死推倒海外华侨所办企业的严重后果，杨匏安正告国人："今若推倒之，使陷于破产，即可惜者非仅在有形的千数百万之金钱，而在灰华侨归国兴业之心。使华侨得一印象咸惕然于内地企业之危险。益使之相率裹足不前，此层关系重大，莫可伦比。盖祖国政治不良，秩序不安，种种恶劣事态，已足沮丧华侨爱国心之半。……如此一闽之社会，其为危险，何可胜言。"②

---

①　杨匏安. 三公司风潮之观察与批评［M］//中共珠海市委党史研究室. 杨匏安文集. 北京：中央文献出版社，1996：182－183.

②　杨匏安. 三公司风潮之观察与批评［M］//中共珠海市委党史研究室. 杨匏安文集. 北京：中央文献出版社，1996：179.

针对这些情况，作为一个广州市民，应该怎么做？杨匏安对广州某些新闻媒体起推波助澜的反作用予以谴责："……拼命附和雷同，以致学生青年辈所犯诸种过失，而亦不与匡正，遂陷学生于不义。平心论之，今日学生不能谓全无过失，乃偶有出而指导忠告者，即哗然唾骂之，甚至四出运动，劝人勿阅其报纸。呜呼！此何等事？此亡国之征也……盖学生举动确可救国，不过因先觉者不为匡正，遂使其过正而莫知自矫耳。最可恨者，为广州某某报纸，以阿谀学生为事；其贼害我可爱之学生，真不知几许！"他正告新闻界："诸君地位，本以指导为职志。数月来诸君有何指导我粤人乎？除雷同盲和之外，吾人得失正多，诸君有一言之贡献乎？诸君有愧指导二字多多矣！有人出任指导者，诸君且用匿名揭帖同样之伪造通信以夺之，后请勿尔。"同时正告学生界："诸君救国，功在宇宙；然诸君之过举亦已多矣。使有人出面指摘诸君之过失，诸君纵不同意，独奈何不洗耳敬听之？听之实有益于诸君也。诸君年龄尚少，正须先觉指导。老成之人，学问之师，诸君今虽不措诸眼中，然将来必有自觉不是之一日；与其后悔，宁今自谦。"

这篇文章可以说是《青年心理讲话》的续篇，他透彻地分析了群众言论专制、颠倒是非的危害，极富哲理。在群情激愤的时候，在集体失去理智的时候，杨匏安大胆地站了出来，痛下针砭，体现了他勇敢和正直的品格，实为可钦可佩！文章说理深透，至今读之，深感炳炳烺烺，荡气回肠！

4.《美学拾零》

《美学拾零》系列文章共 14 篇，全文约 30 000 字。从 1919 年 6 月 28 日起至 10 月 18 日止，连载 79 天次，分别介绍了古希腊、古罗马哲学家柏拉图、亚里士多德、普罗提诺和德国克尔曼、门德尔松、拉辛、鲍姆加登、康德、席勒、费希特、黑格尔、基尔希曼和哈特曼等十余人的美学思想。在这之前，我国学者只有王国维、蔡元培介绍过叔本华、康德等西方学者的美学思想，其后正如杨匏安所说："历时数载，阒寂如故。"《美学拾零》，可说是我国最早系统介绍西方美学思想的编译著作。

中山大学美学专家马采教授对《美学拾零》在我国美学领域中的地位做出了客观公正的评价。他在《美学拾零》校后记中写道："五四前后，美学的研究在我国还处在萌芽状态，在这以前，虽经蔡元培先生提倡一下，但正如本文作者所说：'历时数载，阒寂如故。'杨匏安此文，实有助于人们开拓眼界，了解各种思想学说的来龙去脉和基本要点，进而加以比较分析，作出选择，对我国此后美学的发展有重要贡献。这里应该特别指出的，是本篇几乎花了三分之一的篇幅，着重介绍了近代美学巨匠哈特曼的美学思想，反映了当时国际学术界掀起的一股哈特曼热的美学动向，也可填补我国西方美学史研究所忽略了的这方面的空白。"①

在近现代中国，介绍西方美学思想有一个发展过程，在杨匏安以前，主要是王国维和蔡元培两位先生。最早介绍西方美学思想的是王国维，20世纪初，王国维在学习德国哲学期间，对康德、叔本华等的美学思想产生兴趣，从而把西方（主要是叔本华的）美学思想与中国道家传统思想融成一体，形成他的悲观主义美学。他于1904年发表的《红楼梦评论》，就是按照叔本华的悲剧理论、西方美学观点和科学分析方法评论中国古典文学的最初尝试。比王国维年长近十岁的蔡元培，留学德国时曾学过美学和心理学。其美学思想主要源于康德和儒家传统思想，特别重视美学的教化作用，主张美育与德、智、军体及世界观并举。王国维、蔡元培两人传播西方美学均局限于德国康德、叔本华、尼采、席勒等人。而杨匏安的《美学拾零》，正好弥补了他们的不足。

《美学拾零》开篇即称："前此蔡元培先生在南京长教育时，宣言其教育方针，有美学教育之说，闻者诧为创见。其后数年有徐君大纯者，尝为文述其大要（载《东方杂志》十二卷一号），意欲唤起研究之人。然历时数载，阒寂如故，则吾国斯学之幼稚可知。今特采集欧美各大家精义以饷读者，是亦灌输概念之意云尔。"②

杨匏安撰写该文的动机，一是在响应蔡元培美学教育的倡议，二是希望系统介绍西方美学思想，"以饷读者，是亦灌输概念之意云尔"。

杨匏安在《美学拾零》的第一篇"彭甲登③与美学"中，对什么是美学以及

① 李坚. 杨匏安史料与研究［M］. 北京：中共党史出版社，1999：93.

② 杨匏安. 美学拾零［M］//中共珠海市委党史研究室. 杨匏安文集. 北京：中央文献出版社，1996：71.

③ 彭甲登，今译作鲍姆加登（1714—1762），德国哲学家。

美学定义的要素作了如下五个方面的概括：

"美学者，研究美之性质与其法则之科学也。定义要素如下：

"（一）所谓美者，包括客观主观两面言之；

"（二）客观的美学，研究一切与吾人以快感之对象的性质及法则；

"（三）主观的美学，关于美的快感之物，研究心理学上之性质及法则者也；

"（四）就美学性质，以之为标准之学，对于艺术各端，期其供给完全之美的法则；

"（五）美学非绝对的，乃与丑为正面之反对，用之若得其当，可因对比作用而益强。故美学须合美、非美及丑三事而研究之，且泛及纯美、滑稽美等。"

杨匏安对美学以及美学定义的概括基本涵盖了美学的要旨。

杨匏安还对古希腊、古罗马哲学家柏拉图、亚里士多德、普罗提诺和德国克尔曼、门德尔松、拉辛、鲍姆加登、康德、席勒、费希特、黑格尔、基尔希曼、哈特曼等十余人的美学思想分篇作了高度概括性的介绍，比如，在介绍黑格尔的艺术美学时，杨匏安概括如下：

"黑氏之于美术，有最堪注目者，即其所说艺术理想之历史发展是也。今述其要领如左：

"凡艺术分类，其方法有三：一由关于玩赏艺术之官能而别，二由各种艺术之材料而别，三由各时代之艺术理想而别。第一方法为主观的，第二方法为客观的，第三方法为历史的。从主观的方法，则艺术可分二类：关于目者，如建筑、雕刻、绘画是也；关于耳者，如诗歌、音乐是也。从客观的方法，则分三类：由形体而成者，建筑、雕刻、绘画属之；由音响而成者，音乐属之；由言语而成者，诗歌属之。从历史的方法，亦分为三：曰标号主义①，曰古代主义②，曰中世主义③，是即历史上艺术发达之三时期也。"

继而，杨匏安对标号主义、古代主义、中世主义分别作了阐述和评说，条理清晰，概念明了。杨匏安对其他哲学家美学思想的介绍，也多是以这样的形式结

---

① 标号主义，今译象征主义。
② 古代主义，今译古典主义。
③ 中世主义，今译浪漫主义。

构，显示出杨匏安对西方美学的研究深度和融会贯通的驾驭功力。

蔡元培和王国维都没有像杨匏安这样对西方美学思想作系统介绍。杨匏安提供了比较丰富的西方美学资料，使人们看到了西方美学发展的脉络。

华东师范大学曾乐山教授认为：20 世纪 20 年代以后，朱光潜系统地介绍了西方具有代表性的美学思想，并试图沟通西方美学和中国传统美学，特别是对意境论做了专门研究，对中国美学的发展做出了重要的贡献。

过去由于受到文献资料不足等限制，在美学研究方面，人们只注意到了王国维、蔡元培，实际上从王国维、蔡元培到朱光潜之间，应该加上杨匏安。也就是说，在中国近现代美学发展史上，应有杨匏安一定的地位。

杨匏安本人有很好很高的美学素养，1918 年 4 月 29 至 30 日，杨匏安发表在《广东中华新报》上的《诗选自序》，表达了他对诗词的美育作用的认识："诗也者，所以敦夫妇，成孝敬，厚人伦，美教化，移风俗也。小则用之乡人，大则用之邦国，而陶淑性（情），正心诚意之功，莫或过焉。"不仅注重诗的美育教化作用，而且对诗的原则和审美标准也有独到的见解，他提出："义取敦本务实，辞唯绝俗清高"，并解释说："镂藻雕华，非不悦人也，然适于目者，或不宜于心。把香吐艳，非不动人也，然快于情者，或违于性……文辞，艺也；道德，实也。使足乎己者，可无待于外而自致矣。"也就是说，不要只追求华丽的外表，过分雕琢辞藻，这未必会打动人。文辞是艺术形式，道德才是根本的实体。诗的美和善与真是分不开的，要表现人的真情实感，情到而自然天成。他进而说到作诗与做人的关联："总之，诗文一道，首贵无俗气，外质中膏，声希趣永者，上也，然欲诗文之无俗气者，必其人先无俗气；外欲其人之无俗气者，则举凡流俗所趋之事，非斥去不可。"写诗作文与做人是一样的道理，欲诗文之无俗气，必其人先无俗气。为人既有学问，又有道德，能成就好诗美文。杨匏安就是这样一个美学素养和道德素养相统一、堪称典范的人。

第三章

奋笔《广东中华新报》 推介世界潮流学说

巴黎和会粉碎了中国人的幻想，让我们看清了西方列强掠夺的真面目，当时的名人政要和知识分子，如梁启超、蔡元培、陈独秀、李大钊都纷纷发表指责帝国主义侵略行径的文章和讲话。中国人开始觉醒了，丢掉了对西方列强的幻想，中国知识分子纷纷向海外寻求救国的良方。俄国十月革命和五四运动爆发后，1918—1919 年，中国新文化运动狂飙突进，各种政治社会学说都被介绍进来。新创办的报刊如雨后春笋，原有的大型报刊也相继扩版。先进的知识分子努力探索救国救民之路，杨匏安就是其中一位。

一、同仁宏猷 启迪苍黎意殷切

全国各大报刊在国内外新形势的影响下纷纷改版扩充篇幅，加速新文化、新思潮的传播。《广东中华新报》也于 1919 年 6 月特辟"通俗大学校"一栏，专载百科学术、各种思潮、科学常识等，以供读者修养研究之用。1919 年 7 月 12 日至 12 月 15 日，杨匏安以"世界学说"为总题，在"通俗大学校"发表 41 篇专文，共四万余字，系统介绍了西方各种流派的哲学和社会主义学说。《广东中华新报》出版至 1920 年秋被陈炯明查封。令人遗憾的是，我们只看到 1919 年 12 月之前的报纸，有的内容还不全。容伯挺和杨匏安商定译述的"诸家学说二百数十余条"，大都没有找到。

发表《世界学说》的目的，正如社长容伯挺为之作序中所言："以饷吾国志学之士。"当时我国对欧美哲学了解太少，甚至学者们对哲学的术语名词之粗浅概念"亦莫能举其似焉"。既然有办报这个优越条件，容伯挺与杨匏安即"思尽其力，以稍弥其憾"，做前人也许没做的事业。他们遴选了欧美哲学诸家学说二百余篇，由杨匏安根据自己的理解，分门别类地进行介绍。

在社长容伯挺看来，办好一份新闻报，"即不啻多一善良完备之大学校"。容伯挺请杨匏安译述二百余篇《世界学说》，对杨匏安无疑是股巨大的驱动力，让他良好的文化理论素养潜能得以迸发。他重温过去在海外学习过的有关资料，阅读新出的资料，扩大视野，通过逻辑思维的比较、分析、综合，内化为自己的新知。我们从残存的到 1919 年 12 月 15 日止的《广东中华新报》中找到杨匏安编译的《世界学说》共 41 篇，其中属于哲学范畴的如唯心论、唯物论、一元论、多元论等 32 篇，属于社会主义派别的如共产主义、集产主义、马克思主义、社会民主主义等 9 篇，虽然尚有大量篇目未能找到，但从中已可隐约看出杨匏安一步一脚印走向马克思主义的心路历程。

社长容伯挺为杨匏安《世界学说》作序云："吾国人输入欧美学术之心至怠。是以海通至今，行一世纪，而欧美学术思想为吾国人所晓者，尚百不逮一。甚至各科之普遍学说术语名词之粗浅概念，即在号称学者士夫，亦莫能举其似焉。嗟乎，国耻莫大于是矣……鄙人窃常恸之。爰于报业之末，思尽其力，以稍弥其憾，用就精神科学、自然科学中，遴选诸家学说二百数十余条，请社友杨君抄译而演述之。以饷吾国志学之士。"[①] 容伯挺，广东新会人，同盟会会员，是一名有强烈社会责任感的报人，他要在报上介绍世界各国的关于"精神科学"与"自然科学"的种种学说，以提供给国内的有志之士参考。容伯挺更是一名有民主进步思想的爱国知识分子，在留学日本期间，他参加了爱国进步团体"神州学会"，与李大钊、林伯渠同为中国留日学生反对袁世凯的秘密组织"神州学会"骨干。1916 年 1 月，蔡锷反对袁世凯称帝，在云南起义。神州学会主要成员李大钊、林伯渠、容伯挺等纷纷回国，从事反袁活动。该学会的宗旨就是"研

---

① 容伯挺. 世界学说：识［M］//中共珠海市委党史研究室. 杨匏安文集. 北京：中央文献出版社，1996：114.

究学术，敦崇气节，唤起国民自觉，图谋国家富强"。

容伯挺的序言表明，《世界学说》选题是容伯挺与杨匏安共同策划而由杨匏安根据自己的理解进行翻译演述的。容伯挺与杨匏安都是有强烈爱国思想的进步知识分子，同为日本留学生，他们有共同的思想基础，志同道合，这是一同做一项事业的前提。杨匏安面对浩如烟海的西方哲学和各种思潮，进行了逻辑清晰的条分缕析，系统地作了介绍，实为难得，今天读来也是甚为精彩。《世界学说》选题涉及的内容广泛，在哲学唯物论方面，介绍了古希腊伟大的哲学家德谟克利特的原子论和18世纪法国启蒙思想家拉美特利等人的唯物论，同时特别强调自然科学的发展对唯物论的影响。在唯心论方面，分别介绍了英国巴克莱和德国费希特的主观唯心论、谢林的客观唯心论、黑格尔的绝对唯心论、康德的先验唯心论，以及叔本华的厌世哲学等。

《世界学说》共41篇，可以分为三个大类：第一类属于哲学派别理论，第二类属于宗教派别理论，第三类属于社会主义派别理论。这一章节叙述前两种派别理论，社会主义派别理论在下一章节叙述。

二、西方哲学 纵横捭阖介绍精

（一）唯心论①

"唯心论者，与唯物论及自然论相对立，谓吾知识之本源全在主观，而一切物体，皆吾人之知觉；盖独认精神的存在，所谓物质的者，不过精神之表现而已。如费斯德、薛令②、黑格儿之辈，咸以物质为精神所产。又如彭克来③、里伯尼士等，亦谓物质出于观念，非有其实在。实在者，唯有精神。此非物质说及心灵说之所由起也。"

唯心论学说有多种，杨匏安又分述为：①表象的唯心论。彭克来倡之：宇宙万有之本体，决非存在，吾人漫不加察，以为实质的本体而认其存在者，实假有

---

① 下面的引文全部来自杨匏安的《世界学说》，见《杨匏安文集》，不再一一标注出处。
② 薛令（1755—1854），今译谢林，德国古典唯心主义哲学家。
③ 彭克来（1684—1753），今译巴克莱，英国哲学家、主观唯心主义者。

之名称耳。②主观的唯心论。费斯德、黑格儿倡之：以认识论与纯粹哲学为一，故知识即宇宙万有之本体。③客观的唯心论，主之者为薛令：所以反对费斯德主观唯心说，由差别的以论究无差别的，要以客观为主。④绝对的唯心论。黑格儿独主之。合主观客观二者而为一，谓思想即物体；思想之法则，即物体开发之法则；以故名为绝对。⑤先在（先验）的唯心论。康德及叔本华主之。先在的与先天的有异。就先天的思想而言，固由生而赋与。就先在的概念而言，其概念本出自先天。

（二）唯物论

杨匏安介绍唯物论的主要代表及学说："有德摩颉利图①者，集原子论之大成，亦唯物论之巨子。其说曰：宇宙间有一种微细不可分析之物体，不生不灭，不增不减，本无性质之差，但有形积之异，其名曰原子。盖万有之根本的成分也。此等原子，飞行不绝，为种种之运动，既就机械的之结合，而物类以成；至于一切精神作用，亦得以原子运动而为……"

杨匏安特意阐述了唯物论与自然科学发展的关系："自自然科学勃兴以来，大足以助长唯物论之倾向。生物说及有机的分子说既起，人皆以物质的方面作精神的现象之基础。拉曼德里（拉美特利）尝著《精神自然史》及《人乃一机械》二书，大嘘唯物之焰；谤议既腾，遂不能安居故国（法），出走荷兰，彼据特嘉尔（笛卡尔）（Descartes）学派之物理说，以为适用于人间，凡精神作用，皆以物质活动视之……物质之性，具有广袤，亦具有运动作用，而运动之物质，则又具有感觉之作用者也。……1842年，保全则②既鸣于世，其结果以生理的现象与其他自然力同受机械的法则之支配，是说风靡一时，而一部分自然科学学者，乃乘势以为自然科学之论理的归结，高唱唯物之论。自然科学，固以物质机械运动说明一切自然现象，唯物论更以物质及其运动为世界之原理……"

在阐述唯物论时，杨匏安还简略提到荷兰庸俗唯物主义者、生理学家摩来士

---

① 德摩颉利图（约公元前460—前350），今译德谟克利特，古希腊最伟大的唯物论者。

② 保全则，今译能量守恒律。

楚脱（1822—1893），今译摩莱萧特；德国庸俗唯物主义者、博物学家傅额（1817—1895），今译卡尔·福格特等唯物论派别人物。

（三）合理说与经验说

合理说（今译唯理论或理性主义）与经验说（今译经验论或经验主义）是认识论上的两个对立派别。杨鲍安分别阐述了合理说与经验说的观念及代表人物："合理说者，以理性为知识之渊源：谓吾人之知识，不仅生于感觉，盖由先天的赋与之理性纯然作用而生。理性者，实至高之知识作用，出乎感觉的知觉之上，独立而有权威者也。古代哲学家如柏拉图、亚里士多德，皆主是说；近代则特嘉尔倡之，斯宾那塞①与里伯尼士，尤为重大之代表……及康德之批评哲学既起，合理说乃傍徨失据矣……斯宾那塞尝修补其说，所著《证明于几何学的顺序之伦理学》一书，纯用此法。"

经验说与合理说立于反对面："谓真理独从感官知觉之直接经验而得，以经验为独立存在之认识要素，认识为经验所产，凡认识之事，皆经验的者也。"杨鲍安介绍的代表人物主要有培根、洛克、巴克莱、休谟等。重点介绍了培根和洛克的观点：培根谓"欲得知识，必于自然界之现象，具有发见工夫。古来之能此者，虽曰不乏，类皆出自偶然，无一定科学的研究之方法，以为观察实验，故终难获完全结果；盖真正知识之根本，不外经验，而科学的方法，即归纳法是也"。洛克认为："观念果何自而来乎？曰，其起源盖出于经验。经验有内外二种：外的经验，谓之感觉，借感官之力而得外界之情态者也；内的经验，谓之反省，借自察之力，而得内界之情态者也；此二者互相结合，谓之单纯观念。由此而更为结合比较，则种种之复杂观念生焉。"杨鲍安继而进一步介绍了三种复杂观念：一是形态观念，二是本体观念，三是关系观念。最后指出经验说存在的问题："经验论者，若以一切认识尽出自个人经验，则亦误矣。吾人于遗传上，亦有不必本之自己经验之认识官能，此非先天的者耶？"

---

① 斯宾那塞（1632—1677），今译斯宾诺莎，荷兰唯物主义唯理论哲学家。

（四）感觉论

杨匏安介绍了三种感觉论：①认识论上之感觉论，属于感觉论的一个支派，分经验为内在的和外在的两种。"谓认识思考之事，单从感官的知觉与其内容所产，盖全以外感而论认识之说也。"②伦理上之感觉论，"谓凡美及道德的价值，其极也当远元于感情状态，而此感情状态，于心理的为意志所规定"。③美学上之感觉论，"以官能快感与美感视为同一之说也。如见彩色阴影之配合者，谓为绘画之美。闻律调之谐和者，谓为音乐之美"。杨匏安还简要提到了三种感觉论的代表人物。

（五）实在论与观念论

实在论与观念论是相互对立的。

实在论主张："吾人在外界知觉之事物，必有如吾人所知觉者之实际存在。质言之，实在非主观的产物，乃离去吾人观念而存在于客观者也。"实在论又可分为 6 种，杨匏安依次述之：①自然的实在论。②唯理的实在论。③科学的实在论。④经验的实在论。⑤不可知的实在论。⑥超绝的实在论。

观念论者，与实在论相对而立。实在论谓"认识之对象，于客观世界，实有其意识以外的存在。吾人之认识，乃明示此客观世界之真相者。然观念论反之，谓认识但为主观的表象，不能代表意识以外之实物；就使能为代表，亦不过实在之现象耳"。杨匏安还对观念论从古希腊到康德的发展源流作了梳理。

（六）实用主义

实用主义，1878 年美国唯心主义哲学家、实用主义的创始人皮尔斯最初使用这个概念。1898 年，美国哲学家和心理学家詹姆斯将这个概念用于加利福尼亚大学的讲义中。实用主义者认为："真理由实用而决定。凡调和于吾人经验者，有益于人生者，始谓之真理。若不调和者、无益者，不名真理也，又曰：知识者，非目的也，非绝对的者也。吾人因有目的，而后需要乎知识：故知识之真否，当视其及于吾人之利益如何而决也……"

杨匏安在介绍实用主义后，有一段总结："据唯物论言，则物质不能由不完全而成完全；故世界不可救济，是厌世说也。据合理论言，绝对可以统一世界而救济之，是乐天说也。实用主义，于两者而得其中，谓世界之救济，非必然者，亦非不可能者，盖可能者也。人间改良条件增加，斯则救之方法亦臻于美备矣。故实用论非乐天说，非厌世说，乃一种调和说，又曰改良说，今日盛行于英美法意等国。"杨匏安在介绍这些哲学派别时，特别注意其各自的特点和问题所在，他是在仔细寻觅更合理的学说。

（七）一元论、二元论与多元论

关于宇宙的本体是"物质"还是"精神"的问题，哲学上有"唯物论"和"唯心论"之分；而就宇宙是一个"本体"还是多个"本体"的问题，哲学上有"一元论""二元论"和"多元论"之分。

1. 一元论

关于一元论，杨匏安介绍说："宇宙万有，皆从唯一之本体而发。于其所谓元之性质内容现象之关系，各自为说。以一元为物质的者，唯物论也。以此为精神的者，唯心论也。以精神（心）与自然（物）为一者，同一哲学也。谓心物为二面者，一元二面论也。其他以精神及生活原理无独（自）实在，由物质的性质而具备之，则物心一元论也。"

一元论又分"物质的一元论"和"精神的一元论"。杨匏安分别述之：

物质的一元论，"以物质为万有之唯一本体，即精神亦由是而生。唯物论者属焉"。代表人物有法国 18 世纪启蒙思想家、唯物论的代表霍尔巴赫，著有《自然的体系》；德国的路德维希·毕希纳，著有《力与物质》。杨匏安同时指出："今世之唯物论者，既假定物质，而同时又为力之假定，诚不得已。若于物质之外，许力存在，或力不离质，不已成为二元论耶？是故物质的一元论，殊难成立。"

精神的一元论："谓太极存在之本性，为精神的者也。唯心论者属之。"黑格尔是其代表人物。精神的一元论又分为"抽象的一元论"和"具体的一元论"。杨匏安继而介绍，抽象的一元论，"分析宇宙之现象，而得其抽象之一物，即以之为万有本体之说也。本体既成于抽象，故不有完全实在之性质"。具体的一元论，"以宇宙万有之本体从唯一之本体而成。万有（即现象）之与本体，不能分离而存在。各个之现象，即是本体，而本体亦即各个之现象也"。

杨匏安认为，无论是"抽象的一元论"还是"具体的一元论"，"皆多障阂"，都不能全面解释宇宙，介于二者之间有"物心一元论"之说。"物心一元论，亦曰物活论，由物质的一元论而移于精神的一元论之过程也。其说精神与物质，不能分离以存立，而以精神为物质之属。"与"物心一元论"皆有密切关系的还有"二面论"及"作用说"。

二面论："二面论者，谓唯心唯物二论，皆多障阂，遂以心物二者，为同一本体之二面，而说明两者互相关系之学说也。近世英国学者，多持此说。"

作用说："以作用（力）为宇宙本体之说也。近代学者，倡此尤盛。叔本华以意志为宇宙之本体。多林达列布尔克以运动为演绎一切畴范。加里伊儿谓一切实在，毕竟为作用之结果。"

2. 二元论

关于二元论，杨匏安介绍说："不问何种现象，皆从二个全然相异之根本元理而说明一切之学说也。""以宇宙之本体，归著于二元种相异之本元者也。物质与精神，既全异其性质。"二元论又有不同的说明方法，细分为：

超绝的二元论：其说又复分为两种，"（甲）谓精神物质，对待而存（在），直接由一而生他。其所以支配之元理，亦各自不同。在自然界（物质）则行机械的作用，在精神界则行心的作用。二者占同等之地（位），而非主从之关系也，是名常识的二元论。（乙）谓一切现象，悉为神之所作。然神经此一次创造之后，对于世界之变化进行，不复为之主宰，乃任其自然，使精神物质各遂其发展。故神与世界，为宇宙万有之二元。所谓超绝的神教之二元论也。"

内涵的二元论："不谓宇宙本体成于二元，盖谓太极而涵两仪之性质者也。换言之，本体虽一，而其中包有二种不相容之主性也。是故以其说为一元论可，为二元论亦可。"杨匏安认为，内涵的二元论是一元论与二元论之调和之说。

除了上述两种二元论的分法外，杨匏安还介绍其他二元论的观点。主要有以下两种：

认识论上之二元论：认为"认识之起源，于二种全然相异之根本……一切认识，皆由感性与悟性（即感觉与思维）之二元而成之"。二者缺一，认识不能成立。

宗教道德的二元论："最初用以为宗教或道德之现象说明，亦以二种全然相异之性质为原理。古代波斯宗教，说善恶之起原，谓善为阿弗拉默达神所发，恶为阿里蛮神所发。世间一切现象，皆此二神为之。而以神归著于光明黑暗之二元。是宗教的二元论也。"

3. 多元论

关于多元论，杨匏安介绍："以宇宙本体，由独立自存之多数实在而成。盖万有本原之数量论也。自希腊德摩颉利图后之唯物论者皆属之。"也就是说，宇宙本体不是一个两个，而是由独立存在的多个构成的。

杨匏安将多元论又细分为三种：

"（一）以多数本元，各异其性质。昔之希腊、印度，以地、水、火、风之四大，为万有之本体。据其说，谓此等本体，皆有不变之性，不能互为生生，乃独立而并存者也。

"（二）虽谓多数本元，各不同性，然其互相差异，实出自一定性质之下。德摩颉利图之原子论是也，彼以为万有之本，厥维原子。所谓原子者，有实质而不可分析之体也。其于实质，各各皆同，一无所别，唯形积异耳。宇宙万有，不问其为精神的、为物质的，皆原子之所成也……

"以上二说，共以多数本元为物质的，故统称物质的多元论。

"（三）谓宇宙本体为精神的，其数颇多，非一非二。此等本元，性质皆同，形状大小，亦无所异，唯其开发状态，有高下之别，遂成万有各殊之象。"

杨匏安总结第三种为单论精神的观点，故称精神的多元论。

（八）原子论、目的论与机械论

在论及宇宙运动的哲学流派时，杨匏安将这些派别分为以下三种：原子论、目的论和机械论。

1. 原子论

原子论起源于公元前 5 世纪，希腊哲学研究发展的时代。杨匏安认为，那个时代思想的发达，可以说到了极致。主要代表人物是德谟克利特。杨匏安阐述："原子之本质，无生灭，无变化（参照唯物论），运动于太空，而易其位置、形状，宇宙万有，于是乎成。事物之生者，原子之集合也。事物之灭者，原子之离散也。举凡新陈代谢者，皆原子为之也。"

杨匏安又将原子论分为广义原子论和狭义原子论两种："就广义言，则以单纯不破、独立而自存之多数原理，而说明宇宙之世界观也。此多数原理，即称之曰原子，谓其为物质的者，曰物质的原子。谓其为精神的者，曰精神的原子。以物质的原子为宇宙原理者，则物质的原子论也。以精神的原子为宇宙原理者，则精神的原子论也（如里伯尼士之单子论）。就狭义言，则但以原子为物质的。今日普通所称是也。"

杨匏安认为，从纯正哲学的角度看宇宙的变化，有两种相对立的说法，即目的论与机械论。

2. 目的论

杨匏安介绍目的论的观点：认为宇宙万物都受"理"之支配，并向最后的目的前行。杨匏安将目的论分为两种：

（1）古代之目的论："古之学者，以为宇宙有一究竟之目的，万有皆视而为推扬，愈变则愈进也。至其预想此种目的，或神或理，乃无一定。苏格拉底以宇宙之壮大美丽，归之于神。盖从当世人民之思想，未足以成哲学的思索之结果也。新柏拉图派及中世基督教之哲学，犹以宗教的信念为其根据，其后乃由哲学解释之耳。"

杨匏安认为古代之目的论，"尚不（足）以证明宇宙之究竟目的为必存也，且由目的论而否定因果律者，亦不可能。于是亚里士多德欲调和二者以说明宇宙之现象"。

（2）近代之目的论："亚里士多德之说，既流于后世，遂成所谓合理的目的论。""以为万有主体之单子当创造之际，已预定其开发之顺序。而此顺序乃确定而不可易者。即由甲之状态以次生乙之状态，甲若未生，乙必无所从出。前之状态为原因，后之状态为结果。"

3. 机械论

杨匏安介绍机械论的观点：认为"因果之机械的关系，为现象变化之唯一法理。有一定之现象，必循此而生其他之现象；此其他之现象又为之因，而复生其第三之现象焉。宇宙现象，自为变化，终无何等目的也"。机械论其来甚古，杨匏安将其主要代表人物罗列出来，从古代德谟克利特、伊壁鸠鲁等的原子机械论，到斯宾诺莎的宇宙原理之说，到罗素的机械论，再到赫尔巴特学派心理学的机械论，方便读者理解。

（九）厌世主义与乐天主义

1. 厌世主义

杨匏安介绍厌世主义的观点："现在之世界，无有足为吾人生活之价值者。观察世界之实际，其苦痛之积数，常较快乐之积数为多（康德之实用人类学及哈脱门之无意识哲学者皆作是说，然穆勒、彭克来则言快乐多于苦痛），此少数之快乐，不能补偿多数之苦痛也。且人之本性，既已腐败，其行为毫无可取。而吾人寄生浊世之中，诚非出乎所愿。"厌世主义由来已久，杨匏安在介绍厌世主义的观点后，对古今中外的厌世主义作了高度归纳概括："起原当在太古。希腊拉丁之诗歌，印度之宗教，及中国老庄之说，犹足微寻。其在近代哲学，则叔本华倡其学理的厌世主义，此思想遂风靡一时矣。"

接下来，又把厌世主义分为二种：一为学理的（具客观理由），二为非学理的（但凭主观而不推理）。"非学理的厌世主义，于厌世诗人及文学者之著作见之。如希腊、罗马、波斯以至乎近世文艺，其例殆不可胜数。"学理的厌世主义，更分多种。

杨匏安总结产生苦痛的普遍根源是"常感不足而生其欲望；欲望未偿，终不静止。欲望有争夺之义，争夺必感苦痛。苦痛者，非吾人所愿得，唯其有所不足，故思争夺之而满足之耳。欲望既偿之际，虽得快乐，然转瞬即逝，非永久者也。一欲止，一欲生，是则吾人毕其一世，亦终不能安于一日之满足也"。

他总结产生厌世的社会原因："社会所以不义不德者，人类自然为之也。中流之人多倾邪。庸俗之人多顽鄙。彼辈无高尚理想，因衣食而驰骛一生。争斗杀伤之事，虽为法律所防，而嫉忌憎恶之念，无时或已。""人生既长，知识进而悲哀以增；见闻多而苦痛益甚。文明者，徒长人类之欲望，又苦无充足完善之法，是愈令人失意也。精神发达，能知过去未来，则遇事多所思量，尤惴惴然惧他日之殃咎，心君更无片刻之暇预，除特殊苦痛之外，复有其普泛的者，终不可以减去也……"

2. 乐天主义

杨匏安介绍乐天主义的观点："以现在之世界为快乐而善良者。发现于宇宙之一切现象，虽不能谓之尽善尽美；然神于种种状态，固可以创造之。"

乐天主义亦如厌世主义，有两种：一为非学理的乐天主义，一为学理的乐天主义。前者，杨匏安总结为："则资性快活，家富而境顺，未尝世味辛酸之辈，非有精密考察，但凭自己观想而发表者也。"后者，"则宗教家、哲学家以其哲学，或科学的理由而倡道者也"。乐天主义也是历史渊源已久，杨匏安对古希腊、中世纪到近代的乐天主义的学术发展和代表人物都作了梳理。杨匏安还把乐天主义细分为三种：一是哲学上的害恶，二是物质的害恶，三是道德上的害恶。

杨匏安介绍厌世主义与乐天主义后，他理性地指出："乐天主义与厌世主义，于人生但得一面，皆不足称为稳健之人生观也……人类之目的，不在个人之幸福，而在全体之幸福也，故不可以个人之不幸而影响于道德法。真正之人道，本为良善原则焉。"

杨匏安在写厌世主义和乐天主义这一节的时候，对社会作了深度的剖析和思考。对追求美好事物而不得的苦闷，他有深刻的感悟。他期望有公平合理的社会，能实现人们心中美好的愿望。

多么难能可贵啊！杨匏安已经在用唯物主义的观点看待世界，看待人生，早已形成正确的人生观和世界观。

三、宗教派别　言简意赅梳理清

宗教以社会特殊意识形态而存在，也是一种文化现象。宗教源自人类对宇宙、未知的探索，表达人们精神上的一种追求，这种探索起源于对神秘力量或实体的敬畏，使人对于一神或多神产生崇拜。

杨匏安在《世界学说》中介绍的宗教派别有：一神论、拜一神论、多神论、有神论、自然神论、超绝神论与泛神论等。

（一）一神论

杨匏安在介绍一神论时，首先说明宗教与哲学的关系："宗教上谓之一神教或唯一神教，在哲学上谓之一神论或唯一神论。"

什么是一神论，杨匏安介绍道："宗教上之一神论，所以反对多神教而信一神者也。"杨匏安进而解释，一神教，不独与多神教和泛神论对立，实有超越神之意义。关于一神教起源，杨匏安认为，古希腊有倡导一神教而反对当世神话的宗教，"犹太教及穆罕默德教"也反对周围民族的多神而崇拜一神。杨匏安从哲学层面上介绍一神论，即认为世界统一于神，神作为世界的本源，世界产生于神，于此意义上说，一神论也就是泛神论和超绝神论，以实体（即神）为万有之本源。

（二）拜一神论

杨匏安首先解释，拜一神论是宗教哲学之用语，关于拜一神论的概念，杨匏安介绍道："以无意识而崇拜一神，然其他诸神亦不敢排斥，所以为元始的宗教也。如犹太教，以以色列民族所当信仰者，但有唯一之耶和华，固与多神教迥异。惟对于异国民族，亦承认其固有之神。"杨匏安在介绍到此点时，特意区分其与一神教犹有差别。"拜一神教者，虽认多神之存在，顾于诸神之阶级组织之中，以唯一大神占其最高地位，或各民族既有特别最上之神，故不可于此神之外，复有所崇信者也。"

（三）多神论

多神教，杨匏安介绍道："为崇拜多神之宗教，而与一神教及二元宗教相对立者也。虽然，就事实上论之，于多数之中，有其中心之神，是仍带几分统一的倾向。而多数之神，又非全然独立分化，是仍带几分融合的倾向也。由此点而言，多神教犹交替神教矣。"杨匏安进而介绍道，多神教中，有比较优秀之神，是精神的统一，此点又类似单一神教。

（四）有神论

杨匏安阐述道："宗教上之有神论，有广狭二义。就广义而言，崇拜人间以外之某物为对象，而致其宗教的信仰者也。凡一神教、多神教、拜物、拜鬼等教，皆在包含。其就狭义言之，仅以唯一神教，而信其为宇宙根源之唯一最高实在。至于泛神论及自然神论，亦存有神论之意味。此外犹有信神之超越性及人格性之有神教，其置重神之人格性与其超越世界之点。"

杨匏安把哲学上的有神论分为广狭二义。"广义者，以神为宇宙根源，乃唯一无限绝对之实在；此实在对于世界之关系，有以为泛神论的，有以为自然神论的，又有以为最狭义之人格的，实则为其所包含。狭义之有神论，则反对泛神论而说神之超绝性者也……说神之超绝而反对泛神论，并反对自然神论，以神为人格的之说也。"

（五）自然神论

杨匏安在介绍自然神论时，首先解释自然神论一语，其由拉丁语 Deus（神）而来。故就语源而言，将神视为世界的本源。但在哲学上，自然神论与有神论相反。有神论以神为万物之大元，可以离开世界而独立存在。有神论认为，神以自由意志，创造万物而支配之。而自然神论则认为，神创造天地以后，世界乃遵其自身之自然法而活动，创造以后之世界，绝不受神之干涉。于是自然神超然立于世界之上（因此自然神教亦称超绝神教）。有神论认为，神以自由意志而左右自然法。故有超自然之灵异的说法。自然神论认为这是不合理的，以为神虽立于世界之上，亦不能蔑视自然法而恣意行动。自然神论意在理性地规范宗教行为，取鉴于自己理性之光明；凡认为不合理者，则属于迷信，一切皆在屏斥。自然神论反对泛神论，而认可神的超绝存在，反对有神论而否定天启奇迹。对于自然界的活动，绝对不承认其受神的干涉。自然神论要旨，是欲取宗教的信仰为基础，置于人间理性之内。故德国学者，特称其为理性宗教。

杨匏安还列了一批自然神论的代表人物，他们是英国的哈培德①、杜兰特②、可林士③、威尔士顿④、摩尔根⑤、休谟⑥、陆克等。在德国，则有文达尔逊⑦、立森等。

（六）超绝神论与泛神论

1. 超绝神论

在哲学及宗教史上，超绝神论与泛神论为两大流派。杨匏安介绍超绝神论的观点：宇宙绝非盲目的结集，而是有一定目的，在一定法则之下，形成统一之活动，是神的有意建造，如同人们有意计划而建造房屋一样。

超绝神论认为："神与世界之关系，为外的关系。神自无始而创造世界，别于世界之外而支配之。"杨匏安提出质疑："然就哲学者以有限、无限为外的关系而观，惟有限始能独立。故无限者，实非无限而要为有限也。如宗教者言，神果无限，胡能与世界成关系，且以支配救济之耶？此种疑问，超绝神论究不能解决……"杨匏安表明，超绝神论最终因进化论的发生，而遂失其哲学上的价值。

杨匏安进而阐述了原子论科学的兴起，使超绝神论与泛神论的观点备受质疑，"斥超绝神论与泛神论同为宇宙论的假说；而谓万有之本来，乃由绝对的独立无数之要素，偶然集合而生之结果。此等要素（即原子）之间，毫无本来之关系。万有之所以有统一者，非有何等原理而为支配，不过是种原子为盲目的运动，而互相接触之暂时结合耳。然此所谓原子者，非必取自然科学者所假定之物质的原子也。凡完全独立之多元，假令其为精神的者，亦无害其名原子"。

杨匏安敏锐地指出，原子论者有唯一之难点，即原子的偶然结合，究竟自何而来？他给出答案："迨达尔文进化论既出，前此之疑惑，一旦蠲除，以原子而

---

① 哈培德（1583—1648），英国自然神论的先驱者。
② 杜兰特（1670—1722），今译托兰德，英国唯物主义哲学家。
③ 可林士（1676—1729），今译柯林斯，英国自然神论者。
④ 威尔士顿 1670—1731），今译吴拉斯东，英国自然神论者。
⑤ 摩尔根（？—1743），英国自然神论者。
⑥ 休谟（1711—1776），英国唯心主义哲学家。
⑦ 文达尔逊（1729—1786），今译门德尔松，德国哲学家。

解释自然者，至是乃无妨阂。据进化之说，很多而且杂之生物，非突然生起于一时，实以无数岁月间之进化结果。"

2. 泛神论

泛神论亦称万有神教，杨匏安介绍道："以为万有虽受唯一原理之统一，然此原理，非如超绝神论所言，超绝乎世界，乃内在于世界者。万有之各要素，不过此统一的原理之部分；谓世界全体皆神之义也。"杨匏安梳理了泛神论的起源和发展："印度古代思想，夙有泛神论的倾向……婆罗门时代，尤为明显……其后之佛教……其在希腊……多谓万有为浑然一体，为灵为善，为一切绝对的统一。此泛神论之世界观也。中世基督教之哲学，其根本思想为灵与肉，以神与世界之二元论而取泛神论的世界观。近世自斯宾那塞及康德以后之思辨哲学，皆以此种世界观为绝对真理者也。"

从以上的介绍，我们可以看出，杨匏安的《世界学说》，把世界哲学宗教及各流派发展学说，逐条清晰地整理出来，发表在《广东中华新报》上，方便读者了解世界思潮。他的推介是多么的博大，多么的系统，多么的深邃！杨匏安可以说是哲学的集大成者。这一切，完全建立在他对西方哲学深刻理解、融会贯通的研究的基础之上，建立在他对自然科学的发展状况的了解的基础之上。他在介绍西方哲学宗教流派的时候，经常会引用到自然科学的一些观点，如进化论、生物学、心理学、原子论等，这彰显了杨匏安广博的学识素养和深厚的学识功力！

第四章

探索救世良方　传播马克思主义

后期的五四新文化运动，成为宣传各种社会主义流派及马克思主义的思想运动，五四以后，全国各地的进步报刊和进步社团，如雨后春笋，脱颖而出。在五四以前，倡导新文化的刊物，只有《新青年》《每周评论》《新潮》《东方杂志》等几种。五四以后的一年里，全国新出版的期刊猛增至 400 余种。其中影响较大的有：上海的《星期评论》《建设》《觉悟》（《民国日报》副刊）；北京的《少年中国》《曙光》《新社会》；天津的《天津学生联合会报》《觉悟》；湖南的《湘江评论》；成都的《星期日》；武汉的《武汉星期评论》；浙江的《浙江新潮》。五四以前，较著名的进步社团有：北京的"少年中国学会""国民杂志社""新潮社""北京大学平民教育讲演团"；湖南的"新民学会"；湖北的"互助社"等。五四以后的一年中，探索社会改造的社团也相继涌现，出现了三四百个进步社团，较著名的有：北京的"工读互助团"；湖南的"文化书社""俄罗斯研究会"；湖北的"利群书社""共存社"；广东的"新学生社"；天津的"觉悟社"，以及各地建立的马克思主义研究会。

在五四运动爆发后的一年时间里，其中宣传马克思主义和一定程度上宣传社会主义倾向的刊物有 200 余种，使马克思主义在中国迅速传播，成为新文化运动的主流。

中国的先进分子，以救国救民、改造社会为己任，重新考虑中国的前途命运，探求改造中国社会的理论学说和新方案。北京、上海成为社会主义、马克思主义传播的主要地方。在华南，杨匏安最早系统地传播了社会主义及马克思主义的学说。

杨匏安在广州以《广东中华新报》为宣传媒介，大力进行社会主义、马克思主义的传播，他开始探索适应时代和祖国人民需要的新路，也促成了他人生观、世界观的转变，从一名进步的民主知识分子，转变为马克思主义者，进入他人生最光辉的新时期。

一、社会主义各流派　条分缕析善启蒙

从 1919 年 10 月至 12 月，杨匏安在《广东中华新报》以"世界学说"为总题，发表了介绍各种社会主义派别的系列文章，简单介绍了欧文、圣西门、傅立叶、蒲鲁东和马克思等人的学说。其中，在介绍马克思时，他称赞《资本论》为"社会主义经典"，称："近代生产事业虽以资本制度而益形发达，然今日贫富之悬隔，及社会上各种罪恶莫不由是而生。然则现在之社会状态，实劳动者奋起革命以求改造之时期也。"杨匏安此时已开始把社会主义理论与劳动阶级的革命实践联系起来。杨匏安向国人介绍社会主义学说，先是整体的、概括性的介绍，进而对具体的流派逐一介绍。

（一）介绍社会主义流派和代表人物

杨匏安先把各种广义狭义的社会主义流派，大致概括性地分为三大类：

1. 极广义的社会主义

杨匏安介绍，极广义的社会主义者，将个人的活动，悉从属社会公共目的。依此意义，国家机会主义、讲坛社会主义、社会改良主义、其他在伦理上的社会伦理学、在经济上的社会经济学、在教育上的社会教育学，悉属此。

2. 普通广义社会主义

普通广义社会主义，主张在一般社会间持平等主义，设施、生产机关为人群共有，分配平等。包含共产主义中的狭义社会主义、无政府主义、虚无主义。

3. 最狭义的社会主义

最狭义的社会主义，要求土地公有，资本公有；分配法，则要求劳动报酬按比例分配。主张现在的社会制度要有所改革。

杨匏安进一步介绍："狭义之社会主义，虽为极晚近的社会运动，而实于社会主义的精神，殆有史以来早存焉矣。在古代希腊，则有柏拉图之理想国。洎乎近代，则有英国多马士·摩亚（托马斯·莫尔）之理想乡，始于空想，寖渐为实行者也。若19世纪……自成一种社会主义形体，即近代社会主义及共产主义也。"

杨匏安又将广义的社会主义分为两类：

共产主义：在英国、法国的共产主义、社会民政主义、国际共产主义。

社会主义：纯正社会主义、国家社会主义、基督教社会主义、集产主义、无政府主义、讲坛社会主义、国际社会主义、社会民主主义。

接着，杨匏安对上述社会主义流派的代表人物作了介绍：

阿恩[①]（1771—1858），被称为近世社会主义的鼻祖。不仅是理论导师，而且是实行家，以追求劳动的品位增进为己任，倾金巨万，略弗顾惜；更注意下等社会儿童教育，是英国儿童学校的创立者。1813年，与同志计划，组织社会，实行其博爱事业。1817年，为救济贫困，遂建立社会主义的共产主义大计，而当时议会问题中，正定有工场法制一案，尤多获阿恩的帮助而成。

圣西门[②]（1760—1825），法国纯正社会主义之翘楚。他的理想，是建立产业国家之新社会。而在此新社会中，当其统率之任者，须授人人以职业，因根据每人的劳动，施以相当的报酬。建立平等社会。圣西门认为社会制度之革命，虽不能过激而早成，但要大力宣传终可期实施。圣西门弟子，相述其说，叫西门派。他们认为"欲救现时经济组织之弊，不外废弃私有财产，成为共有财产制度。无论贤愚及能与不能，……分配之际，以比例平等法最为公正"。

杨匏安认为，"然此时社会，以分配之绝对平等为秩序，苟有破坏混乱，则较之今日之经济组织，更为危险，更为悖理；故真正分配法，在乎比例平等，尤

---

① 阿恩（1771—1858），今译欧文，英国空想社会主义者，合作运动的创始人。1824年曾到美国试办共产主义新村。著有《新社会观》等。

② 圣西门（1760—1825），三个"伟大的空想社会主义者"之一，出生于法国贵族家庭。著有《一个日内瓦居民给当代人的信》《人类科学概论》《论实业制度》等书。

须痛斥怠惰，谓人犯此病，富者无异盗贼，而贫者则为乞丐也"。他客观地分析
了西门派的学说。

弗里亚①（1772—1837），法国空想社会主义者，以圣西门之说为基础，反
对地方分权及个人之自由，亦承认财产私有。他主张分配之法，以劳动结果为
重，先以一定的若干量，分配各人，而所余分为十二分，以五分酬劳动者，四分
酬资本者，三分酬才干技能者。也叫集产主义，或叫相对的平等主义。

路易·勃朗②（1811—1882），与蒲鲁东齐名，法国著名的社会主义者。其
学说最为时人所称道，杨匏安介绍其主张：生产则各尽所能，消费则各取所需。
至于欲望的供给，常不公平，欲防此弊，须以必要为限制，不扰社会秩序，不危
害他人安全，于此范围之下，取其自然需要的分量。

蒲鲁东③（1809—1865）对于圣西门的宗教社会主义及路易·勃朗的国家社
会主义，皆不满足。欲避开宗教与国家权威，倡导个人社会主义。欲以正义、自
由、平等为基础，而组织新社会，令人自由劳动，并给予公平报酬。其纲领如
下："（一）排斥私有财产；（二）反抗阶级制度；（三）排斥宗教之神；（四）
人由劳动而得所有，故劳动之资料不可不课税；（五）理想的政体为无政府
主义。"

杨匏安介绍马克思的篇幅最长，也最赞同马克思的主张。对马克思的《资本
论》作了高度评价。

杨匏安介绍："马克斯④（1818 至 1883）者，尝著《资本论》，世称之为社
会主义圣典。其说社会主义，能以学理为基础，故称学理的或科学的社会主义，
于近世社会主义之中，尤占重要之地位。"认为"历史上之变迁与发达，常随货
物生产与生产分配之变迁发达而起，此二者实为其根源也。古代及中世纪之生产

---

① 弗里亚（1772—1837），今译傅立叶，三个"伟大的空想社会主义者"之一，出身于法国商人家
庭，著有《四种运动的原理》《家庭合作社的论述》等。

② 路易·勃朗（1811—1882），法国小资产阶级社会主义者，著有《劳动组织》一书。在该书重版
时，作者提出"各取所需，各尽所能"的原则。

③ 蒲鲁东（1809—1865），法国小资产阶级经济学家，社会学家，无政府主义创始人之一。

④ 据杨匏安惯用写法，及《广东中华新报》在 1919 年介绍马克思时，标题及原文全部都是用
"斯"，为还原杨文的历史面貌，以下引用到原文及标题时即用"斯"，在介绍和论述时则统一用通行译
法"思"。

事业，成于畎隶农奴之手；然今古之势不同，近代生产，几尽为资本的者矣"。杨匏安认为所谓资本的生产者，就是"资本家役使劳工，或利用机械，而由伟大工场以成产物是也。资本家既夺取生产结果，其势遂酿成人与机械之争。近代生产事业，虽以资本制度而益形发达，然今日贫富之悬隔，及社会上各种罪恶，莫不由是而生。然则现在之社会状态，实劳动者奋起革命，以求改造之时期也"。

杨匏安将马克思之学说，与拉萨尔作了比较，对马克思极为颂扬："马克斯之学说，一方采用国家社会主义，一方借社会民主党而施行，故在德国之社会主义，其势力极盛。同时有来查尔①（1825 至 1864）者，与马克斯共称为近世社会主义之巨子。然马克斯所出理论，来查尔本之实行，盖一则为哲学者，一则为政治家也。"

杨匏安阐述马克思理论的同时，也主张"现在之社会状态，实劳动者奋起革命，以求改造之时期也"。显然，在介绍西方各种哲学流派及社会主义派别的时候，他也在遴选适合中国国情的救世良方，在他的内心已认定了马克思主义学说。

（以上社会主义的引文原载《广东中华新报》1919 年 10 月 18、20、22、23、24、27、28 日）

杨匏安在介绍社会主义学说及代表人物后，对具体的流派逐一介绍。

（二）社会主义学说七种流派

1. 共产主义

杨匏安介绍共产主义时，简要概括为两方面："于经济上反对私有财产制，而主张财产共有；于社会上反对个人的特权，而主张权利平等，是为共产主义。"接着指出共产主义与社会主义实有迥异，但通常人以为，共产主义与社会主义没有区别，共产主义所主张之事，概为社会主义采用，因为共产主义运动发达，与社会主义同出一辙，故难区别。

杨匏安阐述了共产主义的渊源：共产主义生于古代，而且见诸行动，如希伯

---

① 来查尔（1825—1864），今译拉萨尔，德国工人运动中机会主义派别的首领，早期对组织"全德工人联合会"起过重要作用。20 世纪 50 年代后有资料说他勾结俾斯麦，出卖德国工人阶级事业。

来革命，可称为此主义之萌芽；而在古列达岛上的伊古有共产社会组织；在斯巴达，里枯尔哥士进行了社会改革。里枯尔哥士改革，"举其土地，平分于五千市民，即以最下等地，分与三万奴隶；市民有共同食桌，即牛马、车辆、奴隶，亦共有之"。在罗马地方自治制度中，其社会组织契约制度，也是共产法。在欧洲中世纪封建时代，各国皆通行过共产主义，而最发达的是法国。英国也有实行共产主义的地方。中国周朝时的井田制及日本的班田法，皆为共产主义。

"古来学者常有空想的共产主义之主张，虽明知其不能实行，然欲指摘时代之缺陷，而促其改善，遂发为一种理想，如乌托邦之类是也。"杨匏安阐述了共产主义与社会主义的关系和区别："共产主义始与社会主义互相提挈，以学理而见诸实行。若取二者比较，则共产主义务从所谓自然法，各方面皆绝对平等，惟社会主义之于言产业上之分配酬报，不必作绝对的平等也（以各人劳动分量为衡）。又社会主义不禁私产，如马（克）斯派，亦承认相续权……，共产主义……主张完全没收。此其根本思想之不同者。"

杨匏安介绍了共产主义的代表人物：

古代柏拉图，以共产的思想而著《共和国》及《法律论》。一切财产皆为共有。反对私有财产制度，提倡国家公有、国民公有之说。是共产主义的先声。

摩莱里与巴贝夫，同为法兰西革命的先驱，其学说皆主张共产主义。摩莱里，18世纪法国空想社会主义者，所著《自然法典》以私有财产为罪恶之起源。于是立三种原则，为新社会的基础。第一，在新社会中，不以某物属于某人；第二，人皆以公人资格而受公费之扶助；第三，人各以其能力及年龄为准，而从事公共事业。巴贝夫（1760—1797），法国空想共产主义者、革命家，是法国纯粹共产主义的代表。当法兰西第一次革命之日，受摩莱里思想影响，倡导人皆平等，并作为改革社会之唯一手段，但为当世所不容，慷慨毕命于断头台上。巴贝夫认为：社会之目的，在于得到完全幸福，幸福存在于绝对平等之内，因此非废弃私产制度，共同劳动、平等分配不可。"则改私有财产为国有财产。私人既死之后，尽没其赀殖，严禁继承，不出50年，而贫富之阶级破矣。"

卡贝（1788—1856），法国空想共产主义者。卡贝之说，较为平和稳健，曾在北美德克萨斯州实行此种主义，虽经营失败，亦终信共产主义必行。卡贝著有

《伊加利亚旅行记》，是一部说明共产主义的小说。

（以上共产主义的引文原载《广东中华新报》1919 年 10 月 29、30、31 日及 11 月 1、3 日）

2. 集产主义

集产主义者，主张不动产及一切生产机关，尽归社会公有，也叫国家公有学说。纯粹的集产主义，与共产主义的区别在于：共产主义主张生产的分配绝对平等。集产主义主张分配以各人劳动为准，以平允的方法谋求社会改良。杨匏安指出："此实为近世社会主义者的根本思想。"

圣西门一派，皆由别种社会主义而趋向于集产主义者。路易·勃朗则以生产机关为公有，实行生产分配法，倡导共产主义，其可称为纯粹集产主义者。戈兰、佛埃及亨利·乔治也是纯粹集产主义者。从哲学角度，倡导实行合理的社会主义，以为人的道德、正义及平等权利之观念，出自"人间性灵，永久不灭"。戈兰之论生产，以人与土地为要素。此二者之结合，遂产生第三要素，即资本。"因劳动既受缚束，故各人之富，不随劳力而增，乃随资本而进也。"由于在土地私有制度之下，"资本之富，与劳动者之贫，实平行增进；若土地公有，则各人之富，以其劳力及文化进步为比例而增进。是故将来之社会，尤不可不使土地为公有云。"美国资产阶级经济学家亨利·乔治，著有《进步与贫困》。亨利·乔治的集产主义认为生产之要素有三：土地、劳力、资本。"生产物的价格，为地价、劳金及资本、利润之总和。然则地价增高之际，劳金与利润不得不低落。而因人口及富力之增加，致令食物之价格腾贵，其结果则地价亦增加矣……救此之道，惟实行土地国有之制度而已。"

塞斐列的渐进的集产主义，关于生产分配一事，不实行绝对平等，但视各人劳动的分量及其性质，而得到适当之酬，是社会改良之法，唯就现在的社会制度，徐图改良。财产制度，亦不必全废，特取其不动产收为国有即可。

（以上集产主义的引文原载《广东中华新报》1919 年 11 月 4 日至 7 日）

3. 社会民主主义

杨匏安介绍社会民主主义，是"民主政治之下，而行社会主义者，是曰社会民主主义"。杨匏安阐述，现今欧美各国，多主张社会民主主义，是社会主义派别中最有势力的一派。

其代表是德意志社会民主党。"当来查尔组织劳动同盟之际，采用马克斯之说，为社会民主党领袖，尝欲建设生产的协会，以为改造社会组织之目的；因向议会提议，由政府支出一亿元，铁血宰相俾斯麦大为所窘，乃横加压抑。该党颇受顿挫，然未几即回复其势力。"1890 年，召开社会党大会，创办机关杂志《前进》。1891 年，开第二次大会，决定以社会民主党之主义纲领为宣言。党纲由马克思及恩格斯制定，定十事为基础：①禁私有土地；②由累进率定所得税；③否认相续权；④外国移住者及叛逆者之财产，当行没收；⑤设立国家银行；⑥一切交通机关，皆为国有；⑦工场及产业机关皆国有；⑧设置产业的军队；⑨农工联合；⑩儿童当受共同教育。此外又加以种种之说明，"生产手段（如土地、矿山、原料、器具、机械、交通方法等），不过资本家与大地主安享其成，而强夺劳动者之产物，故须严禁私有，以共有制度代之。如此社会的改革，不独解放无资产阶级，凡见苦于现在社会不公平状态之人类，一切皆可解放……故劳动者宜有改革此社会的使命"。

（以上社会民主主义的引文原载《广东中华新报》1919 年 11 月 9、10 日）

4. 国家社会主义

杨匏安介绍国家社会主义，就广义而言，讲坛社会主义（详下）亦包含在内，是 19 世纪之后半叶盛行于德国，由首相毕斯马克①所采用的政策上的主义，其法令条文如下：

"第一条，凡不能自行给养之市民，国家当负扶助养育之责务。

"第二条，因自己及从属而失其生计上之手段与机会者，国家宜视其力量才能、授以适当之职业。

"第三条，因懒惰逸乐及其他不规则之性向以致不欲讲求自给之方法者，宜置于所属监督之下，施以强迫及罚金。

"第六条，国家应设一种官厅，以预防市民之贫乏，且防其过度之浪费。

---

① 毕斯马克（1815—1898），今译俾斯麦，普鲁士王国首相和德意志帝国宰相，推行铁血政策，统一了德意志。

"第十五条，各地方警察署，宜以任何方法而保护不能自活及窘苦无能之人。"

（以上国家社会主义的引文原载《广东中华新报》1919 年 12 月 5 日，缺 4 日）

5. 讲坛社会主义

杨匏安介绍讲坛社会主义创自柏林大学的教师，在经济学说上反对自由放任主义，在政策上则认可社会主义的要求，通过干涉产业，抑制资本家的专横，进而改良社会状态。奥国财政大臣斯埃佛列（经济学和社会学者）等就是该学派的研究者。1872 年，由陆斯埃尔主倡的"社会政策协会"，决定每年开会一次。

杨匏安认为："此学派虽反对正统派经济学，容认社会主义思想之根本，然一方面又反对急进的社会主义，谓社会组织之革命的改变，乃违背近世科学之结论，而其所主张则由国家政策徐徐改良，然后解决社会问题，此所谓渐进的社会改良主义，与纯粹社会主义不同也。"

（以上讲坛社会主义的引文原载《广东中华新报》1919 年 12 月 10、11 日）

6. 基督教社会主义

基督教社会主义者，以普及其博爱精神，而图改良现世社会，故称基督教社会改良主义，又称普通基督教社会改良主义。其得名之始，在 19 世纪之中。此派开祖，是莫礼士。莫礼士说：基督教徒不奉社会主义者，不能为真教徒；而真正的社会主义者，又非奉基督教不可。

杨匏安认为，基督教社会主义，不过是基督教历史的发展之结果而已。教会中所谓社会主义，是广义的，取社会主义之精神，而不取其手段。为构成而不为破坏；为指导而不为政策；为理论而不为实验。与其称社会主义，不若称为社会改良主义。

杨匏安介绍基督教社会主义的观点："以为无论组织如何有力之团结，制定如何精密之法制，苟无基督教之博爱精神，则自利私欲之妄念不断，而社会之祸根终不可除；务使人人推其博爱之心，以求伦理的之改善，富者常存仁恤，贫者乐天自慰，上下一致，成共济的团结，其所不及者，则国家助之，经济界之缺陷，既得弥缝，社会自享完全幸福矣。"基督教有新旧两派，故基督教社会改良主义亦分为二，然而根本思想是相同的。

（以上基督教社会主义的引文原载《广东中华新报》1919 年 12 月 12、13 日）

7. 社会改良主义

杨匏安介绍社会改良主义时主张经济上自由与个人平等。虽主张经济上自由，但异于个人主义论者所认可的绝对自由；虽认可个人自由，但又非社会主义论者所主张的划一的平等。解决现在社会上的问题，受国家的干涉，设劳动者保护法及强制保险。杨匏安阐述，经济上自由的说法，不是法律上与形式上任容自由。换言之，由国家干涉，法律限制，以除自由契约流弊，而救济劳动者的惨况。

杨匏安认为，社会改良论者，已深知现代经济及社会组织的不完善，亦主张应进行改革，只是其采取的方法，不如社会主义者主张废私有财产、抑制个人自由，进而解决社会弊端那么直接。社会改良论者一方面期望得到真正的经济自由，以图个人个性的发挥，另一方面又力促国家权力可适应社会的新制度，从而期望社会问题得以解决。

［以上社会改良主义的引文原载《广东中华新报》1919 年 12 月 15 日，仅存（一），下缺］

杨匏安把上述诸多纷繁复杂的社会主义派别进行了系统的分辨梳理，不仅一条一条地列出来，而且科学理性地加以评说。显然，他期待自己能发挥报人的正确引领作用。拯救中国社会的救世良方，不是现成的，是需要通过对诸多社会主义学说进行筛选、甄别、研究而确认的，这个过程是一个研究探索、比较鉴别的艰难过程。杨匏安的角色已从新闻媒体从业人转变为社会变革的探索者。

二、马恩理论传中国　匏安扛鼎在华南

（一）马克思主义在中国的传播

日本是亚洲地区较早译介马克思主义思想理论的国家，20 世纪一二十年代出版了众多介绍、评述社会主义理论和马克思主义的书刊。这些文献影响了当时在日学习的中国知识分子，随着他们的归国，马克思主义也开启了与中国的不解之缘，日本也就成了马克思主义思想理论传播至中国的来源国之一。上海是马克

杨飽安

陈独秀

思主义学说引入中国的重要窗口，是马克思主义在华早期传播的主要中心。20世纪初，上海出版了多种译自日文的评价社会主义及马克思主义的著作，直接影响了中国的知识分子与社会大众。

陈独秀创办的《新青年》，原名"青年杂志"，刊登了《布尔什维主义的胜利》《马克思学说》等大量介绍马克思主义理论的文章，还出版了"马克思主义研究"专号，成为宣传马克思主义和反帝反封建的重要思想阵地。

《新青年》第六卷第二号封面

1919 年 10 月、11 月，李大钊分两期在《新青年》第六卷第五号、第六号上发表《我的马克思主义观》一文，介绍了马克思主义的唯物史观、政治经济学和科学社会主义的基本原理。

李大钊

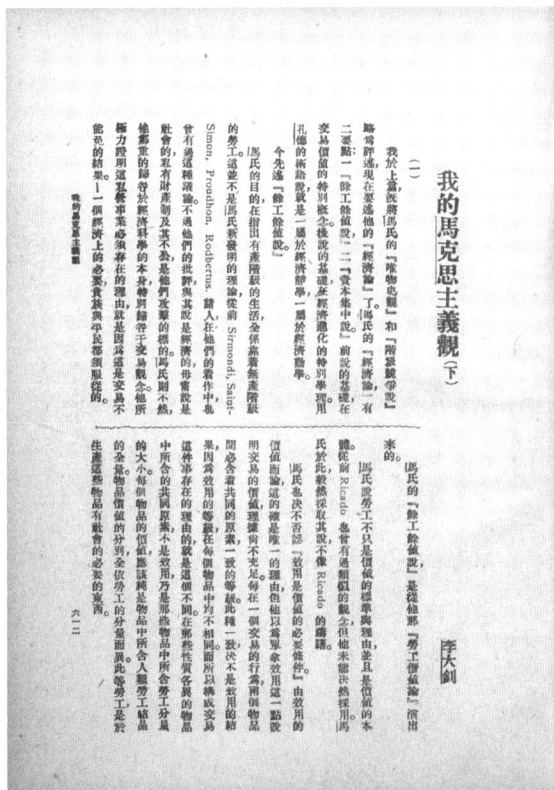

《新青年》第六卷第六号刊载的《我的马克思主义观（下）》

楊
豹
安

《新青年》第六卷第六号封面

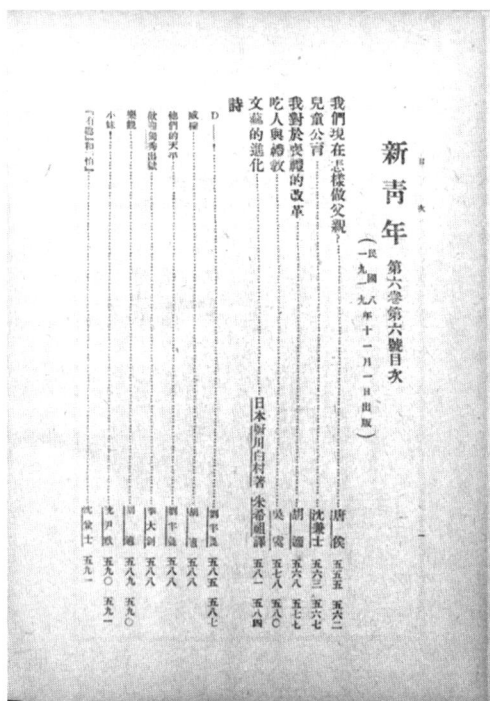

《新青年》第六卷第六号目次

中共中央党史研究室编的《中国共产党历史（第一卷）》，评价李大钊的这篇文章："系统地介绍了马克思主义的唯物史观、政治经济学和科学社会主义的基本原理。该文的发表，不但表明李大钊完成从民主主义者向马克思主义者的转变，而且标志着马克思主义在中国进入比较系统的传播阶段。"①

除李大钊外，留学日本期间接触和研究过马克思主义的几位进步青年，对马克思主义在中国的早期传播也起到了重要的作用。

1919 年 6 月 18 日，李达在《民国日报》副刊《觉悟》上发表文章《什么叫社会主义？》。从 1919 年 6 月至 1920 年夏，李达通过撰文译述《唯物史观解说》《马克思经济学说》和《社会问题总览》三部著作，对马克思主义的各个组成部分作了全面的介绍，对国内传播和研究马克思主义起到很大的推动作用。

李达

《民国日报》副刊《觉悟》上刊载李达文章《什么叫社会主义？》

---

① 中共中央党史研究室. 中国共产党历史（第一卷）[M]. 北京：中共党史出版社，2011：46.

李汉俊

1919 年 8 月至 1922 年春，李汉俊在《星期评论》等报刊上发表宣传马克思主义的文章、时评近百篇。

李汉俊发表在《星期评论》上的文章

1920 年春，陈望道翻译了《共产党宣言》，是该著作第一个中文全译本。1920 年 8 月、9 月他以上海社会主义研究社名义出版了两个版本。这部马克思、恩格斯著述的国际共产主义运动的第一个纲领性文献，深刻影响了一批爱国进步青年，并在他们心中埋下了革命的火种。

陈望道

陈望道分别在 1920 年 8 月、9 月出版的中文全译本《共产党宣言》

（二）杨匏安在华南地区系统传播马克思主义

杨匏安与同时代的中国先进知识分子有共同的愿望：求外国高深之学术，促进本国之文明。中国的先进知识分子迫切需要一种新的思想武器来改造中国社会。而俄国十月革命的胜利向他们展示了社会主义特别是马克思主义的优越性，研究与介绍马克思主义成为中国社会的热门话题。当时的很多刊物如《新青年》《国民日报》《建设》《觉悟》《互助》《新潮》《广东中华新报》等纷纷进行马克思主义的宣传与介绍。在这个过程中，留学生特别是留日学生成为马克思主义传播的媒介与桥梁。在日本研读过西方学说的杨匏安，在他撰写"世界学说"系列文章时，对马克思主义有了更深邃的理解。

中共中央党史研究室编的《中国共产党历史（第一卷）》中，对杨匏安传播马克思主义作了介绍："杨匏安从日本回国后，于1919年10月至12月间连续发表文章，对各派社会主义学说的要点及其创始人的生平进行了介绍。他在同年11月至12月发表的《马克斯主义———一称科学的社会主义》[①] 一文，对马克思主义的三个组成部分作了比较全面而简要的阐述。这是中国人所写的又一篇比较系统地传播马克思主义的文章。"[②]

1919年11月至12月，杨匏安发表的《马克斯主义———一称科学的社会主义》一文尤为重要，这是华南地区最早系统宣传马克思主义的文章，与李大钊的《我的马克思主义观》下篇几乎同时问世。杨匏安此文的发表传播，标志着在北京、上海两大中心之外的广州，开辟了又一个传播马克思主义的中心。以李大钊、陈独秀、陈望道、李达、杨匏安、李汉俊等为代表的先进知识分子，在不同地区、不同范围、不同程度上对马克思主义的系统传播，为宣传马克思主义做出了伟大的历史贡献。启发了中国先进的知识分子，使他们选择和接受了马克思主义，作为拯救国家、改造社会和推进革命的思想武器，为中国无产阶级政党的创建提供了思想条件和理论基础。

---

① 据杨匏安惯用写法，及《广东中华新报》在1919年介绍马克思时，标题及原文全部都是用"斯"，为还原杨文的历史面貌，以下引用到原文及标题时即用"斯"，在介绍和论述时则统一用通行译法"思"，不再一一注出。

② 中共中央党史研究室. 中国共产党历史（第一卷）[M]. 北京：中共党史出版社，2011：46.

探索救世良方　传播马克思主义

1919 年 11 月 11、13 日在《广东中华新报》刊登的杨匏安长文《马克斯主义——一称科学的社会主义》

杨匏安

1919 年 11 月 14 日、12 月 4 日在《广东中华新报》刊登的杨匏安长文《马克斯主义——一称科学的社会主义》

《马克斯主义——一称科学的社会主义》，全文七八千字，是"世界学说"系列文章中最长的一篇，从 1919 年 11 月 11 日至 12 月 4 日，连载 19 天次（中缺 4 天）。杨匏安的这篇《马克斯主义——一称科学的社会主义》，是我国南方目前发现的最早系统介绍马克思主义三个组成部分的文章，与李大钊的《我的马克斯主义观》，不失同为五四时期传播马克思主义的不朽丰碑。杨匏安的《马克斯主义——一称科学的社会主义》，与李大钊的文章，在中国南北遥相呼应，时间节点上是有关联的。《广东中华新报》社长容伯挺与李大钊是在日本"神州学社"的挚友，他们有共同的理想追求，回国后也保持通信往来。那么他们会不会约定在差不多的时间段都推出宣传马克思主义的重磅文章呢？

杨匏安在《马克斯主义——一称科学的社会主义》一文的开头，即写了一段类似编者按一样的概括文字：

"自马克斯氏出，从来之社会主义，于理论及实际上皆顿失其光辉。所著《资本论》一书，劳动者奉为经典，而德国社会民主党且去来查尔（拉萨尔）而归于马氏。在近世社会党中其为最有势力者，无疑矣！马氏以唯物的历史观为经，以革命思想为纬，加之在英、法观察经济状态之所得，遂构成一种以经济的内容为主之世界观，此其之所以称科学的社会主义也。

"由发表《共产党宣言》书之一八四八年，至刊行《资本论》第一卷之一八六七年，此二十年间，马克斯主义之潮流达于最高，其学说亦以此时大成。"①

杨匏安高度概括了马克思主义理论的巨大意义和实践意义，字里行间充满着对马克思主义理论的推崇和赞赏。副标题直接就称马克思主义理论为"科学的社会主义"。表达了他自己对这一伟大学说的敬仰之情。杨匏安盛赞了马克思对人类历史做出的伟大贡献，高度评价了他的著作《共产党宣言》和《资本论》在国际社会主义运动中的指导作用和经典地位。

杨匏安分三个方面介绍了马克思的唯物史观、阶级斗争学说和剩余价值理论。

---

① 杨匏安. 马克斯主义——一称科学的社会主义［M］//中共珠海市委党史研究室. 杨匏安文集. 北京：中央文献出版社，1996：168.

1. 马克思主义的唯物史观

所谓唯物史观，就是用唯物主义的观点去观察和解释历史发展的规律。换言之，就是把历史发展的动因放置在物质和自然科学发展的基础上进行研究的观念方法。

关于马克思的唯物史观，杨飖安写道："所谓唯物的史观论，盖由实在一元论而生之历史自然科学的观察，更傅以革命色彩者也。其历史的根源，不在天之创成，而归之地之生产，以技术及经济的因子，为一切政治及精神上之历史原动；生产上之变化，即历史变化所由起；画（划）分历史上之时期者，生产之手段（器具机械）也；演出社会上之阶级者，生产之形态也；而此种阶级之战争，即人类之历史焉。

"一国之法律，全视其国之社会经济而定。社会生活之实体，即经济是也。经济犹基础，法律政治犹建筑；若经济的特性有重大变化，则节制此经济之形式，必随之而转移；故社会生活之内，有一种规律，这种规律可以以天然科学的方法探得，盖社会经济的现象，原为一种天然物，其现象之全部，即是社会生活的物质，而其现象之生存毁灭，即物质的运动也。"①

让人称颂的是，杨飖安高度概括了马克思主义学说中生产方式是社会发展的决定因素的理论，以及上层建筑与经济基础、生产关系与生产力必须相适应的基本原理。一方面指出了经济基础对上层建筑的决定作用，另一方面，也肯定了上层建筑对经济基础、社会意识对社会存在的反作用。

杨飖安阐述马克思主义历史发展的规律的同时，也指出唯物史观不否认理想的作用，"唯物的历史观，不否认理想的作用，无论过去未来，人之社会理想，皆可以为改变法律及社会秩序之近因，然人于善恶的想象决非离此物质世界，而为独立存在者也。换言之，人于善恶的想象，决非别有一个因果行列者也；试就历史上之社会变迁察之，一切理想，不为社会变迁之最终的原因，实一种社会经

① 杨飖安. 马克斯主义——一称科学的社会主义［M］//中共珠海市委党史研究室. 杨飖安文集. 北京：中央文献出版社，1996：168.

济的影子，以其既有此种社会经济，然后一切理想方能发生也"①。

这是马克思著作中谈及的上层建筑的反作用问题，杨匏安实际上已表达了马克思主义唯物史观的一个重要观点：即社会存在决定社会意识，社会意识是社会存在的反映。社会经济的发展，决定着社会意识的变化。

他进一步分析了近代社会经济基础同上层建筑之间的矛盾，认为：近世的经济，已渐变为社会式的经济。近世的出产，由"大经济单位"（如工厂田地商业等，用大规模及大计划，聚集群众而组成）通力合作而成。而现行的法律，仍沿袭古代。

法律依古代独作自享的经济（个人式）而立，其与近代社会相冲突日趋明显。法律与其经济基础不相称，"以唯物的历史观论之，法律终必让步，随经济而转移。而私有财产之制度，又基于古代经济的法律而立，今日尤无存在之理"②。他从而明确断言：必须废除现行法律和私有财产制度。

杨匏安概括了马克思主义唯物史观的两要点：其一，"人类文化的经验之说明"，其二，"社会组织进化论"。第一要点是说"人类社会生产机关的总和，构成社会经济的构造，此实为社会之基础构造。一切社会上之政治法制，及种种精神上的构造，皆随经济的构造变化而变化。而基础构造，其内部亦有最高动因，以促其自己之进化，此最高动因，即生产力是也"。第二要点是说"生产力与社会组织有密切的关系，生产力一有变动，社会组织必随之而变动。社会组织即社会关系，……社会组织即其始亦尝助长生产力的发展，然其发展的力若到社会组织不能适应之程度，则社会组织不独不能为之助长，势必加之以束缚妨碍矣。此时生产力虽受束缚妨碍，然仍发展无已，发展的力愈大，与社会组织之冲突愈迫，其结果非令旧社会组织崩坏不可"③，这就是社会革命。

杨匏安接着颂扬了马克思主义唯物史观对世界社会科学的意义："自马克斯

① 杨匏安．马克斯主义——一称科学的社会主义［M］//中共珠海市委党史研究室．杨匏安文集．北京：中央文献出版社，1996：168.
② 杨匏安．马克斯主义——一称科学的社会主义［M］//中共珠海市委党史研究室．杨匏安文集．北京：中央文献出版社，1996：170.
③ 杨匏安．马克斯主义——一称科学的社会主义［M］//中共珠海市委党史研究室．杨匏安文集．北京：中央文献出版社，1996：170.

倡其唯物的历史观以后，举凡社会的科学，皆顿改其面目。"

杨匏安阐述：马克思论文化史，不成于人类的精神，而成于物质的境遇。从表面看，各种文化，皆出自人类的努力，而实际上终由物质而决定。人类精神的努力，由物质的境遇而定，故人类的文化史，亦由物质的境遇而定。"苟从新陈代谢周流循环之生理学、化学、社会学、经济学的公例观之，仍有生灭流转；是故物质之结合位置一变，则人类之文化亦不得不一变，如唯物的历史哲学所言，一切道德、法律、政治、宗教、经济、艺术等等现象，皆须随顺时宜，常起变更，固无永远适用者也。"①

这完全可以说明，杨匏安对马克思主义唯物史观的核心概念（即生产力与生产关系的矛盾，经济基础与上层建筑的矛盾，以及生产力决定生产关系，经济基础决定上层建筑），已经做了极为透彻的研究，并且清晰准确地表述了出来。马克思唯物史观理论对于当时华南地区的知识思想界以及当时的国民来说是一种全新的认知，甚至是一种颠覆性的认知。

2. 马克思主义的阶级斗争学说

关于阶级斗争学说，杨匏安阐述道："马克斯谓阶级竞争之所由起，因土地共有制度既坏之后，经济的构造，皆建在阶级对立之上。"他解释阶级的概念，即经济上利害相反的阶级；阶级的区别是：一方肆其压服掠夺，而一方则受压服掠夺。此两种阶级在各个时代，以种种形式而表现出来：有欧洲古代的封建者、现代的资本家等。不同时代的阶级，有不同的经济组织进化之阶段，"而资本家的生产方法，在社会生产方法中，乃采对敌形式之最后者。阶级竞争亦将随此资本家的生产方法同时告终矣"。

至于社会何故呈现阶级对立的现象，杨匏安阐述马克思的观点是"全由一个之社会团体，依生产方法的独占，而掠夺他人之余工余值（详后）而已"。阶级对立的原因，就是生产资料的占有者对生产者剩余价值的掠夺。

杨匏安对马克思主义阶级斗争学说的阐述，因为刊载其长文的《广东中华新

---

① 杨匏安．马克斯主义——一称科学的社会主义［M］//中共珠海市委党史研究室．杨匏安文集．北京：中央文献出版社，1996：170.

报》缺失了其中的两天次，遗憾还不能全面了解。

3. 马克思主义的剩余价值理论

杨匏安在《马克斯主义——一称科学的社会主义》中以近三分之一的篇幅介绍了马克思的"余工余值"（即剩余价值）学说，他深刻地道出马克思主义经济学说的核心："其大旨不仅指斥资本家之贪婪，而在于揭破资本主义之不公。"

杨匏安介绍马克思主义的剩余价值理论，揭示其核心内容："资本家给劳动者以六小时之工值，而收十二小时之劳动效果，此中有六小时之价值差别，……资本家攫为己有，盖坐享其成者也。""故资本家恒欲延长劳动者之作工时间，而劳动者一面，自然要求减短，是即两方冲突之处也。"他指出资本家的剥削愈重，工人的反抗必愈烈。工人"一旦群起而取得国家之权力，改一切生产工具为国有，脱去资本家之羁绊，恢复各人之经济自由，此为解决社会经济的矛盾之唯一方法，亦即近代社会经济制度所必有之结果，是固循社会演进的程序而自然发生者也"[①]。杨匏安在文章最后写道："马氏之言验矣！今日欧美诸国已悟 Bolsheviki 之不能以武力扫除矣！"[②]

杨匏安在文章中道出资本家的贪婪，揭破资本主义不公的内在原因，从而说明社会革命的必然性。

杨匏安介绍马克思主义的剩余价值理论产生的原理时阐述道：人要得到物质生活，第一，需备有生产必需的工具（如机器等）。第二，需备有若干的生活品（供工作时生活所用）。然而在近世社会中，只有少数人能具备这两个条件，多数劳动者是不具备这两个条件的。劳动者若要图生存，只能出卖自己的劳动力给资本家，而资本家给予其劳动报酬。"至于为值几何"，则按以价值公例，"凡一物交换之价值，概等于制造此物之劳动；故劳动力之价值，即等于培养此劳动力之劳动。假如一劳动者，每日所需之生活品值六小时，则每日劳动六小时，已产出其人生活之价值矣。然而劳动者之卖其劳动力于资本家，资

---

① 杨匏安. 马克斯主义——一称科学的社会主义［M］//中共珠海市委党史研究室. 杨匏安文集. 北京：中央文献出版社，1996：174.

② Bolsheviki，即布尔什维主义。

本家课其劳动时间，必较六小时为多，此则劳动力之价值与劳动力之利用时间不同，而资本家购买劳动力之际，正欲得此种价值之差别，如资本家给劳动者以六小时之工值，而收十二小时之劳动效果，此中有六小时之价值差别，是名'赢余价值'，仍是劳动者自己所制作，顾资本家攫为己有，盖坐享其成者也。资本家既掠取赢余价值，积之愈甚，资本愈增，此则资本制生产法之下，所自然发生之结果也"①。

杨匏安文章的这段内容准确概括出马克思主义剩余价值理论的原理，它的意义在于，深刻揭示出资本主义社会劳资双方产生对立的根本原因。

文章进一步阐述劳资对立的情况：资本经济行为的动机，就是追求扩大赢余价值，劳动者每日的工作时间愈长，则资本家所攫取的赢余价值愈多；故资本家总是想延长劳动者的工作时间，而劳动者自然要求减短，"是即两方冲突之处也。顾资本家占优胜之势力，劳动者恶能对抗，所以向来冲突之结果，劳动者多归失败，劳动时间曾不见其少减，驯至劳动者痛苦至极，合全级势力以奋争"。

文章阐述了马克思主义关于资本主义社会发生经济危机的原因：近世的社会、经济组织的生产工具都为私人所有，各经济单位互相竞争，都力求改良自己的生产方法，所以生产的范围日益增大，而市场销路又不相称。销路的广狭不因消费者的欲望而定，而是视消费者的购买力而定。社会上之购买力有限，所以不能与竞争无厌的生产相适应。生产产品太快，产品未能流通，出现经济恐慌、市场停滞的现象。社会经历一次经济恐慌，则资本薄弱的企业家必受一次淘汰。资本家欲谋挽救之道，不外乎开辟新市场，或挖掘旧市场。然而此种方法，又足成为更大的经济恐慌的预备而已。经济恐慌不断循环发生，且每次愈益剧烈。小企业及手工作坊等，渐就消灭，最终只有大企业继续增长。无数的大企业互相竞争，若遇较剧烈的经济恐慌，不能并存，其趋势为"留下极少数财力最雄厚之资本家，以操纵社会一切之生产，社会上大多数之人，只可佣

① 杨匏安. 马克斯主义——一称科学的社会主义 [M]//中共珠海市委党史研究室. 杨匏安文集. 北京：中央文献出版社，1996：173.

赁图活，无自立希望，境遇愈逼，困难愈重，反抗的意志及反抗的运动愈烈，一旦群起而取得国家之权力，改一切生产工具为国有，脱去资本家之羁绊，恢复各人之经济自由，此为解决社会经济的矛盾之唯一方法，亦即近代社会经济制度所必有之结果……"①

杨匏安文章的这段话，概括了马克思主义的观点：资本主义社会中，资本主义生产的无序竞争是引起经济危机的最基本原因。经济危机一次次爆发，最终引发社会危机，而发生社会革命夺取政权，是解决社会经济矛盾的唯一方法。

著名的马克思主义理论家、中共中央党史研究室原副主任龚育之，在杨匏安一百周年诞辰纪念大会上，对杨匏安《马克斯主义——一称科学的社会主义》一文的理论意义和贡献作了评价："主要在于它对《新青年》介绍马克思主义的呼应之迅速，在于它在两大中心之外的广州开辟了又一个传播马克思主义的中心，在于它在传播的时候所明确表示的拥护马克思主义的立场和热情。这三点，在当时尚不多见（当时的一些介绍者，在介绍的同时对马克思主义的革命学说还有各种保留甚至各种浅陋的批评）。正是这三点，使杨匏安同李大钊站在一个营垒，在中国马克思主义早期传播的历史上占有显著的一席位置。"②

《马克斯主义——一称科学的社会主义》一文连载在报纸上，报纸作为大众的普及媒介，它拥有的读者群某种程度上会超过特定杂志，其影响力也是不小的。作为中国华南地区传播马克思主义的先驱，杨匏安的宣传活动，不但为当时华南地区的爱国运动和新文化运动提供了新的思想武器，而且为日后广东共产党组织的建立，也作了思想理论上的准备。《马克斯主义——一称科学的社会主义》一文的发表，也标志着杨匏安开始从民主主义者向马克思主义者转变。他的文章是不朽之杰作；他的业绩，必将永垂史册。

在传播马克思主义理论时，杨匏安不只是写了《马克斯主义——一称科学的社会主义》这篇文章，在中国共产党建党初期，他写的政论性文章还有很多，如

---

① 杨匏安．马克斯主义——一称科学的社会主义［M］//中共珠海市委党史研究室．杨匏安文集．北京：中央文献出版社，1996：174.

② 龚育之．读杨匏安文集［M］//李坚．杨匏安史料与研究．北京：中共党史出版社，1999：15.

杨匏安

1922 年 2 月 26 日，杨匏安为广东社会主义青年团创办的《青年周刊》撰写的创刊宣言——《〈青年周刊〉宣言》；1922 年 3、4 月间，杨匏安在《青年周刊》第 3 期至 7 期连续发表长文《马克斯主义浅说》，这是用白话文体通俗地、系统地介绍马克思主义三个组成部分的文章，比《马克斯主义——一称科学的社会主义》写得更加深入浅出，观点鲜明；1922 年 10 月，杨匏安在《珠江评论》第 3 期发表了题为"无产阶级与民治主义"一文，运用马克思主义的理论探索中国革命的道路、战略、策略问题并摸索中国革命道路发展的模式。

在这些篇章中，杨匏安对中国共产党的理论建设和中国革命的重大问题进行了可贵的探索。

第五章

勇于践行理论　为信仰而投身革命

　　党的一大通过了中国共产党第一个纲领和第一个决议，表明中国共产党从建党开始就旗帜鲜明地把实现社会主义作为自己的奋斗目标。中国的先进分子经过长时期的艰苦探索，找到马克思主义这个正确的革命理论，认识到只有社会主义才能救中国。各地的中共党组织，统一在中国共产党的领导之下，开始为中国革命的伟大事业而奋斗。

中共一大会址：上海法租界望志路 106 号（现兴业路 76 号）

谭平山

杨苞安在传播马克思主义的过程中，也把马克思主义理论内化为自己的行动指南，并很快走上了革命道路，成为一名真正的马克思主义实践者。1921年春，谭平山等人在广州高第街素波巷19号正式建立"广州共产党"。这一年的春夏间，杨苞安经谭平山介绍加入共产党，成为广东早期党组织的主要成员。

入党以后，杨苞安的住所——广州杨家祠，也成了党组织的活动地点，其后成为广东革命的一个联络点和指挥所，党的许多会议都是在这里召开的，党的许多重要领导人也常在这里活动或出入。杨家祠是大革命时期中共党组织的一个革命指挥所，由此与中国革命紧紧联系在了一起。

入党两三年间，杨苞安深入青年和工人群众中，在参加革命工作和其后的反帝反封建的革命实际斗争中，不断地砥砺自己，一步一步成长起来，成为一名杰出的中共党员，一名为革命事业英勇奋斗的杰出战士。

一、杨家祠里　风云际会干革命

杨苞安在广州的旧居——杨家祠，是杨苞安从事革命活动的重要场所，杨苞安的革命活动就是从这里开始的，他在这里写下了不少宣传马克思主义的论著。这里曾经留下了上百位共产党人的革命足迹，成为广州这座英雄城市的光辉记忆。"更难得的是，杨苞安冒着杀头的风险，将自己在广州杨家祠的家提供给集体作为广东共产主义小组、共产党广东区委、社会主义青年团的活动场所，以及省港大罢工的筹款地、黄埔军校共产党员的报名处，为共产党人服务达10年之久。"①

---

① 南粤古驿道研究课题组. 重返杨苞安烈士在广州的历史时空 [M]. 广州：中山大学出版社，2019：3.

广州杨家祠

杨匏安亲属在广州杨家祠

（一）杨家祠与广州共产党的革命活动

杨家祠，位于广州司后街（现为越华路116号），坐落在广州越华路旧省长公署旁，是珠海南屏镇北山村杨氏家族在广州设立的祠堂。在科举时代，杨家祠作为杨氏子弟赴省会应试的寄住之所，俗称"会馆"。杨氏族人为纪念南屏镇北山村杨氏家族的老祖宗杨泗儒，将杨家祠取名为"泗儒书室"，相传已有两百多年历史。

杨匏安的堂弟杨青山，早年一直跟着杨匏安生活，他回忆杨家祠"是一座宽敞而雅静的房子，分内外两进，中有天井相隔，两旁有走廊相通，两进房子均有一房一厅，另有小楼阁。外厅可容二三十人，里厅可容四五十人。房子右侧还有一座副斗，亦一房一厅。尚有厨房、水井、厕所等齐全设备。门前场地种有两棵高约十米的梧桐树，通过一条约三十多米的通道与越华路相连"①。

杨匏安的长子杨文达从小在杨家祠长大，他回忆道："杨家祠原来面积颇大。西邻为两广总督衙门，大革命时期为省长专员公署，紧贴公署有一条青石板铺成的杨家祠道，道的东西是杨家祠的产业。从西而东为棉花铺、米店、善堂、'兆丰楼'。

"杨家祠道约三十米深，南面为司后街，北面为公署内的兵营。杨家祠道北端向东，进入一道拱门，便是一个约六十平方米的草坪。拱门南侧有一小屋，是看门人古婆母子住屋。拱门对正是一条丁字形的石板路，贯穿草坪的西东北三面。一座两进深的坐北向南的旧式建筑就是杨家祠主要部分。家祠门前两侧，种有两棵十多米高的梧桐树。家祠前座大门二米宽三米高，门楣上挂有'泗儒书室'横匾。大厅深九米半，连东西厢房横宽十三米，连接天井处有两根青石方柱，直支上盖，与后座两根对称，为四方形（现后座两根石柱仍在大院的小巷内横放着）。后座比前座深些，后堂正中是杨氏宗亲的神主牌位，后座西墙挂有黑板，还有长台、长凳等设备。

"前后座东西均有厢房，厢房有小阁楼，各自有精巧的楼梯上下。

"草坪的东面，还有一个圆拱门，内有水井、石榴树、厕所等。家祠东侧为厨房，并有小门通新丰街。旧址现只存前座大厅及东西厢一座。"②

杨匏安亲属的回忆，详细地还原了杨家祠的大小、结构、地理位置。杨家祠紧靠市区中心，宽敞又雅静，前面是四间铺位，第一间是固本堂棉花店，第二间

① 杨青山．广州大革命亲历记［M］//珠海市政协文史组．珠海文史（第三辑）．珠海：珠海市政协文史组，1984：12 – 13．

② 杨文达．回忆父亲在杨家祠的革命岁月［M］//李坚．杨匏安史料与研究．北京：中共党史出版社，1999：386 – 387．

是泰和米铺，第三、四间是聚丰园酒家，周围环境方便。这样的条件，为广东共产党组织创建前后的活动，也为其后大革命时期杨匏安与一些革命领导人的工作往来，提供了便利。

1920 年 8 月，在陈独秀主持下，上海共产党早期组织在上海法租界老渔阳里 2 号的《新青年》编辑部正式成立。当时取名为"中国共产党"。这是中国的第一个共产党组织。陈独秀为负责人。

上海党组织建立后，陈独秀曾为在广州建党之事，致函谭平山、谭植棠、陈公博，嘱其发起组织。陈独秀的学生谭平山在广州起而响应。在谭平山等人的努力下，同年 8 月间首先组织成立了广州社会主义青年团。其宗旨是："研究社会主义，并采用直接行动的方法，以达改造社会的目的。"① 这是广州建党活动之始。广州的建党过程比较曲折："1920 年 9 月，俄共（布）党员斯托扬诺维奇和别斯林到广州，准备建立共产党组织。因这些俄国人是经参加北京党组织的无政府主义者黄凌霜引荐的，所以他们到广州后即与无政府主义者区声白等取得联系，并于同年底开始建党活动。参加这个组织的共九人，除两个俄国人以外，七个中国人都是无政府主义者。由于观点不一致，谭平山、谭植棠、陈公博拒绝加入这个组织。同年 12 月，陈独秀从上海到达广州。不久，他把自己起草的党纲拿到这个组织进行讨论时，一些无政府主义者反对党纲中关于无产阶级专政的条文。陈独秀等与他们'进行过非常热烈的争论，认为必须摆脱无政府主义者'。这样，无政府主义者退出了党组织。在陈独秀的主持下，于 1921 年春'开始成立真正的共产党'②。当时取名为'广州共产党'。广州的共产党早期组织先由陈独秀、后由谭平山任书记，陈公博负责组织工作，谭植棠负责宣传工作，成员有袁振英、李季等。"③

1920 年底，陈独秀应广东省省长兼粤军总司令陈炯明的邀请到粤，担任广东省教育行政委员会委员长。陈独秀到广州后，与谭平山等人频频联系，在谭平

---

① 谭平山. 在广东社会主义青年团成立会上致答词［M］//谭平山. 谭平山文集. 北京：人民出版社，1986：243.

② 广州共产党的报告［M］//中央档案馆. 中共中央文件选集（第 1 册）. 北京：中共中央党校出版社，1989：20 - 25.

③ 中共中央党史研究室. 中国共产党历史（第一卷）［M］. 北京：中共党史出版社，2011：62 - 63.

山的引荐下，陈独秀来到杨家祠，面晤了杨匏安，还有比杨匏安大两岁的堂叔杨章甫。经陈独秀与谭平山等人多次研究后，于 1921 年春正式建立广州共产党，《广东群报》为党的机关报。广州共产党是在高第街素波巷 19 号成立的。"这一年的春夏间，杨匏安经谭平山介绍加入共产党，成为广东早期的党员之一。"①由罗屏主编、2002 年出版的《民国广东大事记》可知，1921 年春，共产党广东支部在陈独秀的倡导下，在广州高第街素波巷 19 号广州宣传员养成所成立。区声白等无政府主义者因不同意党纲中有无产阶级专政的论述而拒绝参加。支部选出陈独秀为书记，陈公博为组织委员，谭植棠为宣传委员，以《广东群报》为机关报。还有俄国人别斯林和米诺尔。不久，梁复燃、刘觉非、杨章甫、潘兆銮、施卜、余广、陈卓生、陈俊生、梁铁志、郭值生、王寒烬、包惠僧等入党。稍后又有冯菊坡、周其鉴、阮啸仙、刘尔崧、谭天度、张善铭、黄学增、杨殷、杨匏安、彭湃、罗绮园、陈适曦、林伯渠、黄裕谦、曾西盛等入党。为了扩大政治影响，支部还组织了马克思主义研究会，会员有 80 余人。1921 年 8 月，陈公博在上海开完中共一大后回到广州，在高第街素波巷广州宣传员养成所开会，传达中共一大决议精神。中共广东支部遂成立，书记改由谭平山担任，组织委员为陈公博，宣传委员为谭植棠。党部设在广州太平沙谭平山宅，并在杨家祠、杨章甫家活动。②

中国共产党的创建活动是在秘密状况下进行的，所以在党正式成立之前，党的早期组织没有统一的名称，有的称"共产党支部"，有的称"共产党小组"，有的直称"共产党"。从性质和特征方面来看，它们都是后来组成全国统一的中国共产党的地方组织。

---

① 李坚. 杨匏安烈士传略［M］//中共珠海市委党史研究室. 杨匏安文集. 北京：中央文献出版社，1996：682.

② 南粤古驿道研究课题组. 重返杨匏安烈士在广州的历史时空［M］. 广州：南山大学出版社，2019：102–103.

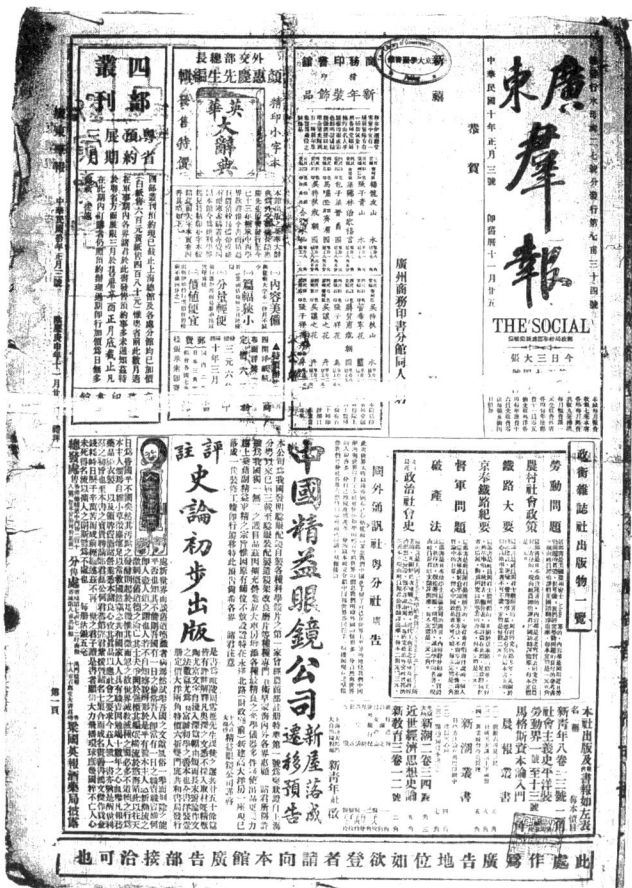

广州共产主义小组机关报《广东群报》

　　1921 年五六月间，早已在上海加入共产党组织的林伯渠来到广州。他找到
谭平山和杨匏安等人进行了两次座谈。林伯渠后来回忆说："那时小组情形，只
要彼此知道或经朋友介绍是研究俄罗斯问题或搞共产主义的，遇到就约个地方谈
谈，没有什么章程。但是个人来往及通信联系也是有的。"① 陈独秀、林伯渠进
行的一些社会活动得到了杨氏叔侄的帮助。他们到机关学校演讲，不会讲广州
话，就由杨章甫翻译。

　　新文化运动的主力是知识分子群体，各地共产主义小组的成员多是知识分

　　① 林伯渠．党成立时的一些情况［M］//中国社会科学院现代史研究室，中国革命博物馆党史研究
室．一大前后．北京：人民出版社，1980：286.

子。杨苞安在新文化运动和马克思主义宣传中有卓越贡献，在广东知识界有较高的声望和较大的影响，由此分析，林伯渠与杨苞安或许相当熟悉，都是最早的中共党员，以后两人又在第一次国共合作中并肩作战。1927 年 6 月 16 日，林伯渠还在日记中写下"晚八时谈事苞安处"[①]。

1921 年 7 月，中国共产党第一次全国代表大会在上海召开，宣告中国共产党成立。当时全党仅有 50 多名党员。毛泽东说过：中国产生了共产党，这是开天辟地的大事件。杨苞安虽然没有出席党的一大，但在中国共产党历史上，他是参加了这个开天辟地大事件的人物之一，参加了中国共产党早期的思想和组织建设，做出了彪炳史册的伟大贡献。

杨家祠也成了广州共产党的活动地点，其后成为广东革命的一个联络点和指挥所，党的许多会议都是在这里召开的。

"……谭平山等在素波巷成立了广东共产主义小组后，就将这个小组的所在地设在杨家祠，当时杨苞安全家都住在这里。杨苞安是广东党的领导人之一，谭平山、谭植棠经常来商讨工作。此后广东党员增加了阮啸仙、刘尔崧、张善铭、谭天度、冯菊坡、梁复然（燃）、王寒烬、杨殷、杨章甫等。他们经常来这里集会活动，有时达三四十人。此后，在党中央工作的瞿秋白、刘少奇、张太雷、李立三、穆青、高君宇、彭述之等，也常来杨家祠开会，指导广东党的工作。瞿秋白同志曾在这里教唱《国际歌》，并有一个时期教授社会科学。刘少奇同志在这里报告过京汉铁路大罢工经过……"[②]

（二）回眸杨家祠辉煌瞬间

从现在能找到的史料看，早在组织广州共产党时，杨家祠已经是组织者进行工作活动的地点之一。"一九二〇年，学习注音字母，推广讲'国语'（即普通话），是文化与科学的进步内容之一。故在组织中共广东组织的同时，就在杨家祠内挂起了'注音字母训练班'的招牌，杨章甫、杨苞安均有任教。注音字母

---

① 林伯渠．林伯渠日记［M］．北京：中共中央党校出版社，1981：122.
② 杨青山．杨家祠：广东党的早期活动据点［M］//李坚．杨苞安史料与研究．北京：中共党史出版社，1999：384.

训练班形成了掩护共产党组织活动的一面招牌。"①

据与杨匏安同住杨家祠的杨章甫妹妹杨淑珍回忆："一九二一年中共广东支部成立后，杨家祠即为党支部和团支部活动的地方……党团在杨家祠活动的时间很长，从一九二二年直至一九二三年四月十五日国民党反动派背叛革命。在这里我经常见到周恩来、邓颖超、李富春、刘尔崧、冯菊坡、杨殷、梁复然（燃）、阮啸仙等同志。我是一九二四年入团的，我白天读书，经常晚饭和放学的时间见他们开会，我是居住在后座西厢。我是杨章甫的第七妹妹。该址初期来开会的还有曾西盛、王寒烬等。"②

杨匏安长子杨文达回忆了从建立广东党组织到大革命时期，他在杨家祠里的亲历所见："共产党在杨家祠的组织活动既神秘，又频繁，虽然没有挂上支部或区委的招牌，但我却知道它是党的重要活动地方。来此活动的同志是逐年增多的。早期谭平山、陈公博、谭植棠、阮啸仙、刘尔崧、梁复然（燃）、王寒烬、徐成章、沈春雨（厚培）、沈厚塈等党团员，同时，还有组织广东共产党的俄共人员都来过杨家祠开会。那时，林伯渠、包慧僧也来过开会。

"约在一九二二年底或一九二三年初，杨殷也来了。当时，杨氏兄弟也在匏安、章甫的影响下纷纷参加党团，其中有杨一行、杨士昌、杨广、杨士曼等。士曼是我的第十三叔父，当过国民党中央党部组织部干事。

"我那时才七八岁，见梁桂华在草坪上打功夫（国技），我便拜他为师，学了几套拳术……学了拳术后便把同学打倒了。被打的同学向祖母告状，我挨了祖母的打，还不许我以后学打拳，故我印象非常深。"③

1923 年 6 月 12 日至 20 日，中国共产党第三次全国代表大会在广州举行。三大代表瞿秋白曾一度在杨家祠居住。瞿秋白教唱《国际歌》、宣传马克思主义都在杨家祠。这也是南粤大地唱响《国际歌》的开始。

"国共合作实现后，周恩来、陈延年、邓颖超、李富春、蔡畅、苏兆征、陈

---

　　① 杨文达. 回忆父亲在杨家祠的革命岁月［M］//李坚. 杨匏安史料与研究. 北京：中共党史出版社，1999：387.

　　② 杨淑珍回忆录［M］//李坚. 杨匏安史料与研究. 北京：中共党史出版社，1999：381.

　　③ 杨文达. 回忆父亲在杨家祠的革命岁月［M］//李坚. 杨匏安史料与研究. 北京：中共党史出版社，1999：387 - 388.

权、陈剑夫，以及工、农各部的同志，经常在杨家祠开会。那时我很调皮，苏兆征带苏丽娃来开会，我和苏丽娃玩，玩了一会，我就把她弄哭了。

"杨家祠还有许多常来的同志，沈春雨和陈永年经常来我家，找我父亲汇报工作。此外海员工会的、油业工会的、铁路的同志都来活动。如佘广、佘爽、胡荫、李之龙、蒋先云、潘兆銮、邹师贞……都常来开会，还有团的周文雍等一大批同志，数不胜数。

"省港罢工后，罢工委来的同志更多……"①

杨匏安全家在这里住了近十年。杨匏安的孩子中有 3 个在这度过童年，杨家祠是他们见识过许多轰轰烈烈的大事的地方。

"这是一个很有纪念意义的地方，广东初期的共产党组织，经常在这里开会、活动；大革命时期，这里更是一个重要的地点，周恩来、陈延年、谭平山、苏兆征以及廖仲恺等等，是这里的常客。那时，广州的共产党人、革命人士，谁不知道杨家祠？"②

据杨匏安的二儿子杨明回忆："从我记事起，那里就是一个既神秘又热闹的地方。白天人来人往，晚上'国语注音字母团'开始上课。听课的人很多，每天大约三四十人。这是一所推广普通话的新型学校，是陈独秀任广东省教育委员会委员长时建立的。意在振兴和改革广东教育事业。听课的学生中不少是进步青年和工人，他们在革命洪流中大部分参加了党团组织，成为革命骨干。讲课的是父亲杨匏安和其族叔杨章甫、谭平山、谭植棠等。他们把祠堂当课堂，授课、教唱革命歌曲，十分热闹。记得瞿秋白就曾在这里教唱《国际歌》。我们那时年纪很小，也跟着学会了唱《国际歌》。我稍大一些便懂得来我家的人都是和父亲一起商量大事的……周恩来叔叔更是杨家的常客。他和父亲都在中共广东区执行委员会工作，在第一次国共合作时期又都以共产党员的身份参加国民党，并在国民党中央担任重要职务。他们经常一起磋商、研究工作，闲暇时也讨论古今中外有兴趣的问题。"

---

① 杨文达. 回忆父亲在杨家祠的革命岁月［M］//李坚. 杨匏安史料与研究. 北京：中共党史出版社，1999：387 - 388.

② 杨玄，杨明，杨志，等. 先父杨匏安遗事［M］//李坚. 杨匏安史料与研究. 北京：中共党史出版社，1999：391.

　　来杨家祠的有不同阶层的人物，如共产国际的代表魏金斯基、越南共产党领袖胡志明、中共领导人，还有工人和进步学生。周恩来、苏兆征、陈延年、陈乔年、谭平山、张太雷、彭湃等常来杨家祠或开会，或指导工作。许多党的重要行动在这里商量过、酝酿过。国共合作以后，国民党的一些要人也常来，如廖仲恺、何香凝、蒋介石等。

　　1924年国民党一大结束后，孙中山着手在广州筹建"一文一武"两所学校，即国立广东大学与黄埔军校，以培养革命干部和军事骨干。1924年5月，在中国共产党的倡议和苏联政府的帮助下，广东革命政府在广州黄埔长洲岛创办了中国国民党陆军军官学校（即黄埔军校），作为建立革命武装的基地。黄埔军校是国共两党共同创办的学校，直属国民党中央执行委员会。校本部下设政治、教授、训练、管理、军需、军医6部。孙中山兼任军校总理，蒋介石任校长，廖仲恺任党代表，周恩来任政治部主任。黄埔军校成立后，共产党人周恩来、熊雄、萧楚女、恽代英、聂荣臻等分别担任军校的政治领导及教员工作。军校的政治工作以共产党人为主体，他们被"视为学校中的革命灵魂"。5月，军校第一期学生共500多人。6月16日，举行开学典礼，孙中山亲临致开学词。黄埔军校实行军事训练与政治训育并重、理论与实践结合的治校方针，成为中国培养著名军事将领的摇篮。

黄埔军校旧址

1925 年 11 月 1 日，中国共产党向各级党团组织发出第六十二号通告，"各级同学们：广州黄埔军校正拟招收三千名入伍生，望各地速速多选工作不甚重要之同学，少校同学及民校左派同学，自备川资和旅费前往广州投考，以免该校为反动派所据。此事关系甚大，各地万勿忽视。投考者须一律携带民校介绍证书；本校及少校同学均须由各地委直接另给介绍书于本校广东区委（粤华路、省署东、杨家祠、杨匏庵转）……钟英白。一九二五年十一月一日"。文中代号，"各级同学"指"各级党组织"，"本校"指"本党"，"少校"指"共青团"，"民校"指"国民党"，"钟英"指"中央"。要求速选共产党员、共青团员、左派青年干部投考黄埔军校。通告中告知各地投考学员需携介绍信前往广东区委杨家祠，交由杨匏安转达。杨匏安按照中共中央指令，参与了黄埔军校的招生工作。

中央通告第六十二号有关黄埔军校招生事宜

地方各级党团组织在接到中央发出的通告后，迅速行动，选派优秀青年学生、党团员干部，他们纷纷赴广州，报考黄埔军校。他们中的许多人，按通告中要求，也许是先到杨家祠，经杨匏安的安排介绍，再去黄埔军校的报考点。黄埔军校第一期到第四期部分共产党员学员名单见下表：

黄埔军校中部分共产党员学员名单（第一期到第四期）

序号	期次	学生名单
1	第一期	蒋先云、谭鹿鸣、宣侠父、李汉藩、许继慎、李之龙、陈赓、赵自选、刘云、徐向前、王尔琢、张际春、唐震、周士第、陈子厚、廖运泽、侯镜如、宋文彬、马维周、冯达飞、左权、李默庵、尚辛友、袁仲贤
2	第二期	罗振声、王一飞、周逸群、姚世昌
3	第三期	胡灿、唐克、徐介藩、黄伟斌、蒋作舟、郭光彩
4	第四期	刘志丹、谭楚材、伍中豪、林彪、郭化若、吴奚如、周恩寿、傅杰、陆更夫、袁国平、王自强、季步高、曾希圣、李天柱

一批批共产党员和青年团员到黄埔军校学习，中共中央在学校建立了党团组织，成立中共黄埔特别支部，周恩来兼任书记。杨匏安在杨家祠参与了黄埔军校的招生工作，接待各地来广州报考黄埔军校的共产党员和青年团员。日后，他们中的很多人成为中国人民革命事业的卓越人物。

通过杨匏安亲友的回忆、文献的记载，穿越时空隧道，回眸在杨家祠的一个个历史瞬间，不禁慨叹：还有多少不为人知的鲜活史事，淹没在历史长河之中呢？期待后来者继续发现。

二、青年导师　工人运动亦中坚

中国共产党成立后，十分注重实际斗争，中央局依据一大通过的纲领和决议，领导各地党组织迅速开展各项工作。1921年11月，陈独秀以中央局书记的名义签署，向全国各地党组织发出《中国共产党中央局通告》，这是中央领导机构成立后下发的第一份文件通告，对近期党团组织的发展以及工人运动、宣传出版工作等提出了具体的计划和要求。各地共产党组织迅速贯彻中央局的工作指示，组织发动工人，开展工人运动，发展党团组织，进行宣传出版工作，创办工人刊物，开设工人夜校，领导罢工斗争。

中共广东党组织贯彻中央局的工作指示，首要的中心任务就是教育发动广大青年、工人群众，把他们组织起来，进行革命事业。杨匏安受党组织指派，与同志们共同努力，投入到共青团工作和工人运动之中。

（一）杨匏安在广东共青团的工作及革命理论建树

杨匏安发挥了他当老师和理论宣传的优势，在广东共青团工作时是一名青年优秀导师。他十分关心青年一代的成长，除引导广大青年加强道德修养、走上健康的人生之路外，还积极向青年大众灌输马克思列宁主义，积极推动广东的青年运动。杨匏安在青年运动时期，发表了《〈青年周刊〉宣言》《马克斯主义浅说》《无产阶级与民治主义》等政论文章，不仅仅是发挥对青年的教育引导作用，还对党的理论建设作了探索。

1922 年 2 月 26 日，广东社会主义青年团机关刊物——《青年周刊》在广州创刊。总编辑为杨章甫，主要撰稿人为杨匏安、阮啸仙等。杨匏安撰写的《〈青年周刊〉宣言》向读者宣告："我们最服膺马克斯主义"，并明确提出：中国革命除了"注重劳工运动"外，"我们尤其注重的是农民运动，同时注重学生运动、妇女运动和军人运动，并要由无产阶级跑到支配阶级的地位"。

在杨匏安和同志们的共同努力下，1922 年 4 月，广东社会主义青年团正式成立，杨匏安是发起人之一。4 月 6 日，广东社会主义青年团选出书记谭平山，实行委员会制度，同时投票选举了劳动运动委员会、学生运动委员会、农民运动委员会、妇女运动委员会、军人运动委员会、政治宣传委员会、社会教育委员会的正副委员长。随后，广东社会主义青年团召开了第一次会议，制定了各项委员会的细则，对于各委员会执行各部的工作进行了分工：

甲、文书部主任杨章甫，中文杨匏安、谭夏声，英文冯菊坡，日文杨章甫，其他俄、法、德文暂缺。

乙、宣传部主任梁空，周刊总编辑杨章甫，日刊谢英伯、陈公博，讲演录由文书部分别担任，通讯图书馆、图书贩卖部苏申甫，青年剧社、巡回影画主任谭平山兼，讲演队崔炜、施卜、张翼鹏、李木森、陈翰、邵振鋆、彭湃等担任组织，讲习会谢英伯兼。

丙、劳动组织部主任王寒烬，工人讲演队与宣传部讲演队合并，劳动通讯社邓瑞人、邵经邀，劳工律师团李国英、汪思齐，劳工教育协会由劳动学校职教员组织之，劳动学校谭平山兼，协作指导团缓办。

丁、财政部主任谭植棠，捐募股临时再定（蓝祥奎、何觉甫），审计股林伯渠（刘尔崧），征收股主任马伯英，支出股谭植棠（刘泽林、姚星华）。

戊、总务部主任陈俊生，交际股各股员由主任提出组织之，调查股，庶务股。

己、地方分团部谢英伯、谭平山。[①]

这一时期，杨匏安任广东社会主义青年团执委会文书部中文负责人，宣传任务繁重。杨匏安高举马克思主义旗帜，用科学社会主义思想启迪广大青年的觉醒。杨匏安用"攵幺弓"作笔名在《青年周刊》发表创刊宣言，阐述指出：中国工业不如欧美日本发达，但无产阶级所受的压迫"比别国尤甚"，"因为中国资本家的力量，比不上外国资本家的雄厚；故他们所掠夺的剩余价值尤其利害"[②]。而"中国工人的训练较为幼稚，没有坚固的抵抗组织"，所以他们的地位更加低下。针对中国工人的状态，杨匏安进而指出："我们所注重的劳工运动，就是促他们的觉悟，更帮助他们组织工团、工会，使他们……有相当的教育和训练，其结果自能用总罢工的手段，实行革命。"[③]

杨匏安对中国的国情和农民问题有深刻的认识和见解。1922 年 2 月，在工人运动日趋高涨的情况下，杨匏安就关注到农民的问题，说："我们尤其注重的，

---

① 原载《青年周刊》第七号，1922 年 4 月 9 日。
② 杨匏安.《青年周刊》宣言［M］//中共珠海市委党史研究室. 杨匏安文集. 北京：中央文献出版社，1996：187.
③ 杨匏安.《青年周刊》宣言［M］//中共珠海市委党史研究室. 杨匏安文集. 北京：中央文献出版社，1996：187.

是农民运动。中国是一个农业国，生产的大部分，都出自农民。"他指出"农民受地主的苛虐，一天甚似一天……痛苦尝到够了。我们快要指导他们向着能变的道路走去"。这就是要使他们"联结团体，和压在头上的地主反抗；并且使他们知道土地公有公耕之利益，联合一切无产阶级，举行猛烈的、普遍的群众运动，由无产阶级跑到支配阶级的地位"①。这样的认识分析意义重大：中国是个农业国，要重视农民问题；农民问题的核心是土地问题，要使农民看到土地公有的奋斗目标。

杨匏安看到了中国革命反帝反封建任务的艰巨，看到了无产阶级需要广大的同盟军，他在强调要联合农民的同时，还提出要发动学生参加革命。他指出学生虽然多半属于资本家和中产阶级的子弟，但从他们的年龄和思想上看，则"正是我们的最好朋友"。我们要使多数青年懂得："将来不应预备作资本家的候补人；一旦出了学校，好即刻帮同实行社会革命，做一个忠实的指导者。"② 在这里，杨匏安明确了学生是革命的参加者，更是革命的指导者，突出了知识群体对革命的领导作用。

杨匏安已经把马克思主义同中国的国情联系起来，认识分析中国革命的一些基本问题，分析中国社会中的阶级和阶层在社会中所处的地位与各自的特点。明确革命依靠的对象是无产阶级、农民和学生，学生是革命的指导者，突出了知识群体对革命的领导作用。杨匏安的这些见解后来也被中国的国情和革命实践所证明。

1922 年三四月间，杨匏安在《青年周刊》第 4～7 号发表了《马克斯主义浅说》一文。用白话文通俗系统地向青年学者介绍了马克思主义的唯物史观、阶级斗争理论和政治经济学，受到了广大青年读者的好评。比 1919 年的《马克斯主义——一称科学的社会主义》写得更加深入浅出，观点鲜明。更可贵的是在该文中他深刻指出："社会革命，不独解放无产阶级，并且解放受现在社会不公平状

---

① 杨匏安.《青年周刊》宣言［M］//中共珠海市委党史研究室. 杨匏安文集. 北京. 中央文献出版社，1996：188.
② 杨匏安.《青年周刊》宣言［M］//中共珠海市委党史研究室. 杨匏安文集. 北京. 中央文献出版社，1996：188.

态所苦恼的一切人类。然而劳动者以外各阶级，虽然感著自己内部冲突的苦恼；可是站在私有制度的上面，不愿意变更；所以劳动者应该负这社会革命的使命。劳动者实行阶级竞争，尤不可不夺取政权，倘若不占了政治上的权力，徒然使经济的战斗延长，那就不能构成理想的经济组织。这个生产手段的所有权，也断不能从私有移到社会公有。"① 他指出：无产者"联合起来，用武力夺取政权，改一切生产工具为共有……这就是解决社会经济矛盾的唯一方法，也是现世社会经济制度必然的结果"②。在中国共产党建党初期，有些人轻视中国的无产阶级，认为中国工人运动很薄弱，工人阶级没有成为完全独立的社会力量，不可能联合起来推翻旧社会。甚至，当时指导中国成立共产党的共产国际也存在过高估计资产阶级力量，过低估计无产阶级力量的思想，而这些思想又严重影响了陈独秀。杨匏安提出的无产阶级应领导革命的武力夺取政权的观点，是有特殊重要意义的。

杨匏安的文章适应了广大青年们对无政府主义、社会主义、马克思主义的讨论。无政府主义，在 20 世纪一二十年代的中国很有影响力，特别是在青年中影响更大。如何让青年认识拯救中国的良方是马克思主义，并选择社会主义道路，而不是无政府主义，理论上是要下大力气引导的。杨匏安的一系列文章对青年起了正确的引导作用。学习马克思主义，从思想上建立马克思主义，是广大青年的需要，杨匏安的文章受到热烈的欢迎。许多青年就这样在党、团组织和杨匏安的影响下，入党入团并参加反帝反军阀的国民革命。据 1922 年 3 月广东社会主义青年团成立时的统计，当时已有团员 500 余人。共产国际的代表也曾在报告中提到，青年团在广州是合法的，影响特别大，有几百名团员。广东社会主义青年团执委会文书部在杨匏安等人的领导下，积极宣传马克思主义，青年学习革命理论、马克思主义的热情迅速高涨起来。杨匏安他们以广东社会主义青年团团员为基干，组织社会主义讨论会，讨论马克思主义及关于马克思主义如何应用于中国

---

① 杨匏安 . 马克斯主义浅说［M］//中共珠海市委党史研究室 . 杨匏安文集 . 北京 . 中央文献出版社，1996：195.

② 杨匏安 . 马克斯主义浅说［M］//中共珠海市委党史研究室 . 杨匏安文集 . 北京 . 中央文献出版社，1996：197.

等问题。杨匏安的著作适应了广大青年学习的需要，受到了热烈的欢迎。

正当广东社会主义青年团工作发展之际，广东军阀陈炯明已经抛弃了同情社会主义的伪装，公开背叛孙中山，迫害革命分子。党、团刊物被查封，革命组织的活动不得不转入地下。1922 年 10 月 23 日，广东社会主义青年团在给团中央的一封信中提道："现在已不似从前，只能秘密进行，珠评（《珠江评论》）已被查禁，团址因被监视，已迁。6 月未接中央一钱接济……书记职由杨匏庵代，嗣后关于 S. Y. 的信请寄广州，省署左邻杨家祠杨匏庵。"[①] 此前已接任谭平山广东区团委书记一职的阮啸仙被迫转移福建，由杨匏安代理区团委书记。杨匏安临危受命，在极其艰难的境遇中，主持广东社会主义青年团的工作，想办法筹措经费，继续进行青年团的各项工作。1922 年底到 1923 年，杨匏安在广州黄沙海傍街开办了一间"北江商运局"，承运客货，经营范围远及清远、韶关一带。一方面掩护了党在粤汉铁路系统的工人运动，另一方面也为党团筹措到一些经费。

1923 年 5 月，根据党的指示，广东社会主义青年团区委改选，"当选校务者（执行委员）阮哨仙、施卜、刘尔崧、杨章甫、郭瘦真。候补者周其鉴、杨匏庵、罗绮园。并互选哨仙为书记。即日宣告成立，执行职务"[②]。杨匏安当选为候补执行委员，共同负责广东区团的工作。杨匏安和同志们一道继续为广东社会主义青年团的事业奋斗。

据共青团广东省委青运史原副主任曾建昭老师的研究：1923 年 6 月，为了适应革命斗争形势发展的需要，提高广大青年学生的政治思想觉悟，杨匏安提出"为学生利益而斗争"的口号，引导青年学生积极参加团组织开展的群众性工作。杨匏安与阮啸仙等人组建了青年团的外围组织——"新学生社"，社址设在杨家祠附近。杨匏安经常参加"新学生社"的活动。从 1923 年 6 月开始到 1924 年不满一年的时间，"新学生社"的社员从最初广州一地 110 多人发展到华南地区五六千人。"新学生社"的活动，吸引了不少青年。

---

① 鸢致秀松信［M］//广东省博物馆，中共广东省委党史研究委员会办公室. 广东区党、团研究史料（1921—1926）. 广州：广东人民出版社，1983：21.
② 阮哨仙即阮啸仙. 阮哨仙致存统信：团粤区改选情况［M］//李坚. 杨匏安史料与研究. 北京：中共党史出版社，1999：209.

杨匏安和广东社会主义青年团的领导们一起，共同奋斗，通过共青组织和"新学生社"，发动团结了广州市及广东省的进步青年，他们中有青年学生，有青年工人，也有青年农民，这些进步青年在党团组织的领导下，在其后到来的第一次国共合作、改组国民党和轰轰烈烈的大革命中发挥了巨大的积极作用。

（二）杨匏安开展广东铁路系统的工人运动

杨匏安在积极宣传马克思主义的同时，把理论用于实践，深入群众之中，发现积极分子，培养工人运动骨干。在广州开展铁路系统工人运动，为在工人中组织建立党团组织而努力。

杨匏安开展铁路系统工人运动，有一个优势条件，据南粤古驿道研究课题组广东建筑专家对时敏中学历史地理沿革的研究考证：时敏学堂"早期学堂南面为池塘，与黄沙有小径连接。粤汉铁路在水面从学堂西北面穿过，学堂侧面直接面向珠江。学堂分两个部分，估计是设立时敏中学、时敏小学（现在为荔湾区教育局）"①。时敏中学曾改为"广东铁路专门学校"，1923 年，在广州工务局和陆军测量局绘制的一张地图上，标有"广东铁路专门学校"的字样，地图上还注有粤汉铁路和"广东铁路专门学校"的具体位置，实际上就是时敏中学。现在留下唯一印记的仅有时敏桥，它跨越了荔枝湾河涌，直接通往黄沙珠江，现在统称为"多宝路"。② 多宝路通珠江口的尽端处，一百年前为粤汉铁路总站所在地。

杨匏安初到广州时工作活动多在此处，杨匏安在时敏中学任教务主任并从事教学几年，他对这一带的情况非常熟悉，对粤汉铁路和铁路工人的状况也非常了解，他还担任过《粤路丛报》编辑。南粤古驿道研究课题组分析了 1918—1925 年《粤路丛报》的索引，内容基本是铁路路务工作，包括路段催缴款，与省政府、市政府和财政厅的公文来往汇编。杨匏安对粤汉铁路和铁路工人的状况如此熟悉，这应该是他入党以后，到粤汉铁路从事工人运动的一个前缘吧！

---

① 南粤古驿道研究课题组 . 重返杨匏安烈士在广州的历史时空［M］. 广州：中山大学出版社，2019：23.

② 南粤古驿道研究课题组 . 重返杨匏安烈士在广州的历史时空［M］. 广州：中山大学出版社，2019：24.

粤汉铁路徐家棚工人俱乐部成立大会合影

在这一时期，担任教师、兼职记者的杨匏安，放下知识分子的架子，发挥特长，热情深入工人群众，进行宣传和组织工作，他谈问题深入浅出，知识渊博，引人入胜，很得工人们的喜欢和爱戴。他利用担任粤汉铁路广州分局编辑室主任的合法身份，深入到铁路职工中进行活动。他善于利用各种日常生活问题，启发工人的阶级觉悟，引导他们团结起来，开展斗争。注意从工人中发现积极分子，培养工运骨干和建党建团的干部。

经过深入细致的工作，他们打开了局面，在广州铁路系统中，培养起了工人骨干队伍，他的住处杨家祠几乎天天晚上都挤满了工人群众。工人群众热烈地与杨匏安交流，诉说种种感受，听他分析时局，讲革命的道理。当工人群众接受了革命思想的熏陶后，阶级觉悟和爱国热忱不断被激发出来。在此基础上，中共党团工作逐步开展起来。这时他和杨殷等人一起到石井兵工厂，在工人中组织"十人团"。这是工人中的秘密团体，也是石井兵工厂共产党、青年团支部的前身。他们还发动兵工厂工人揭露厂长贪污渎职、虐待工人的罪行，迫使当局撤销马超俊的厂长职务。在工人运动的基础上，杨匏安、杨殷和潘兆銮等人相继培养、吸收了铁路工人陆枝、李甫、李连等入团入党。经过他们深入细致的工作，广州铁路系统的工人运动有了很大的发展。当时工人们曾发起一系列的斗争，如要求增加工资，改善待遇，订立劳动保险条例，改善卫生安全设备等，这些要求大都在斗争中得到实现。工人们受到很大的鼓舞，更增强了斗争的信心。后来逐步建立了广三、广九和粤汉三铁路的党团支部，杨匏安、杨章甫先后任支部书记。铁路系统工运骨干队伍的培养，组织队伍的壮大，为日后党组织发动铁路工人，配合国民革命军军事行动打下了良好的群众基础。

第六章

致力统一战线　国民革命显才干

1924—1927 年，中国辽阔的大地上爆发了轰轰烈烈的反对帝国主义、反对封建军阀的革命运动。这场革命运动席卷了全国，掀起了翻天覆地的革命，人们通常称它为"大革命"或"国民革命"。大革命沉重打击了帝国主义在华势力，基本推翻了北洋军阀的反动统治，产生了巨大的革命影响，中国共产党在全国人民中的政治威望空前地提高。有 280 多万名工人和 970 多万名农民参加了大革命。大革命是一场以工农民众为主体的，包括民族资产阶级和上层小资产阶级在前期都曾积极参加的人民革命运动。大革命的兴起则是国共两党第一次合作，对国民党进行了工农化革命化的改组，建立了革命统一战线的结果。

在大革命前半年，杨匏安在中共广东区委的领导下，就参加了对国民党的改组工作。在国民党一大中，杨匏安以共产党员的身份出任国民党中央组织部秘书，并承担了组织部的主要工作。随后担任了国民党广东省党部组织部部长、常委。在国民党二大上，杨匏安被推选为国民党中央常务执行委员，主持组织部秘书处工作。在此期间，杨匏安与参加国民党改组的同志们重组国民党广东省党部，筹建各地党组织，大力发展工农党员，为国民党注入了新鲜血液，从根本上改变了国民党的组织结构和成分构成，扩大了以国共合作为基础的革命统一战线。

在大革命时期，杨匏安在中共广东区委领导下，参加工农革命运动，参与发展中共党团组织，参与组织发动省港大罢工，捍卫广东革命根据地，参与东征南讨，平定广东商团叛乱及滇桂军阀叛乱，参加支援北伐等工作。他为改组国民党，建立以国共两党合作为基础的革命统一战线，巩固广东革命根据地，推动国民革命向北发展，做了大量的重要的卓有成效的工作。

在国共合作的旗帜召唤下，中国革命形势蓬勃发展，在中国革命的历史上写下了光辉的篇章。而这背后无疑凝结了一批像杨匏安这样精干、有理论素养、革命信念坚定的共产党人的心血。杨匏安表现出来的高度革命热情、刻苦务实精神及灵活机敏的办事能力，深得国共两党领导人的赞赏和广大党员群众的敬重。

一、国共合作　组织部里任秘书

（一）国共合作达成

20世纪20年代初，虽然民国已建立近十年，但仍然是国弱民穷，中国仍旧处于军阀割据、四分五裂的状态，各派军阀连年混战，仅1923—1924年，参战的总兵力就达到45万人，战火燃遍了全国大部分省区。随着军费的激增，大小军阀在他们的统治区巧立名目，增收捐税，滥发纸币，肆意搜刮民财，致使经济萧条、生灵涂炭。第一次世界大战结束以后，帝国主义列强依旧对中国进行侵略压迫。他们继续奉行炮舰政策，派出军舰在长江沿岸、东南沿海、珠江口以及内河省份，耀武扬威，把持租界和领事裁判权。由此，大批洋货运入中国，国货受到严重冲击。帝国主义的经济掠夺步步加深，中国已越来越深地陷入了资本主义的世界市场。广东更是深受其害，成为帝国主义列强倾销商品和掠夺原料的场地。"打倒列强，除军阀"成为全国人民共同的强烈愿望。

国共合作，建立革命统一战线，既是时代的需要，革命的需要，也是国民党、共产党的需要。

受到俄国十月革命胜利启发的孙中山，决定学习俄国的革命方法，与中国共产党合作，以壮大革命力量。经共产国际和苏联的帮助，中国共产党领导层决定支持孙中山领导的广东政权。1923年6月中国共产党第三次全国代表大会召开，正式决定同国民党合作。1924年1月，中国国民党第一次全国代表大会召开，标志着国共合作统一战线的正式形成。

1922 年 7 月，中国共产党第二次全国代表大会在上海举行，大会第一次明确提出了反帝反封建的民主革命纲领，作出了关于建立民主联合战线的决议，规定了民主联合战线的任务。1922 年 10 月，杨匏安针对中国社会问题，在《珠江评论》发表了《无产阶级与民治主义》一文并敏锐地指出："中国是一个资本主义发达（展）最落后的国家，政权尚握在军阀官僚手里，目前革命第一步，就是打倒封建特权。为增大革命势力起见，无产阶级和资产阶级都应联合作战"，可见，杨匏安在思考中国革命的前途和道路问题。

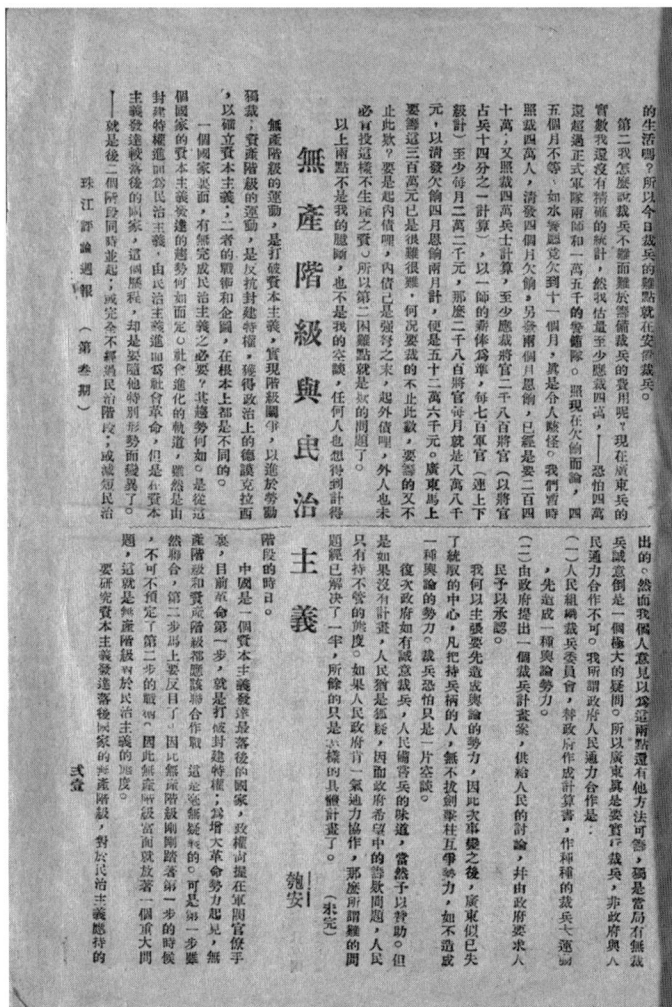

1922 年 10 月，杨匏安发表于《珠江评论》的《无产阶级与民治主义》

致力统一战线　国民革命显才干

中国共产党成立以后，经过实践，对中国的政治、经济状况体会更深，特别是京汉铁路工人大罢工惨遭吴佩孚镇压的教训，使中国共产党进一步认识到，要推翻帝国主义和封建军阀在中国的统治，仅仅依靠工人阶级的力量是不够的。中共三大召开前，党员人数 400 多人，党自身的力量要发展。在苏俄和共产国际的指导下，党采取积极的步骤去联合孙中山领导的国民党来建立工人阶级和民主力量的统一战线。

1922 年 8 月，俄共（布）中央委员越飞以苏俄密使的身份来华，与孙中山多次会晤。孙中山在辛亥革命以后，经过 1913 年讨伐袁世凯的二次革命、1915—1916 年反对袁世凯复辟帝制的护国运动、1917—1922 年护卫《中华民国临时约法》及反对北洋系统专政、重新建立共和民主法统的护法运动，在革命屡遭挫折后，在屡次被其依靠的地方军阀背叛后，知道单靠政治和军事的手段还不够，国民党组织已经涣散，党员的革命意志普遍衰退，国民党在社会上已经起不到一个革命政党的作用了。要达到革命目的，就必须振兴国民党，要振兴国民党，就必须学俄国革命的经验，在组织和宣传方面下功夫，而要做到这一点，仅仅依靠国民党，显然没有可能。他深知：在宣传组织方面，共产党人更具奋斗精神，更有才干。孙中山称赞共产党组织"彼共产党成立未久，已有青年同志二百万人，可见彼等奋斗之成绩"[1]。在马林的建议下，孙中山意欲让国民党按照俄共（布）的形式，建立健全组织机构，通过决议和纲领，贯彻党的意志。[2] 为此，孙中山在上海召开了中央和各省级的主要干部工作会议。孙中山主持了三次大会，说明改组国民党的原因、目的、意义及方法，草拟制订文件，作为改组的准备。北京大学杨奎松教授对此有深度研究："自 9 月初起，孙中山就开始了改进国民党组织的各项准备工作。4 日，孙召集在上海的胡汉民、汪精卫、张继和刚刚加入国民党的陈独秀等举行谈话会，一同讨论改进国民党的具体设想。6 日，他指定包括陈独秀在内的九人组成改进方略起草委员会。一个半月后，党纲及总章草案形成，交孙中山审阅后，再交国民党

① 孙中山. 与石克士等的谈话 [M] // 广东省社会科学院历史研究室，中国社会科学院近代史研究所中华民国史研究室，中山大学历史系孙中山研究室. 孙中山全集（第 11 卷）. 北京：中华书局，1981：357.

② 马林. 在共产国际执委会主席团会议上的报告 [M] // 中共中央党史研究室第一研究部. 共产国际、联共（布）与中国革命文献资料选辑（1926—1927）. 北京：北京图书馆出版社，1998：182.

本部集议审查。11 月 15 日，孙中山召集范围更大的第二次谈话会，讨论和审议改进方略起草委员会起草的党纲与总章。12 月 16 日，他再度召开会议，进一步讨论和修改宣言草案。在随后任命的国民党本部重要干部名单中，共产党员陈独秀被指定为参议，林伯渠被指定为总务部副部长，张太雷则就任宣传部干事。"① 经过几个月时间的反复讨论修改，《中国国民党宣言》及《中国国民党党纲》于 1923 年 1 月 1 日公开发表。其宣言和党纲阐述了国民党的政治理念与革命目标，即谋求实现民族平等、民权平等和民生平等。

孙中山在长期的革命斗争实践中，深感革命政党的重要，因此他决意要联俄联共并改组国民党，重建国民党成为革命政党，恢复其革命精神。1923 年 1 月，越飞与孙中山会谈后，于 26 日双方发表了《孙文越飞联合宣言》，宣言的发表标志着孙中山联俄政策的确立。1923 年前后，受到俄国革命胜利启发的孙中山决定学习俄国的革命方法，与中国共产党合作，以壮大革命力量。经共产国际和苏联的帮助，中国共产党领导层的革命纲领和策略发生了转变，决定支持孙中山领导的广东政权。

1923 年 6 月 12 日至 20 日，中国共产党第三次全国代表大会在广州市东山区恤孤院路 31 号（今恤孤院路 3 号）正式召开。这次大会的主要议题是讨论共产党员加入国民党的问题。

出席三大的代表有 30 多名，代表全国 420 名党员。这 30 多名代表，是由各地根据中央要求，按民主程序推选产生的。当时，中共中央下设北方、两湖、江浙和广东四个区。区党组织的名称叫区委员会。中共中央给各区委去信，要求按规定选派代表参加三大。中央规定的代表的条件为：一是产业工人；二是各区委书记；三是工运负责人。按此条件，广东区推选谭平山、阮啸仙、刘尔崧、冯菊坡等为代表。杨匏安当时已不兼任广东团委的代理书记，客观上可以把精力放在三大的召开地点选择、服务接待工作中，他和杨章甫、杨殷等人负责了中共三大具体的筹备工作和接待工作。代表们称他们为"革命三杨"。三杨竭心尽力，最终选择在恤孤院路一带租下了开会地点和代表的住地，并做好后勤保卫工作。

---

① 杨奎松. 国民党的"联共"与"反共"［M］. 北京：社会科学文献出版社，2008：9.

中共三大会址

党的三大讨论的，不是共产党员要不要加入国民党的问题，这一问题在 1922 年 8 月中央执行委员会的西湖会议上已经解决。但西湖会议实际上只解决了由少数负责人以个人身份加入国民党的问题，而对于是全体共产党员加入还是部分党员加入的问题，特别是要不要动员产业工人加入的问题，以及共产党如何在国民党内为国民革命工作的问题，则在党的三大上引起了激烈的争论。经过激烈的讨论，大会接受共产国际关于同国民党合作的指示，通过《关于国民运动及国民党问题的议决案》《中国共产党第三次全国大会宣言》等文件。这些文件指出：党在现阶段"应该以国民革命运动为中心工作"，采取党内合作的形式同国民党建立联合战线。党的三大决定采取共产党员以个人身份加入国民党的方式实现国共合作。同时也明确规定了党必须在政治上、思想上和组织上保持自己的独立性。大会解决了中国革命发展中的重要问题，"在孙中山这面颇有号召力的革命旗帜下，通过国共两党的共同努力，广泛发动群众，发展革命力量，加速推进民主革命的进程。这既有利于国民党的改造，使国民党获得新生；又有利于共产党走上更广阔的政治舞台，得到锻炼和发展。这个问题的解决，是党的三大的重大历史功绩"[1]。

---

[1] 中共中央党史研究室. 中国共产党历史（第一卷）［M］. 北京：中共党史出版社，2011：109.

中共三大召开后，国共合作的步伐逐渐加快。中国共产党同国民党合作建立革命统一战线的首要任务，就是帮助孙中山改组国民党，党的各级组织做了许多思想工作，动员共产党员和进步青年加入国民党，积极推进国民革命运动。杨匏安坚决执行大会决策，他随后的工作很大部分就是改组国民党，为建立革命统一战线、推进国民革命运动而奋斗。很多共产党员和领导人成了改组国民党的中坚力量，陈独秀、李大钊、林伯渠、吴玉章、谭平山、毛泽东、周恩来、彭湃、杨殷、邓中夏、恽代英、杨匏安、阮啸仙、刘尔崧等人并肩奋斗。他们不愧被孙中山称誉为"真正的革命同志"。

在共产国际代表马林、苏俄代表越飞的建议推动下，在中国共产党的具体帮助下，孙中山开始了对国民党的改组、重建工作。1923年8月，孙中山派"孙逸仙博士代表团"，赴苏联考察军事、政治和党务。1923年8月，共产国际驻中国代表和苏联驻广州革命政府代表鲍罗廷经东北来华。同年10月，鲍罗廷抵达广州，被孙中山委任为国民组织教练员，协助改组国民党，后来被聘为国民政府高级顾问。中共中央在三大后，又迁往上海，开展改组国民党这项工作，"主要是在鲍罗廷和中共广东党组织的直接推动下进行的"①。

（二）在中共广东区委的领导下参加广州改组试点

1923年10月，国民党的改组进入实质性阶段，11月，孙中山发表了《中国国民党改组宣言》，对三民主义作了新的解释，并提出了改善保障工农群众利益等内容。10月25日，孙中山在广州召开国民党特别改组会议，讨论决定了改组的具体方案。并以广州作为改组国民党的试点，从而取得经验，以便指导全党的改组工作。10月28日，国民党临时中央执行委员会在广州正式成立，谭平山被推选为执委会书记兼组织委员。广州成为国民党临时中央所在地、国民革命的中心。

中共广东区委和共青团广东区委都十分重视国民党广州改组的试点工作，选派了杨匏安、阮啸仙等一大批优秀的共产党员和共青团员参加改组试点工作，还动员了许多先进的工人和知识分子加入国民党。改组前的国民党没有完整严密的

---

① 中共中央党史研究室. 中国共产党历史（第一卷）［M］. 北京：中共党史出版社，2011：113.

组织体系，由总理决定一切，缺少民主集中程序，各省只有支部，而无基层组织。因此这次改组要从组织制度上大力整顿和改造。改组工作是从党员登记开始的。临时中央执行委员会要求在广州市内居住的党员，必须在规定的时间之内，重新办理登记手续，以确定党籍。从 1923 年 11 月 2 日至 11 日，10 天内广州登记了党员 3 649 人。根据《中国国民党章程草案》的规定，广州市由下而上组建区分部、区党部、市党部三级。在国民党和共产党的共同努力下，到 1923 年底，国民党广州市党部的各区党部、区分部已基本上建立起来了。杨匏安被选为第 10 区党部执行委员（代理谭平山成为第 10 区分部主席）①，阮啸仙、杨殷、刘尔崧、张瑞成、潘兆銮等共产党员亦分别当选为各区党部执行委员，有的人也兼任秘书（国民党改组之初，组织形式采取苏联式委员制，委员会不设固定主席，秘书就是日常事务的实际负责人）。在选举区分部领导人时，杨匏安奋力工作，尽可能使共产党员入选。梁复燃回忆："在广州市建立了几个区分部，区分部的主要负责人，有些是共产党员。我记得在区分部选举时，我在第一区分部投票选举了，又到第二、三、四等区分部投票，力求多投票选共产党员为区分部的负责人。这件工作是由国民党中央党部组织部秘书杨匏安（共产党员）布置我去干的，目的是让先进分子在国民党基层组织中占优势。"②

据中山大学张克谟教授研究：国民党改组、重建的广州市试点工作取得了很大成绩，直至 1924 年 1 月 12 日止，国民党广州市党部共建了 12 个区党部（其中 9 个正式区党部，3 个代理区党部），66 个区分部，3 个特别区分部，党员总数为 8 218 人，其中工人占 60%，比 1923 年 11 月 11 日全党党员大会时的 3 649 人，增加了 4 569 人。到 1926 年初国民党第二次全国代表大会时，国民党广州市区分部发展到 450 个，党员发展到 25 000 人。

广州市的试点改组工作，向广东全省和全国各省全面铺开重建国民党工作，提供了很好的经验。

---

① 国民党广州市各区分部组织员与执行委员联席会议录［M］//李坚. 杨匏安史料与研究. 北京：中共党史出版社，1999：211.

② 梁复燃. 广东党组织成立前后的一些情况［M］//李坚. 杨匏安史料与研究. 北京：中共党史出版社，1999：343.

（三）出席国民党一大

在中国共产党和苏联的帮助下，1923 年底，中国国民党改组的筹备工作已经就绪。孙中山矢志学习苏联，联俄联共，唤起民众，铲除军阀，统一中国，以求国民革命的成功。

1924 年 1 月 20 日至 30 日，中国国民党第一次全国代表大会在广州召开，由孙中山主持。出席开幕式的代表 165 人，共产党员有 20 多人，其中包括李大钊、谭平山、林伯渠、张国焘、瞿秋白、毛泽东、李立三、杨匏安等，李大钊被孙中山指派为大会主席团成员，谭平山代表国民党临时中央执行委员会在大会上作了工作报告。孙中山在开幕词中总结了历史的经验教训，再次表示了"改组国民党"和"改造国家"必须"从今天起重新做过"的决心。

大会审议并通过了《中国国民党第一次全国代表大会宣言草案》，草案对三民主义作了适应时代潮流的新解释：民族主义对外主张中国民族自求解放，反对帝国主义侵略，对内主张各民族一律平等，反对民族压迫；民权主义主张民主自由权利为一般平民所共有；民生主义的原则是平均地权和节制资本等。经过重新解释的三民主义同中国共产党民主革命纲领在基本原则上是一致的，因而成为国共合作的共同纲领。大会选举了中国国民党中央执行委员会，共产党人李大钊、谭平山、于树德、毛泽东、张国

国民党一大会址——广州国民高等师范学校

焘、瞿秋白、林伯渠、韩麟符、沈定一、于方舟等在国民党一大上分别被选为国民党中央执行委员和候补中央执行委员。接着召开的国民党一届一中全会推选廖仲恺、谭平山、戴季陶为中央常务，并决定成立中央党部。在中央党部任重要职务的共产党员，有组织部部长谭平山，农民部部长林伯渠，工人部秘书冯菊坡，农民部秘书彭湃，组织部秘书杨匏安。国民党一大事实上确立了联俄联共扶助农工的三大政策，标志着国共合作统一战线的正式形成。

（四）代理组织部部长改组国民党的出色工作

国共合作后，中共广东党组织根据中央指示，积极帮助国民党改组，发动党团员以个人身份加入国民党，并帮助国民党建立基层组织。共产党员、共青团员加入国民党，"第一步即国民革命运动，故国民革命运动的工作，就是我们团体的工作"①，以推动国民革命的进行。在广东党团组织的帮助下，国民党广州市党部成立，国民党广东省党部开始筹建。

在国民党一大中，谭平山被推选为国民党中央常务委员兼组织部部长，杨匏安以共产党员的身份出任国民党中央组织部秘书。在国民党二大上，杨匏安又被推选为国民党中央常务执行委员，主持秘书处工作，同时继续任国民党中央组织部秘书和广东省党部常委兼组织部部长。谭平山在国共两党内职务高，兼职多，工作多，有时还要出国，杨匏安就担负起组织部的主要工作，因而他的工作范围广，任务繁重，不仅要筹建国民党广东省党部，还要遴选人员，派往全国各省市开展当地国民党的改组工作，涉及全国各省市机关、军队、华侨、工商团体的党务工作。杨匏安筹建全国各地党组织，大力发展工农党员，为国民党注入了新鲜血液，从根本上改变了国民党的组织结构和成分构成。在国民党改组工作中，组织部是工作最繁忙的一个部门。

1924 年 11 月 6 日，国民党中央组织部部长谭平山"辞组织部长职，中央执行委员会准谭平山辞常务委员及组织部长职，以杨匏安代理组织部长"②。1925

---

① 摘自《粤区国民运动委员会通告第二号》，1924 年 2 月 23 日，原件存广东省档案馆。
② 民国十三年十一月六日中央执行委员会第五十八次会议纪录［M］//李坚．杨匏安史料与研究．北京：中共党史出版社，1999：214.

年10月，国民党广东省第一次代表大会在广州召开，杨匏安当选为执行委员，会后正式成立了国民党广东省党部，杨匏安当选为省党部常委兼组织部部长①，彭湃为农民部部长，刘尔崧为工人部部长，何香凝为妇女部部长。

1925年10月国民党广东省党部执行委员合影（前排右二为彭湃、右三为何香凝，后排右二为杨匏安，左一为刘尔崧）

国民党广东省党部组织部在杨匏安的主持下，对部务进行严肃认真的整顿，健全部务工作报告制度和会议制度。每月作组织部工作报告，上报中央党部、发送省党部主要领导人和各兄弟党部，下发各市县党部。同时将每月工作报告刊登在《中国国民党广东省党部党务月报》上，以便全体党员了解组织部的状况，对党进行监督。规定每周举行部务会议，讨论部内的重大事项及有关决议案，如人事变换调动和干部奖惩等。这些改组措施的实施，使组织部逐步走上制度化、规范化。

1926年1月，国民党在广州召开第二次全国代表大会。到会256人，半数以上是共产党员和国民党左派。杨匏安以广州市代表身份出席了大会，与董必武、

①《中国国民党广东省党部党务月报》第1期，1925年11月，原件存广东省立中山图书馆。

吴玉章、邓颖超等担任提案审查委员，并与谭平山、林伯渠、李大钊、吴玉章等当选为中央执行委员。杨匏安还被选为国民党中央九个常务委员之一，与另外两个常委谭平山、林伯渠共同组成秘书处，负责处理国民党中央的日常工作。这时，杨匏安仍兼任国民党中央组织部秘书和广东省党部常委兼组织部部长。在组织部关键岗位上，他有条件践行中国共产党的统一战线的方针、政策，践行他先前倡导的"联合一切无产阶级，举行猛烈的、普遍的群众运动，由无产阶级跑到支配阶级的地位"，"我们要快指导他们向着能变的道路上走去"，践行国民党一大宣言及三大政策，全身心地致力于革命统一战线工作。在国共两党中坚力量的积极努力下，使国民党从涣散的缺乏坚强组织和战斗力的政治团体转变为以工、农为基础的资产阶级、小资产阶级的四个阶级联盟的政党，从而发展壮大了以国共合作为基础的革命统一战线。在这项事业中，国民党广东省党部组织部、国民党中央组织部在杨匏安主持下，动员、组织广大工人、农民、青年学生等参加国民党，以工农成分来改造充实国民党的成分结构。

广东省党部在杨匏安的主持和建议下，委派东征军总政治部主任周恩来兼任东江各属党务组织主任，指导惠、潮、梅属下各县的党务工作和重建国民党汕头市党部。同时在广东省党部之下建立了潮梅、南路、惠属、琼崖四个特别委员会：派彭湃、邓颖超、赖先声等为潮梅特别委员，潘兆銮、林丛郁、谭竹山等为南路特别委员，萧感魂（隽英）、冯明光等为惠属特别委员。[①] 由于杨匏安等人的努力，广东省国民党的党务工作获得迅速的发展。

以广东的情况来说，杨匏安在 1926 年 12 月的国民党广东省第二次全省代表大会上所作工作报告中总结：1925 年 11 月，当时全省有党员 1.5 万余人，各县市已成立党部的仅 33 个。到 1926 年 11 月，国民党广东省第二次全省代表大会召开时，改组工作一年的时间里，各县市已成立党部者（含筹备成立的）有 101个，成立的县市党部及筹备处已多达 101 个，区党部 580 个，区分部 4 291 个。全省国民党党员已发展到 183 695 人，增加了 12 倍多。在党员中，工人 35 483

---

　　① 杨匏安. 中国国民党广东省（党部）组织部一年来工作报告［M］//杨匏安. 杨匏安文集. 北京：中央文献出版社，1996：214－239.

人，占近五分之一；农民 69 871 人，占三分之一多；学界 39 067 人，占五分之一多。① 从这个数字可以看出，国民党广东省党部的党员中工农成分已占十分之六点五，农民成分的党员比例最高，成为国民党广东省党部组织的基础。

到 1926 年末，国民党组织已在十二个省份建立了省党部，八个省建立了省党部筹备处，四个市建立了特别党部。在军队、机关、学校、企业以及海外华侨中，也建立了若干特别党部。约有党员 50 万人。国民党改组，在短期间内取得这样大的成就，与广大共产党员和杨匏安的奋力工作是分不开的。但是仍有一些地主、官僚政客和南方军阀留在国民党内，并占有一定的地位。这些人是国民党右派势力的主要基础。

改组工作从根本上改变了国民党的组织机构，健全了各级组织，大大改变了党员的成分结构。首先，由于工农成分的大量加入，国民党的成分构成改变了，从涣散的缺乏坚强组织和战斗力的政治团体转变为以工、农为基础的资产阶级、小资产阶级的四个阶级联盟的政党。国民党的主义和政策，被基层的民众所接受，群众革命的积极性大大提高。其次，国民党的组织从城市发展到乡村，从而发展壮大了以国共合作为基础的革命统一战线，工农运动蓬勃发展，广东成为国民革命根据地和全国革命运动的中心，为北伐打下了坚实的基础，推动了国民革命向纵深发展。

二、广东区委　战友并肩同奋斗

国共合作促进了革命形势的高涨和党组织的大发展，广东逐渐成为中国革命的中心。为了适应广东革命运动大发展的需要，中共中央陆续派遣了周恩来、陈延年、瞿秋白、林伯渠、毛泽东、邓中夏、张太雷、恽代英、李富春、蔡畅、邓颖超等大批重要干部前来广东从事革命活动，加强了对广东革命斗争的领导。

在这样的背景下，1924 年 10 月，中共中央决定将中共广州地方执行委员会改组为中共广东区执行委员会（简称中共广东区委），又称"两广区委"，周恩

---

① 杨匏安. 中国国民党广东省（党部）组织部一年来工作报告 [M] //杨匏安. 杨匏安文集. 北京：中央文献出版社，1996：214 – 239.

来领导中共广东区委工作，任委员长（兼管宣传），11 月，兼任黄埔军校政治部主任。陈延年任秘书（兼管组织）。1925 年春，由于周恩来参与领导东征，中共中央任命陈延年为中共广东区委书记，直至 1927 年 3 月他离开广州。

　　1925 年初中共广东区委的办公地址搬到了位于国民党一大会址斜对面的广州市越秀区文明路 194—200 号，一座四幢相连的三层骑楼建筑。当时的中共机关为了隐蔽工作，一楼从左至右分别以住宅、药店、小食店和鞋店等作为掩护，并用"管东渠"（即"广东区"的谐音）的化名向警察局登记租用，而后来"管东渠"也成了中共广东区委的代号。

1925 年初中共广东区委旧址（今文明路 194—200 号）

　　中共广东区委地处国民革命中心广东，工作任务繁重，从 1924—1927 年，中共广东区委大力发展党团组织，开展工农革命群众运动；协助国民党改组，从事统一战线工作，致力于反帝反军阀的斗争；领导省港大罢工，致力于反帝斗争；参加东征南讨与平定叛乱，捍卫国共合作，巩固广东革命根据地；参加北伐，等等。

杨匏安一方面主要担负国民党中央组织部的工作，对国民党进行改组，另一方面参加中共广东区委的上述工作，与中国共产党的许多党员和优秀领导人共同为推进国民革命而奋斗。这一期间，中共广东区委人才济济、群英荟萃，很多著名革命家在此担任过领导职务，如先后担任组织部部长、区委书记的陈延年，宣传部部长罗亦农、张太雷，军事部部长周恩来，委员李富春、聂荣臻、恽代英，农民运动委员会书记彭湃，全国总工会党团书记邓中夏，妇女运动委员会书记蔡畅、邓颖超等。共同的理想信念、共同的革命事业将杨匏安与他们紧紧地联系在了一起，并在艰苦的革命斗争中结下了深厚的友谊。

（一）广东首设监委　担任主要领导

中共广东区委工作范围很广，除领导广东、广西两省的党组织外，还领导福建西部、南部及香港的党组织。陈延年任书记期间，中共广东区委各部门负责人如下：组织部部长穆青，宣传部部长张太雷（后由任卓宣继任），"周恩来同志专任军委书记，因工作繁忙，不再兼区党委委员，军委委员为李富春、徐成章、熊雄等"①，工委书记冯菊坡（后由刘尔崧、黄平继任），农委书记阮啸仙，妇委书记蔡畅（后由邓颖超继任），区监委有林伟民（书记）、杨匏安、杨殷、梁冠华等，彭湃、苏兆征、李富春、李森、谭植棠、何耀全、何来、赖玉润、罗绮园等也参加了区委各部门的工作。《谭植棠自传》中提道："……党为适应组织发展的需要，乃于一九二五年春建立广东区党委，主席团制，负责领导广东、广西、福建及南洋各地党务。当时参加主席团的同志有陈延年、张太雷、苏兆征、彭湃、阮啸仙、罗绮园、杨匏安、邓中夏、周恩来、邓颖超、谭植棠等，以陈延年同志为书记……"②

---

① 赖先声. 回忆1924年—1927年期间广东区中共党组织情况［M］//李坚. 杨匏安史料与研究. 北京：中共党史出版社，1999：346.
② 谭植棠自传［M］//中国社会科学院现代史研究室，中国革命博物馆党史研究室. "一大"前后. 北京：人民出版社，1980：107.

从 1925 年春至 1927 年 4 月，随着工农运动的发展，广东党组织不断发展壮大。1927 年，广东全省党员人数达 9 000 多人，占全国党员人数的六分之一。其中仅广州一地，就有 30 多个党支部，2 000 名党员。

随着党组织将大批出类拔萃的人才调往广东，革命事业又将大批人才吸引到广东。在广东党组织不断发展壮大的同时，中共广东区委领导机构也逐步扩充、健全，设置了组织、宣传、军事、工运、农运、青运、妇运、学运、监察、秘书等部门。广东党组织成为当时全党最健全的党组织。

1925 年初，为加强党内监督和组织建设，中共广东区委率先专门设立了监察委员会，由此诞生了中共第一个地方监察机构，开启了中国共产党纪检监察工作的先河。[①]

中共广东区委监察委员会由林伟民、杨匏安、杨殷、梁桂华组成——全都是生于广东的优秀共产党员。中共广东区委监察委员会承担着教育监督党员以及处分违纪党员的工作，还兼秘密情报收集工作。同时，在帮助广东各地建立中共党组织、组织工人纠察队、维持省港大罢工秩序、监督罢工经费的使用等方面，也做了大量卓有成效的工作，为党中央后来成立专门的党内监察机构提供了宝贵经验。

中共广东区委监察委员会成为中国共产党建立的第一个地方性党内监察机构，这是中共探索建立党内监督机制的最初尝试，也是中共纪检监察制度的发端。直到两年之后，在 1927 年召开的中共五大上，中央监察委员会才正式设立。

（二）大力发展党团组织　开展工农革命运动工作

国共合作前后，中共广东区委十分重视组织发展工作。在黄埔军校、农民运动讲习所、广东大学和一些工厂、农村成立了一批基层支部，发展了大批党员，大大加强了党对各项工作的领导。团广东区委也先后建立了广州、香港等地方委

---

　① 关于广东区委监委会成立的具体时间，难以找到准确记载的历史文件，有的资料认为是在 1925 年初，有的则认为成立于 1926 年 4 月。据广东省委党史研究室组织考证，广东区委监委会成立于 1925 年 2 月。

员会和花县、东莞、顺德、鹤山、广宁、新会等基层支部。1925 年秋，谭平山、杨匏安被中共中央指派为我党在国民党中的党团书记，以统一出席国民党会议的共产党员、共青团员的思想和行动。① 各地加入国民党的中共党团员也根据中央的指示，在国民党中建立了党团，以利于革命统一战线工作的开展。各级党团组织的建立、健全和发展，为迎接革命新高潮做了组织上的准备。1924 年春天入党的"五华青年同志会"负责人古大存说："1926 年 5 月间，我来广州参加广东省第二次农民代表大会。大会后杨匏安同志另外召集代表中的共产党员开会，号召在农民中发展我党党员……"在中共广东区委组织部和工委的直接领导下，中共党团组织快速发展起来，如广州市的党组织，分布覆盖行业很广，主要支部有：粤汉、广九、广三、海员、自来水厂、石井兵工厂、电话、汽车、内河轮渡、驳载、码头、邮务、印务、油业、建筑、钢铁、酒楼茶室、人力车、车衣、理发、店员、洋务、卫生，以及其他手工业工会支部，还有农协、商协、市郊、中大、妇女等支部。差不多包括广州市各种职工会和工作部门。香港罢工工会中的党支部组织，依照各工会组织的体制，逐步吸收和发展党员，先后建立了工会和纠察队中的党支部组织，因为情况较为复杂，组织部另设一特别委员会，统一领导罢工各党支部，专负发展组织和教育训练的责任。这是在特殊情况下的一种特殊体制。②

杨匏安在粤汉、广九、广三、石井兵工厂搞过工人运动，与杨殷等人在这些产业工人较集中的地方，深入工人群众，了解他们的疾苦、生活、思想，然后结合工人的实际，逐步进行启发，从中发现、培养积极分子，并把他们作为依靠的骨干力量。他和杨殷以及广州铁路车务同业工会委员潘兆銮等人，先后培养和吸收了粤汉铁路工人"十人团"积极分子，如机器工人梁功炽、李连、李甫、陆枝、陈理、周祥等人加入党组织，广九铁路工人陆芬和高级职员陈寿柏、陈寿松等加入共产党。并分别在广九、广三、粤汉三条铁路中建立中共党

① 李坚. 杨匏安史料与研究［M］. 北京：中共党史出版社，1999：336.

② 赖先声. 回忆 1924 年—1927 年期间广东区中共党组织情况［M］//李坚. 杨匏安史料与研究. 北京：中共党史出版社，1999：347.

支部和团支部，杨匏安还先后担任过中共广九铁路、粤汉铁路的支部书记。[①]
在建立党组织的同时，也在各铁路建立了工会。在工会和党支部的组织领导
下，工人展开了增加工资、改善工人待遇福利、改善劳动条件等的经济斗争，
而且取得了一定的胜利。杨匏安和同志们在铁路系统的工作，为随后帮助广东
国民政府东征南讨与平定叛乱，捍卫国共合作，巩固广东革命根据地，奠定了
良好的组织和群众基础。

中共广东党组织和团组织派杨匏安的战友阮啸仙、刘尔崧、梁复燃等到广
州、佛山、顺德等地宣传发动工人群众，建立工会，并指示香港的党团组织迅速
发展工人运动。国共合作后，广东的工人运动蓬勃发展。1924 年 7 月，广州沙面
数千名工人举行罢工，反对英帝国主义限制中国人民自由进出沙面租界的"新警
律"，并取得了斗争的胜利。广州工人乘胜组织了工团军。沙面罢工的胜利，是
中国工人运动自京汉铁路大罢工失败后由低潮转向高潮的起点。

同时，青年、妇女运动也迅速发展。1923 年 6 月，成立了青年团的外围组织
"新学生社"。广州各界妇女也组织起来，在革命中发挥了重要作用。

国共合作前，广东的农民运动正在兴起。海丰、陆丰、花县、广宁、南海、
顺德和广州等地，都陆续建立起区、乡农民协会。

国共合作后，由于国共两党的共同努力和实行"扶助农工"的政策，广东
农民运动出现了一个迅速发展的局面。在这过程中，以孙中山、廖仲恺为代表
的国民党左派和彭湃、阮啸仙、罗绮园、周其鉴、黄学增等共产党人发挥了重
要作用。杨匏安虽然没有直接参加农民运动的工作，但是他的立场始终站在中
国共产党领导的革命事业上，他利用工作的一切机会，为党的事业竭心尽力，
为农民运动发展派遣干部，提供骨干力量，客观上助力了广东农民运动的组织
工作。

著名的农民运动领袖彭湃领导了海陆丰和东江地区的农民运动，为广东农民
运动的兴起做出了巨大贡献。1923 年元旦，成立了海丰县总农会，彭湃为会长，
成员有 10 万人。5 月间，海丰县总农会改组为惠州农民联合会。7 月，惠州农民

---

① 李坚. 杨匏安史料与研究 [M]. 北京：中共党史出版社，1999：333 – 334.

联合会又改组为广东省农会，彭湃任执行委员长。海丰县总农会的发展，有力地推动了东江地区的农民运动。彭湃领导东江地区的农民同地主阶级进行了减租抗租的斗争，大大激发了农民的革命热情。

国民党改组后，在中国共产党的积极推动下，经孙中山审定，国民党中央农民部颁布了《全国农民协会章程》。1924 年 5 月 5 日，国民党中央执行委员会决定组织中央农民运动委员会（有共产党员谭平山等参加），派遣特派员到各县工作，将农会组织扩大到全省，并开办农民运动讲习所。在国共两党的努力下，广东的农民运动已由海丰、陆丰、东江地区发展到西江的广宁、高要、鹤山，中路的广州郊区、花县、顺德、佛山、中山和北江等地。农民运动已经遍及全省。

为适应农民运动发展的需要，1924 年 7 月 3 日，农民运动讲习所在广州越秀南路 53 号（即惠州会馆，现 93 号）正式开学，由彭湃担任主任。至 1926 年 9 月，广州农讲所共办了 6 届，先后由彭湃、罗绮园、阮啸仙、谭植棠、毛泽东担任主任（所长）。广州农讲所以国民党的名义开办，由共产党人具体主持。广州农讲所共培养了近 800 名学生，他们对广东和全国的农民运动起了重要作用。

1925 年 5 月 1 日，广东省第一次农民代表大会在广州举行，出席代表 117 人。大会通过了工农联合等决议案，宣告广东省农民协会（简称"省农会"）的建立。省农会成立之后，特别是胜利进行了东征和南讨之后，农民运动在全省范围蓬勃发展。在省农会和各路办事处的具体指导下，全省各地纷纷建立各级农民协会，组织农民自卫军，实行减租、禁烟、禁赌、截缉仇货、废除苛捐杂税、收缴地主土豪枪支、惩办土豪劣绅等政策，在广大农村掀起了一场轰轰烈烈的革命高潮。至 1926 年 5 月，有农会组织的县达 66 个，农会会员 62 万多人，占全国会员总数的三分之二，还有农民自卫军 3 万多人。[①] 1926 年 5 月 1 日，广东省第二次农民代表大会在广州召开。出席代表 214 人，还有各县农民自费列席 100 多人。广西、福建、湖南、山东、贵州等 11 个省也派代表参加了大会。广东农民运动堪称全国农民运动的先导，是全国农民运动的中心。

---

① 蒋祖缘，方志钦. 简明广东史［M］. 广州：广东人民出版社，1993：726.

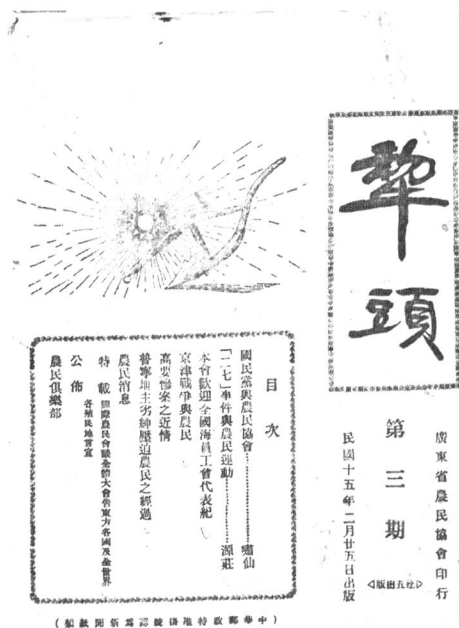

广东省农民协会机关刊物《犁头》

大革命时期广东中山县第六区上栅乡农民自卫军全体摄影

中国国民革命蓬勃发展，而这背后无疑凝结了一批像杨匏安这样精干、有理论素养、革命信念坚定的共产党人的心血。

（三）省港大罢工领导核心之一　致力于反帝斗争

国民党经过改组之后，发展壮大了以国共合作为基础的革命统一战线，工农运动蓬勃发展，特别是反帝反军阀的政治运动蓬勃发展，广东已逐步成为国民革命根据地和全国革命运动的中心。省港大罢工就是最集中最为强烈的反帝爱国行动。

1925 年 5 月，上海爆发了反对帝国主义者屠杀中国人民的"五卅"爱国运动，全国各地掀起了反对帝国主义的"三罢"浪潮。为响应上海"五卅"爱国运动，中共中央广州临时工作委员会、中共广东区委、中华全国总工会准备发动广州、香港两地工人，举行规模巨大的反帝政治大罢工。

苏兆征

省港大罢工情景

为了加强香港方面发动罢工的组织领导工作，中共中央广州临时工作委员会指定苏兆征、邓中夏、杨殷、杨匏安、黄平五人组织党团，为领导核心。① 中共广东区委还决定发动广州沙面洋务工人起来罢工，与香港工人罢工相呼应。区委亦指定陈延年、冯菊坡、刘尔崧、施卜、李森、林伟民六人组织党团，以李森为书记。6 月 13 日，杨匏安代表国民政府财政部部长廖仲恺与中华全国总工会负责人邓中夏一起前往香港，会同已先到香港的苏兆征、杨殷等人筹划发动省港大罢工。

当时香港有 130 多个工会，派别很多，情况复杂，受中共影响的尚少，他们对罢工有重重顾虑。杨匏安以财政部部长廖仲恺代表的身份，可更好说服工会的国民党上层。为了做好工人回省接待安置工作，党组织商决后，派杨匏安赴港。"杨匏安赴港任务一方面是坚定一些工会领袖对罢工和回省的信心，一方面是表明国民党左派态度"②，即保证罢工工人回省后，由政府负责解决食宿交通等问题，这有效地消除了工人们的顾虑，使各工会相继发出罢工命令。

也正是在财政部部长廖仲恺的鼎力主持下，经过苏兆征、杨匏安等的努力，国民政府于 1925 年 7 月 7 日召开常务委员会，做出决议："（一）饬令广东省、广州市政府拨借东园为省港罢工委员会办事处；（二）政府每月拨款 6 000 元，支持罢工；（三）饬令广州公安局将征收半月租捐缴交中央银行，专为援助罢工之用；（四）指令广东沿海口岸禁止粮食出口；（五）要求商民和各华商公司援助罢工……"③ 国民政府把这些决议作为训令，向全省发出，在经济上对省港大罢工予以最有力的支持。

杨匏安是发动省港大罢工的领导成员之一，在罢工期间，他和同志们并肩奋战，协助筹款，发放捐款，并做好后勤保障。

1925 年 6 月 19 日，省港罢工爆发了。苏兆征等领导香港海员、电车和印刷等行业的工人首先罢工，其他行业工人群起响应。仅 15 天内，罢工人数达 25 万

---

① 中共广东省委党史研究委员会办公室，中共珠海市党史办公室. 苏兆征研究史料［M］. 广州：广东人民出版社，1985：470.

② 摘自郭瘦真《中国共产党对香港大罢工的策动与领导》，原件存广东省文史馆。

③ 摘自《国民政府饬令广州公安局等援助省港大罢工训令》，原件存中国第二历史档案馆。

人。广州沙面的洋务工人也参加了罢工。罢工后,尽管港英当局采取各种高压政策,但罢工工人还是纷纷离港回到广州。23 日,广州的工、农、商、学、兵各界和省港罢工工人共 10 多万人,在东较场隆重集会,抗议帝国主义对上海学生和市民的屠杀行径,声援上海人民的反帝爱国行动。会后,举行反帝示威游行。中共广东区委负责人陈延年、周恩来等亲自领导群众参加游行。当游行队伍经过沙基时,盘踞在沙面的英、法帝国主义军队竟然向游行群众开枪射击,打死 52人,重伤 170 多人,制造了骇人听闻的"沙基惨案"。

"沙基惨案"更加激起香港工人的义愤,他们不顾港英当局军警的戒严,冒着生命危险,突破重重封锁,大批回到广州。港英当局派出警探四处搜捕罢工"煽动者"。"香港自华人罢工后,港政府即宣布戒严令,凡有华人三五聚谈,即指为煽动罢工,或以不法行动之罪,遽行逮捕。顷据港罢工工友回省报告,海员戴卓民及杨长官于昨一日晚十时在戴家同时被捕下狱。"[①] 杨长官即杨苞安,7 月1 日晚,不幸被捕入狱,足足关了 50 多天,最终港英当局无法找到他"煽动工潮"的证据,只得把他"驱逐出境"。

7 月 3 日,由中华全国总工会、香港罢工工人和沙面罢工工人三方面人员组成的罢工领导机构——省港罢工委员会宣告正式成立,成为中国共产党通过中华全国总工会领导这次反帝政治罢工的指挥部。省港罢工委员会由 13 人组成,苏兆征任委员长,何耀全、曾子严任副委员长,李森、林伟民等任执行委员,汪精卫、廖仲恺、邓中夏、黄平、杨苞安等先后被聘为顾问。省港罢工委员会下设干事局,李森为总干事,干事局分设文书部、招待部、庶务部、宣传部、交际部、交通部和游艺部,直属省港罢工委员会的还有财政委员会、纠察队、法制局、审计局会审处、保管拍卖处、工人医院、宣传学校等机构。省港罢工委员会成员还出版了《工人之路》作为省港罢工委员会机关报。

为了孤立和打击港英帝国主义,省港罢工委员会组织工人武装纠察队协同广大人民群众对香港实行封锁,宣布禁止所有轮船往来香港和新界口岸,严禁粮食外流,扣押走私物资,厉行抵制英货。接着,又实行了单独对英的"特许证"

---

① 摘自省港罢工委员会《工人之路(特号)》,1925 年 7 月 3 日。

策略，使香港的交通运输中断，日常生活用品奇缺，垃圾堆积如山，香港孤枯萧条，港英帝国主义受到沉重打击。

杨匏安被港英当局逮捕入狱，省港罢工委员会的领导和工友们非常惦念他，当得知他出狱的消息时，大家欣喜至极！省港罢工委员会的机关刊物《工人之路》连续报道了杨匏安出狱的特别新闻。省港罢工委员会的领导人之一李森特别高兴地向工友们报告："有一件值得我们欢喜的，就是杨匏安先生已释放来省了。匏安先生为这次罢工很出力的人，后和戴卓民君同被港政府捕去，现被押出境，已由澳门转赴前山，一、二日间便可来省。我们加了这一位很有力的助手，更容易操胜算了。"① "杨先生现已由澳门绕行到省。大家闻之，当必有无限之愉快。"② 在省港罢工工人第十七次代表大会上，其中有一项议程就是欢迎苏俄全国总工会代表团以及杨匏安先生出狱，全体起立行鞠躬礼致意。8 月 27 日，省港罢工委员会在省教育会搭起鲜花牌楼，开大会欢迎苏俄全国总工会代表团来华和杨匏安出狱。可是杨匏安却没有到会，他认为隆重欢迎国际友人是应该的，至于他自己，为革命工作甚至牺牲，乃是共产党人的本分，不应该接受这样盛大的欢迎，何况廖仲恺刚被刺牺牲，真凶未获，许多要务都等着他去办。8 月 28 日，他出席了省港罢工工人第十八次代表大会。800 多名工人代表一致起立向他鞠躬致敬。他发表讲话，不提被捕后狱中的苦难遭遇，强调"今天不是空谈的时候，我们唯有实行奋斗"！杨匏安赞扬了罢工工人的牺牲精神，对省港罢工委员会的组织工作表达了钦佩之情："这次罢工工友，能够这样牺牲奋斗，团结一致，和罢工委员会的组织，实在令人佩服万分了。"他坦率地批评了香港有些工会领袖存在的问题，"一、在总罢工命令未发出以前，有许多工会领袖，远未甚觉悟……他们不明白这次罢工的意义，不知政治罢工，比较工人为自身的经济罢工还重要；凡属中国人，想反抗帝国主义的，都应参加……因此，罢工的运动，不能急速，不能一致，致受帝国主义者的多方压制。二、工会组织未甚完善，工会领袖与工友之间，隔离太远，不能征求大家的意见，不能敏捷宣传，所以罢工时

---

① 摘自省港罢工委员会《工人之路（特号）》，1925 年 8 月 21 日。
② 摘自省港罢工委员会《工人之路（特号）》，1925 年 8 月 23 日。

期，迟速不能一致。"① 他恳切要求大家学习欧洲工会团结一致的优点，以提高工会的战斗力，并对廖仲恺的遇害表示无比悲愤，要求工人们继承廖先生遗志，反帝到底。9月，省港罢工工人代表大会通过决议，聘请杨匏安为顾问，不久又聘请他兼任香港罢工工团宣传学校名誉校长。

从1925年6月至1926年10月，省港大罢工持续坚持了16个月之久，就其领导之坚强，组织之缜密，规模之巨大，持续时间之长久，影响之深远，在中外工人运动史上都是罕见的壮举。这对巩固广东革命根据地，推进国民革命运动起了重大作用。

三、支援前线　捍卫广东根据地

在国共合作向前推动，国民革命蓬勃发展之时，大本营广州革命政府也面临各派反动势力的包围。广州革命政府还没有控制、统一广东全省。1924—1925年，广州革命政府在孙中山的领导下，在中共的支持和帮助下，进行了平定广州商团叛乱，两次东征陈炯明部，回师广州平定杨希闵、刘振寰叛乱，向南讨伐邓本殷部的军事行动。杨匏安与中共广东区委的同志们领导工、农、商、学各界群众，参加平叛，支援前线，捍卫国民革命成果。

（一）参与平定叛乱和东征南讨

1924年10月10日，当广州各界群众纪念双十节游行途经西濠口时，竟遭到以陈廉伯为首的广州商团军的袭击，当场死伤100多人，被捕100多人。商团总部还到处张贴标语，提出"请孙文下野""打倒孙政府"等反动口号，发动了一场反革命武装叛乱，并准备策划更大规模的叛乱，来推翻以孙中山为首的革命政府。广州爆发的商团叛乱，使国民革命统一战线第一次受到威胁。广州商团组建于辛亥革命时期，原为商人自卫团体，后来被外国人插手，成为在帝国主义支持之下与革命政府相对抗的反动武装。1924年初，在英帝国主义的支持下，商团

---

① 杨匏安. 在省港罢工工人第十八次代表大会的讲话 [M] //中共珠海市委党史研究室. 杨匏安文集. 北京：中央文献出版社，1996：201 – 202.

团员由初创时的 1 500 人猛增至 50 000 人，仅广州就有 13 000 多人。1924 年 7 月间，陈廉伯为武装商团，向英国南利洋行购买大批枪械，于 8 月初秘密运进广州。广东政府获悉后，将枪械扣留，并下令通缉陈廉伯。陈闻讯逃往香港，指使广州商团胁迫政府无条件发还枪械，为孙中山所拒绝。于是，佛山商团司令、大地主陈恭受便召集商团在佛山开秘密会议，煽动广州罢市，蓄谋叛乱。

"双十惨案"发生后，中共广州地委、青年团广东区委和广州反帝大同盟、广州工代会等 30 个团体先后发表了《告国人书》《告广州市民书》，号召广大民众起来"打倒一切卖国的商人"，解除商团武装，实行国民革命。在中共广东区委和广大民众的支持下，远在韶关督师北伐的孙中山，增强了"戡乱"的决心，成立革命委员会，亲自指挥平叛。

杨匏安参加了孙中山组织的平叛行动，与廖仲恺、谭平山、陈延年、阮啸仙、刘尔崧等人一起，领导工人、农民、学生、妇女等团体，对镇压商团叛乱起了很大的作用。10 月 13 日，孙中山命令警卫部队及部分湘军、粤军由韶关回师广州，会同黄埔军校学生军及工团军、农民自卫军共同讨伐商团。包惠僧在其回忆录中，对镇压商团叛乱的情景回忆道："……镇压商团叛乱，是国共合作的情况之下，以廖仲恺为中心，执行孙中山的命令来进行的，……革命委员会宣告成立，即在国民党中央党部所在地惠州会馆设临时军事指挥部，孙中山命令省长公署布告解散商团，警卫军包围西关商团总部。十四日黄昏，革命军与商团开火，同时陈炯明果然进袭虎门。革命委员会说服滇桂军将领及李福林部会合布防，黄埔军校开来两队学生作为革命委员会的卫队，驻在惠州会馆。当时共产党员如周恩来、陈延年、谭平山、杨匏安、阮啸仙、刘尔崧等均在革命委员会工作，领导工人、学生、妇女、农民等团体对镇压商团叛乱起了很大的作用。"[①] 15 日，各路部队包围西关，勒令商团缴械投降。商团负隅顽抗，经过几小时激战，革命军全歼商团，平息了叛乱。

---

① 包惠僧. 包惠僧回忆录 [M]. 北京：人民出版社，1983：164.

1925 年杨匏安（右一）与陈延年（右二）等

平定商团后广东革命根据地仍然存在潜在的危险。陈炯明将 7 个军 6 万多兵力集中于河源、兴宁、惠州一线，图谋进取广州。为了消除这个隐患，1925 年 1 月，在周恩来等共产党人的积极策划和直接参与之下，广东革命政府决定出师征讨，由黄埔学生军、粤军、滇军、桂军和建国军组成联军，于 1925 年 2 月到 3 月，举行了讨伐广东军阀陈炯明的第一次东征。1925 年 10 月到 12 月，第二次东征彻底打垮了陈炯明，消灭了陈炯明的残余势力。

杨匏安虽然没有直接参加东征战役，但他在后方，与同志们积极动员组织广大工人、农民、商人、学生支援东征，直至取得完全胜利。古大存回忆："一九二五年二月，国民革命军第一次东征时，杨匏安同志通过沈春雨找我谈话，派我去做东征军战地政治宣传员，随军去做群众工作，组织工人、农民、商民配合东征军战斗。"①

东征胜利后，国民革命军于 1926 年 1 月到 2 月，也取得了南讨盘踞在海南岛的军阀邓本殷的胜利，最终于 1926 年 2 月统一了广东全省。

---

① 李坚．杨匏安史料与研究［M］．北京：中共党史出版社，1999：344.

1925 年 6 月，盘踞广州的滇桂军阀杨希闵、刘震寰，勾结香港帝国主义密谋发动军事叛乱。广东革命政府决定讨伐杨、刘。中共广东区委支持这一决定并迅速采取行动：由军委书记周恩来联系黄埔军校和友军；由谭平山联系国民党左派；彭湃、阮啸仙等发动各地农会援助东征军回师广州讨伐；杨匏安、杨殷、邓培、潘兆銮等共产党员负责发动广三、广九、粤汉三条铁路线的工人罢工，参加平叛。他们切断敌军的电源和电话线，6 月 7 日早晨，三条铁路的工人群众在"不灭杨刘，工运不兴"的口号下同时宣布罢工。所有火车头能开走的一律开走，不能开走的全部拆毁，铁路运输全部中断。三条铁路的工人群众对杨、刘等滇、桂军阀的倒行逆施早就恨之入骨，在杨匏安、杨殷等人的宣传鼓动下团结一致，共同对敌，坚决与滇、桂军阀作斗争。杨希闵因无人为其驾驶列车急得如热锅上的蚂蚁，他以 10 万元重赏，在香港雇工人开车，却无人应征，滇、桂军阀无法利用铁路调动部队和运送辎重武器弹药，这是杨、刘迅速失败的主要原因之一。6 月 12 日，革命政府东征军击溃了杨、刘叛军，回师广州。

东征南讨平叛的胜利，是国共两党合作的一次重大胜利。在战争过程中，以共产党人为主导的战时政治工作发挥了强大的威力，不少国民党将士和共产党官兵，身先士卒，英勇杀敌，立下了不朽战功。这场战争的胜利，也是广大人民群众大力支持的结果。东征开始时，省港罢工工人组织了 1 000 多人的运输队随军出征，还有广州青年学生和市郊农民请缨参战。东江、南路、琼崖等地的农民群众，在当地共产党组织的发动下，也群起参加运输，充当向导，送茶送水，为战争的胜利做出贡献。东征南讨的胜利，统一了广东革命根据地，为北伐战争打下了重要的基础。

（二）组织悼念孙中山 参加查廖案

国民党的改组，并不是一帆风顺的。它遭到来自四面八方的阻挠和破坏。首先是帝国主义及其走狗南北军阀，他们造谣攻击，说国民党改组是实行"赤化"，要"共产共妻"，借此蛊惑人心；其次是国民党内的右翼分子，他们极力反对国共合作，污蔑共产党员加入国民党是"阴谋"，是为了"篡夺"国民党；他们反对提出"打倒帝国主义""打倒军阀"的政治口号，说它将使国民党"蒙受国际之仇恨"和"在国内断绝实力派之协助";与此同时,他们勾结地方军阀、土豪劣绅,力图把持国民党的地方党部,抗拒改组,甚至不惜大打出手,打伤杀害中央组织部派出的党务工作人员。此外,国民党地方党部的改组,还受到各县行政官史的阻挠。他们将地方财政收入占为己有,不遵从上级命令,拒绝拨交县党部经费,攻击党部开展工农运动,多方借辞保护地方反动分子。在这些错综复杂的斗争中,杨匏安坚持原则,认真贯彻我党的统一战线政策和国共合作制定的方针,既灵活,又审慎地处理了国共两党之间发生的许多矛盾与纠纷,打击了国内外敌人和国民党右派分子的破坏活动,维护了两党的团结合作,使革命统一战线得以迅速发展,不断壮大。

杨匏安和廖仲恺友谊深厚。他们都具有理想情怀以及为革命工作孜孜不倦、奋斗不息的崇高品质。廖仲恺是国民党的左派领袖,对孙中山的革命事业忠心耿耿,是孙中山的左膀右臂。廖仲恺很敬重共产党人,和中国共产党有良好的合作关系,为建立国民革命统一战线事业倾力奋斗。国民党改组期间,杨匏安和廖仲恺又在一起工作,两人很合得来。

杨匏安十分敬重孙中山。而孙中山对这位香山同乡及李大钊、邓中夏、恽代英等也十分赏识,认为这些青年共产党员才是他真正的革命同志。他说,要挽救"正在堕落中死亡"的国民党,就要注入新血液,吸收共产党人加入国民党,就是要和中国共产党合作,进行革命事业。由于国民党右派分子一再反对国共合作,孙中山曾多次宣称,除非国民党有一个真正革命的纲领,否则他就要和这批人分手。孙中山坚定地与中国共产党合作,坚持实行新三民主义和国民革命的目标。

1925年3月12日,孙中山因积劳成疾,在北京逝世。国民党中央组织部配合宣传发动全国各地民众,举行追悼大会。国民党中央党部所在地广州,由杨匏安、黄居仁等16人任筹备委员,以国民党中央名义,召开了由1万多名党员参加的追悼大会。会上宣布全国50万名党员誓为继承孙中山的革命遗志而奋斗到底。杨匏安等人提议的《关于各种纪念会参加与筹备事项》对全国各地举行孙中山追悼大会的事宜作了部署安排。1926年3月8日,孙中山逝世周年之际,国民政府又发出了由杨匏安等人组成的"广州各界人民纪念孙总理逝世一周年筹备委员会"通告：一是 3 月 12 日正午 12 点在广州东较场召开各界人民纪念孙总理大会，二是从 3 月 12 日至 3 月 18 日止，一连 7 天，在广东大学礼堂召开各界人民讲演大会，以缅怀孙中山过去功绩，"广州各界人民为纪念孙中山先生未竟之大业，革命主义及政策努力奋斗乃可。打倒帝国主义，打倒军阀，故有此念，以促进国民革命之成功"①。各地追悼会的宣传，使孙中山的新三民主义和国民革命的目标更加广泛、深入全国人心。

孙中山逝世后，杨匏安坚定地继承孙中山的革命遗志，同国民党右派分子进行了针锋相对的斗争。伴随着革命运动的迅速发展，统一战线内部开始出现分化，国民党右派掀起反左反共的逆流。1925 年 8 月 20 日早上，国民党左派领袖廖仲恺被国民党右派买凶，在广州国民党中央党部门前遭暗杀。那天，杨匏安刚刚出狱，他一到广州就同康若愚到廖仲恺灵前抚棺痛哭②，立志要为廖仲恺报仇。

为了审查廖案真相，惩办凶犯，国民政府成立了由周恩来和杨匏安等

廖仲恺

人组成的廖案审判委员会和特别法庭，国民政府任李章达为审判委员，12 月 23 日，任杨匏安、谭桂萼为特别法庭审判员，执行审讯案犯工作，廖案的清查工作受到国民党右派的阻挠、破坏，杨匏安等克服艰难，追查到底，在国民党第二届中央执行委员会上报告了廖案审判问题："我前天因为有事告假不在场，所以不知道大会议决关于廖案审判要在三天内报告大会的事。昨天知道以后，我马上去找其他二位审判委员，但是李章达和谭桂萼两同志因为出外调查廖案的真相，所

---

① 摘自 1926 年 3 月 8 日国民政府秘书处文件《广州各界人民纪念孙总理逝世一周年筹备委员会通告》，原件存中国第二历史档案馆。

② 李坚. 杨匏安史料与研究［M］. 北京：中共党史出版社，1999：351.

以找不到，……本来廖案审判委员会，国民政府先委李章达同志做审判委员，到去年十二月中旬，政治委员会又通知广东省执行委员会推举二人为审判委员，就是谭桂萼同志及本席二人。本席接到委任以后，即开始与李、谭两同志组织该委员会。但因为廖案非常重大，不敢草率，故至今仍未有判决，所以本席有个意见，就是不妨请大会选举几个人出来审判。"① 在杨匏安的提议下，会议主席团推定三人协同杨匏安办理廖案。

审判委员会和特别法庭人员经现场调查、审讯凶手，并对所缴获的手枪进行验证，查明廖案的主谋要犯为胡毅生、朱卓文等人。胡毅生是胡汉民的堂弟，是反动组织"文华堂俱乐部"的头子。早在 1925 年 7 月，国民党右派分子邓泽如、吴铁城、傅秉常、林直勉、林树巍、胡毅生等人就多次在胡汉民家中开会，恶毒地攻击廖仲恺"被人利用，祸害国民党"，"挑拨各方恶感"。他们密谋通过推倒廖仲恺，从而全盘推翻孙中山的革命三大政策。因此廖仲恺被刺杀绝不是偶然，而是国民党右派密谋策划已久的反对国共合作的反革命事件。尽管廖案的清查受到国民党内新老右派的阻挠、破坏，但最终仍然真相大白。国民政府把有极大嫌疑的右派头子胡汉民遣送出国，并且解除了粤军总司令许崇智的兵权，下令通缉胡毅生、朱卓文等人，一定程度上打击了国民党右派。

国民党右派和假左派真右派的进攻远没停止，正当革命形势迅速深入发展的时候，蒋介石于 1926 年 3 月 20 日搞突然袭击，制造了"中山舰事件"，强迫共产党员退出国民革命军第一军。接着又于 5 月 15 日提出所谓"整理党务案"，得寸进尺地排斥、打击共产党人。毛泽东、周恩来等曾主张对蒋介石采取强硬态度，中共广东区委负责人陈延年等也主张给蒋介石以坚决的回击，杨匏安对蒋介石也是有所警觉的，他早就说过："蒋介石是个滑头仔！"但因共产国际及鲍罗廷和陈独秀等人的妥协退让，蒋介石通过"中山舰事件"和"整理党务案"，权力极速膨胀，控制了国民党、国民政府和国民革命军的大权，国民革命事业受到严重挫折。谭平山、杨匏安等也被迫辞去国民党中央组织部部长、秘书的职务。杨匏安将面临更加严峻的人生和革命历程。

---

① 摘自《中国国民党第一、二次全国代表大会会议史料》，第 275 – 276 页。

第七章

出席中共五大　参加八七会议

1927 年 4 月 27 日至 5 月 9 日，中国共产党第五次全国代表大会在武汉举行。大会批评了陈独秀的右倾错误，但没有提出切合实际挽救危局的解决方案。这次大会首次将中央领导机构由"中央局""中央执行委员会"正式更名为"中央委员会"。同时，大会还选举产生了中国共产党的第一个监察机构——中共中央监察委员会。王荷波当选为中央监察委员会主席，杨匏安为副主席。1927 年 6 月 1日，中央政治局会议通过《中国共产党第三次修正章程决案》，首次设立"监察委员会"章节，规定了中央和省的监察委员会的设置、产生及其与中央的关系，以党的根本大法的形式确立了党内监察机构的地位和作用，标志着中国共产党党内监督制度的初步形成。杨匏安作为中共纪检监察事业的先驱被永载史册。

1927 年 4 月 12 日，蒋介石在上海发动反革命政变，指使军队和流氓收缴工人纠察队的武器，大肆捕杀工人和共产党员，国共第一次合作走向破裂。1927年 7 月 15 日，汪精卫在武汉发动"七·一五"反革命政变，标志着第一次国共合作的失败。

国内政治局势急剧逆转，中国革命面临严重危机，中国共产党处于生死存亡的危急关头。为彻底纠正中共中央领导层在过去工作中的严重错误，决定新的工作方针，舵正革命航向，中共中央在极其险恶的环境下，于 1927 年 8 月 7 日在汉口召开了紧急会议，即八七会议。杨匏安以中央监察委员会副主席身份出席会议，协力挽救危局。

一、五大监委诞生　首担监委重任

（一）中共五大前后的工作

1926 年 7 月 1 日，国民政府发表了《北伐宣言》，9 日，国民革命军誓师北伐。杨匏安与同志们一起积极投入支援前线的工作中。他们发动工人、农民踊跃支援北伐军，组织运输队、卫生队，随师出征。北伐军因得到工农群众的帮助，出师迅速，8 月收复湖南，9 月直抵武汉，中国革命得到空前的发展。

随着北伐战争的胜利进展，国民政府于 12 月中旬开始北迁武汉。广东政局也跟着发生了重大变化。留守广州的李济深等，暗中与蒋介石勾结，利用战时体制，扩张军事权力，压制党内民主。1927 年初，他们采用圈定办法，改组国民党广东省党部，虽然何香凝与杨匏安在选举中得票最多，仍被圈定为九个常委之一，但实际上新右派已在省党部占了压倒性的优势，组织部部长也改由李济深兼任。

面对国民党新右派的步步紧逼，杨匏安已经意识到他们对革命事业的极大危害性，提醒同志们准备应变。3 月下旬，杨匏安代表中共广东区委主持召开党内积极分子会议，认为："目前局势很严重，蒋介石已从南昌到南京，有苗头准备在南京成立新政府，与武汉国民政府相对抗，大家要有准备，广东准备干它一场。"① 当时，中共广东区委的主要领导人已离开广州去武汉，未能及时做出应对性的部署措施。

1927 年春，聚集武汉的共产党人和国民党左派上层人士，正在进行反对蒋介石独裁、以武力挟制国民党中央和国民政府迁都南昌的斗争。由于中国共产党和国民党左派的压力，蒋介石迁都南昌的阴谋未能得逞。3 月 20 日，武汉国民政府正式成立。

1927 年 3 月底，杨匏安与从苏联回国的谭平山以及共产国际代表罗易一起离

---

① 李佩群．关于广东区委及各地党委一些情况的回忆［M］//中共广东省委党史资料征集委员会，中共广东省委党史研究委员会办公室．广东党史资料（第 2 辑）．广州：广东人民出版社，1984：41 - 42.

开广州，于4月3日到达武汉。

在武汉地区反对独裁的声浪中，3月10日至17日，国民党在汉口举行以提高党权为中心议题的二届三中全会。在共产党人吴玉章、毛泽东、董必武、林伯渠、恽代英和国民党左派宋庆龄、何香凝、邓演达等共同努力下，全会决定通过巩固党权、推翻军事独裁，镇压一切反革命，实现国家政权之民主化，坚决赞助工农群众运动，设立农政部、劳工部，坚持孙中山三大政策和旨在加强党的集体领导等一系列决议。全会决定将原由蒋介石担任主席的国民党中央常务委员会和军事委员会改为主席团制，实行集体领导，不设主席。实际上取消了蒋介石所担任的这两个委员会主席的职务，但仍保留了蒋介石的国民党中央常委、军事委员会委员和国民革命军总司令的职务。全会选举还在国外的汪精卫担任国民党中央和国民政府的主要领导人；决定邀请共产党人参加国民政府的领导工作，共产党人苏兆征、谭平山随后出任国民政府的劳工部部长和农政部部长。对于国民党二届三中全会的决议，蒋介石表面上通电表示拥护，实际上使用更加凶残阴险的手段加紧对抗。3月1日，他指使当地驻军残酷杀害赣州总工会委员长、共产党员陈赞贤。3月16日，他在九江、安庆指使青帮流氓暴徒捣毁当地拥护孙中山三大政策的国民党党部和工会、农会组织，杀害革命群众，制造白色恐怖。蒋介石仇恨工农、反对共产党的本质已完全暴露。4月12日至15日，蒋介石指挥大批青帮武装分子及军队对上海工人纠察队发动突然袭击并强行缴械，此后又疯狂地搜捕和屠杀革命群众，制造"四·一二"反革命政变。

"四·一二"反革命政变以后，以蒋介石为首的国民党右派，在帝国主义势力的支持下，纠集国民党老右派、官僚、政客、买办、豪绅，并于1927年4月18日在南京宣布另立国民政府，同保持国共合作的武汉国民政府相对抗。

只控制湖南、湖北和江西部分地区的武汉国民政府，面临来自东、北、南三个方面的军事威胁和财政困难。从国外回到武汉不久的汪精卫打着反蒋的旗号，迅速取得了武汉国民党中央和国民政府的领导权，他口头上声称继续执行"联俄、联共、扶助农工"的三大政策，实际上却开始压迫工农行动，出台了一系列限制工农运动的条例和法令。

4月22日，国民党中央委员、国民政府委员杨匏安、毛泽东、吴玉章、林伯渠、宋庆龄、何香凝、孙科、宋子文、邓演达等 40 人在汉口《民国日报》上联名发讨蒋通电。电文指出，蒋介石已由反抗中央到自立中央，已然背叛革命，号召全国人民"依照中央命令，去此总理之叛徒，党之败类，民众之蟊贼"①。

5 月中旬，杨匏安与武汉公安局局长江董琴按照国民党中央执行委员会的决议，在汉口铭新街洪春里 6 号成立闽粤桂三省党部驻汉办事处②，负责接待这三个省因遭反动派迫害而流亡到武汉的革命同志。杨匏安以办事处名义向社会各界大力揭露南方各省反动派摧残工农运动、屠杀革命群众的滔天罪行，号召人民大众为实现孙中山的遗愿而铲除以蒋介石为代表的反动势力。

6 月，杨匏安参加了领导中国济难会全国总会的工作，组织临时干事会及审查会，与恽代英、潘汉年、郭沫若、何叔衡等 30 人为全国总会干事会委员；苏兆征、林伯渠、吴玉章、何香凝、宋庆龄、邓演达、谭平山、邓中夏等 20 人为审查委员③，为济难救恤被迫害同志，调查各地被难同志情况，组织救济安置，做了大量工作。

（二）出席中共五大　当选首届监委副主席

在革命形势日趋复杂严峻的形势下，1927 年 4 月 27 日至 5 月 9 日，杨匏安出席了在武昌召开的中国共产党第五次全国代表大会。出席大会的代表 82 人，代表党员 57 967 人。有表决权的全体代表选举产生了由 31 名中央委员和 14 名候补中央委员组成的中国共产党第五届中央委员会。大会批评了陈独秀的右倾错误，这次大会是在"四·一二"反革命政变发生仅半个月这样一个非常时刻召开的，全党上下最焦虑、最关切的问题是如何正确认识严峻复杂的局势，如何从危难中挽救革命等，但没有提出切实有效的具体措施。为加强集体领导，会上成立了中央政治局和政治局常务委员会，这次大会首次将中央领导机构由"中央局""中央执行委员会"正式更名为"中央委员会"。大会通过的《组织问题议决案》，明确规定民主集中制为党的指导原则。

---

① 摘自汉口《民国日报》，1927 年 4 月 22 日。
② 李坚. 杨匏安史料与研究［M］. 北京：中共党史出版社，1999：321.
③ 李坚. 杨匏安史料与研究［M］. 北京：中共党史出版社，1999：329.

中共五大会址：武昌高等师范第一附属小学

　　中国共产党在初创时期，十分重视党员的发展问题。随着轰轰烈烈的大革命和工人运动的发展，党员数量由一大的 50 余人猛增至五大时的 57 967 人，党员成分也日益复杂，加强党内监督，纯洁党的组织，已成为亟须解决的问题。会议期间，广东区委成立监察委员会的情况，得到了与会代表的肯定。大会选举产生了中国共产党内第一个维护和执行纪律的监察机构——中共中央监察委员会，这是中国共产党历史上首次在中央正式设立的纪检监察机构，是中央纪律检查委员会的前身。

　　经过公开选举，王荷波等 10 名代表被选为中央监察委员会的委员和候补委员。委员有 7 名，他们是：王荷波、张佐臣、许白昊、杨匏安、刘峻山、周振声、蔡以忱；候补委员 3 名，他们是：杨培森、萧石月、阮啸仙。王荷波当选为中央监察委员会主席，杨匏安为副主席。"中国汉口，5 月 10 日塔斯社电：经过两周的工作，中国共产党第五届代表大会于今天胜利闭幕，会上讨论的关于所有问题的决议均获得通过，由 31 名委员（其中一名女性）和 14 名候补委员（其中一名女性）组成的新的中央委员会选举产生，同时选举产生了由 7 名委员和 3 名候补委员组成的中央监察委员会。"①

6月1日，中央政治局会议通过了《中国共产党第三次修正章程决案》，首次有了"监察委员会"章节，将纪律检查机关职能写入党章，规定了中央和省的监察委员会的设置、产生及其与中央的关系，以党的根本大法的形式确立了"监察委员会"的设置和作用，标志着中国共产党党内监督制度的初步形成。

关于监察委员会的组成及担任监察委员的资格限定，《中国共产党第三次修正章程决案》第八章"监察委员会"有详细要求。第八章一共四条，从第六十一条到六十四条。其中第六十二条规定"中央及省监察委员不得以中央委员及省委员兼任"，第六十三条规定"中央及省监察委员，得参加中央及省委员会议，但只有发言权无表决权。遇必要时，得参加相当的党部之各种会议"。② 这就解释了杨匏安出席了中共五大会议，但不是中央委员的原因。

为了有效地行使监督权力，第六十四条规定："中央及省委员会，不得取消中央及省监察委员会之决议，但中央及省监察委员会之决议，必须得中央及省委员会之同意，方能生效与执行。遇中央或省监察委员会与中央或省委员会意见不同时，则移交至中央或省监察委员会与中央或省委员会联席会议，如联席会议再不能解决时，则移交省及全国代表大会或移交于高级监察委员会解决之。"③ 杨匏安虽然不是中央委员，但他是中央监察委员会的副主席，他的位置至少不低于中央委员，他可以参加中央及省委员会议。所以，杨匏安与王荷波都代表中央监察委员会出席了八七会议。

《中国共产党第三次修正章程决案》没有对中央监察委员会的职责作明确表述，只是专门列了"监察委员会"一章，规定了中央和省的监察委员会的设置、产生及其与中央的关系，以党的根本大法的形式确立了监察委员会的地位和作

---

① 共产国际有关中共五大的文献［M］//中共武汉市委党史研究室，中共五大会址纪念馆. 中国共产党第五次全国代表大会. 北京：中共党史出版社，2007：243.

② 中国共产党第三次修正章程决案［M］//中共武汉市委党史研究室，中共五大会址纪念馆. 中国共产党第五次全国代表大会. 北京：中共党史出版社，2007：125.

③ 中国共产党第三次修正章程决案［M］//中共武汉市委党史研究室，中共五大会址纪念馆. 中国共产党第五次全国代表大会. 北京：中共党史出版社，2007：126.

用，在中国共产党组织建设史上具有重大意义。

中共五大结束后，10 位中央监察委员会委员和候补委员很快前往各地，在白色恐怖日趋严峻的情况下，履行中央监察委员会委员职责的同时，继续进行党的地方各项工作。

我们看看这 10 位中央监察委员会委员和候补委员的简况：

王荷波（1882—1927），福建福州人。中共第四届中央执行委员会候补委员，1927 年 2 月当选全国铁路总工会第四届执委会常务委员，在中共五大上当选中央监察委员会主席，后任职工运动委员会委员。1927 年 10 月 18 日在北京被捕，11 月 11 日在北京就义。

杨匏安（1896—1931），广东香山人。中共广东区委监察委员会委员，1926 年 1 月任国民党中央执行委员会常务委员，在中共五大上当选为中央监察委员会副主席，1930 年任中央农民部副部长。1931 年 7 月 25 日在上海被捕，8 月在上海龙华就义。

许白昊（1899—1928），湖北应城人。1926 年 10 月任湖北省总工会委员兼秘书长，在中共五大上当选为中央监察委员会委员，后任中央职工运动委员会委员，1927 年 8 月任上海总工会组织部主任，1928 年 2 月任中共江苏省委委员。同年 2 月 16 日被捕，5 月 2 日在上海龙华就义。

张佐臣（1906—1927），浙江平湖人。1926 年 9 月任中共无锡独立支部书记，不久任中共无锡地方执行委员会书记，中共五大前任中共上海区委委员，在中共五大上当选为中央监察委员会委员，后任中共江苏省委委员。1927 年 7 月初在上海龙华就义。

刘峻山（1899—1985），江西吉安人。1927 年 1 月至 5 月任中共江西区委委员兼组织部部长，在中共五大上当选为中央监察委员会委员。大革命失败后，参加南昌起义。中华人民共和国成立后，任江西省政协委员、副秘书长。1985 年 4 月 18 日在南昌逝世。

周振声（生卒年月不详），河南郑州人。1926 年 5 月当选全国总工会第二届执行委员会候补委员，在中共五大上当选为中央监察委员会委员。大革命失败后，在郑州、开封等地开展地下工作，曾任中共河南省委委员。1928 年初脱党，之后下落不明。

蔡以忱（1896—1928），湖北黄陂人。1927年5月任中共湖北区委委员兼宣传部主任，在中共五大上当选为中央监察委员会委员，后任中共中央农民运动委员会委员、中共湖北省委委员兼农民部部长，1927年9月任中共安源市委书记。1928年7月在常德被捕并英勇就义。

杨培森（1883—1927），江苏川沙人。1927年4月12日任上海总工会委员长，在中共五大上当选为中央监察委员会候补委员，后任中共江苏省委委员。1927年在上海龙华英勇就义。

萧石月（1900—1927），湖南常宁人。1926年起，历任中共湖南区委委员、中共锡矿山特别支部书记，在中共五大上当选为中央监察委员会候补委员，后任中共湖南省委委员。1927年5月28日在率领锡矿山工人纠察队开赴长沙途中，遭敌军袭击牺牲。

阮啸仙（1897—1935），广东河源人。1926年11月任中共中央农民运动委员会委员，在中共五大上当选为中央监察委员会候补委员。中共六大中央委员，任赣南省委书记、赣南军区政治委员。1935年3月6日指挥部队突围时，在战斗中牺牲。

中共中央监察委员会成立于大革命生死存亡的紧急关头，这10位成员临危受命，忠诚履职，坚决维护党章和党的纪律。他们中有八人在1927—1935年之间或英勇就义或壮烈牺牲，只有一人见到了中华人民共和国成立。他们用生命和鲜血诠释了共产党人的坚定信仰、高尚品格和视死如归的革命精神，树立了党的纪检监察干部的光辉形象。

二、八七紧急会议　协力挽救危局

在革命紧急关头，汪精卫在武汉发动"七·一五"反革命政变。在"宁可枉杀一千，不可使一人漏网"的白色恐怖下，成千上万的共产党人和革命群众惨遭屠杀。为了反抗蒋介石、汪精卫对共产党人的屠杀，挽救革命，周恩来、朱德、贺龙、叶挺、刘伯承等共产党人领导了"八一"南昌起义，打响了武装反抗国民党反动派的第一枪。

在南昌起义前，"1927 年 7 月中旬，中共中央临时政治局常务委员会派遣李立三、邓中夏、谭平山、恽代英等赴江西九江，准备组织中国共产党掌握和影响的国民革命军中的一部分力量，联合第二方面军总指挥张发奎重回广东，以建立新的革命根据地，实行土地革命。7 月 20 日，因发现张发奎已经站在汪精卫一边，李立三等立即抛弃依赖张发奎的计划，提议独立发动反对南京和武汉的国民党政府的军事行动，即南昌起义"①。现在从记录分析，杨匏安参加了争取张发奎的工作，"……我到了汉口，也正是中共五次大会开始的一天，匏安告诉我可能在大会后派他往南昌，随军行动……"② 策动张发奎倒戈相向，反对蒋介石和汪精卫，但没有成功。

起义当日，杨匏安与宋庆龄等 22 人在南昌《民国日报》上发表声讨蒋、汪反革命罪行的《中国国民党中央委员会宣言》。他同吴玉章、林伯渠、董必武、毛泽东等共产党人和宋庆龄、何香凝、邓演达等国民党左派人士一直并肩作战，坚决反对蒋介石、汪精卫一伙的倒行逆施。

为了审查和纠正党在大革命后期的严重错误，决定新的路线和政策，中共中央于 1927 年 8 月 7 日在湖北汉口召开紧急会议，即八七会议。出席会议的有部分中央委员、候补中央委员、中央监察委员会委员，还有中央军委、共青团中央、中央秘书处、湖南、湖北的代表和负责人，共产国际驻中国代表罗米那兹也参加了会议。杨匏安以中央监察委员会委员身份出席了这次会议。会议由瞿秋白、李维汉主持。在极其险恶的环境下，会议只开了一天。

会上，共产国际代表罗米那兹作党的过去错误及新的路线的报告和结论，瞿秋白代表中共临时中央委员会作将来工作方针的报告。他在报告中分析了当前的政治形势，指出中央领导机关的右倾错误给革命事业带来的严重危害，提出了党的工作方针和任务。许多同志发言批评中央在处理国民党问题、农民土地问题、武装斗争问题等方面的右倾错误，就国共两党关系、土地革命、武装斗争等问题进行了讨论。

---

① 中共中央党史研究室. 中国共产党历史（第一卷）［M］. 北京：中共党史出版社，2011：234.
② 李坚. 杨匏安史料与研究［M］. 北京：中共党史出版社，1999：351.

毛泽东、邓中夏、蔡和森、任弼时、罗亦农等人在会上发言并提出了不少中肯的批评和建议。毛泽东批评党中央在国共合作中没有积极去实现无产阶级的领导以及过去不做军事运动，专做民众运动的偏向，深刻地提出："以后要非常注重军事，须知政权是由枪杆子中得出的"，这个论断是从大革命失败的血的教训中取得的。瞿秋白在报告中也明确提出"要以我们的军队来发展土地革命"。关于农民土地问题，毛泽东提出应当规定大中地主的标准，并建议以50亩为限。这为日后开展土地革命，制定正确的土地革命路线，奠定了认识上的基础。

在第一次国共合作期间，杨匏安与毛泽东在国民党中央共事多时。在出席国民党中央执行委员会常务委员会议时，杨匏安曾与毛泽东等4名同志共同提出了关于非经允许各地不得设立孙文主义学会案、训育全体党员的提案①，与国民党右派针锋相对。

杨匏安从内心深处赞同毛泽东的发言。他早在1922年就提出"由无产阶级跑到支配阶级的地位"，实际上已经开始产生了无产阶级应该领导革命的思想。他还认为无产阶级要"联合起来，用武力夺取政权""我们注重军队运动"。虽然没有毛泽东在八七会议上的发言说得那样明确，但两者的精神实质基本上是一致的。

杨匏安在《〈青年周刊〉宣言》《马克斯主义浅说》《无产阶级与民治主义》等文章中，对中国共产党的理论建设和中国革命的重大问题进行了可贵的探索，主要有如下几个方面：农民与土地、革命领导权问题、军队对革命的重要性。

1922年2月，在工人运动日趋高涨的情况下，杨匏安就关注到农民的问题。他说："我们尤其注重的，是农民运动。中国是一个农业国，生产的大部分，都出自农民。""我们快要指导他们向着能变的道路走去。"这就是要使他们"联合团体，和压在头上的地主反抗；并且使他们知道土地公有公耕之利益，联合一切无产阶级，举行猛烈的、普遍的群众运动，由无产阶级跑到支配

---

① 《中央执行委员会常务委员会第二十二次会议纪录》，摘自《中国国民党第一、二次全国代表大会会议史料》，第533－534页，原件藏中国第二历史档案馆。

阶级的地位"①。中国是一个农业国，要重视农民问题，农民问题的核心是土地问题，要让农民看到土地公有的奋斗目标。这后来也被中国的国情和革命实践所证明。

认识到军队对革命的重要性。他认为："社会革命用这军队的力量，也正不少"，所以"我们注重军队运动"。他号召军队"赶快和我们携手，从事阶级的斗争"②。他已朦胧感到枪杆子的重要作用，虽然受时代环境的局限，还不能明确认识到建立一支无产阶级军队的重要性，对军队服从强权政治的惯性尚认识不足，但不能不说这样的认识具有相当的开拓性和前瞻性。

提出无产阶级用武力夺取政权的观点。"劳动者实行阶级竞争，尤不可不夺取政权。倘若不占了政治上的权力，徒然使经济的战斗延长，那就不能构成理想的经济组织。这个生产手段的所有权，也断不能从私有移到社会公有。"③ 他指出：无产者"联合起来，用武力夺取政权，改一切生产工具为共有……这就是解决社会经济矛盾的唯一方法，也是现世社会经济制度必然的结果"④。

虽然目前还没找到杨匏安在八七会议上的发言记录，但从杨匏安以往对农民问题、武装斗争、革命领导权的认识，以及他在大革命中的实际工作体会等分析，他对会议上毛泽东等代表关于武装问题的发言，对于纠正以往的错误，对于进行土地革命的主张，当属热烈赞成的。

① 中共珠海市委党史研究室. 杨匏安文集［M］. 北京：中央文献出版社，1996：188.
② 中共珠海市委党史研究室. 杨匏安文集［M］. 北京：中央文献出版社，1996：188.
③ 中共珠海市委党史研究室. 杨匏安文集［M］. 北京：中央文献出版社，1996：195.
④ 中共珠海市委党史研究室. 杨匏安文集［M］. 北京：中央文献出版社，1996：197.

八七会议会址：汉口三教街 41 号（现武汉鄱阳街 139 号）

八七会议会址外景

八七会议批判和纠正了陈独秀右倾机会主义错误，总结大革命失败的教训，确定土地革命和武装起义的方针，通过了《中国共产党中央执行委员会告全党党员书》《党的组织问题议决案》《最近职工运动议决案》《最近农民斗争的议决案》等重要文件，号召广大党员和革命群众继续战斗。在中国革命的危急关头，会议使正处在思想混乱和组织涣散中的中国共产党看到了新的出路，重新鼓起斗争勇气，踏上新的征程，为挽救党和革命做出了巨大贡献。中国革命从此开启了由大革命失败到土地革命战争兴起的历史性转变。八七会议后，会议的议决案和精神迅速通过多种秘密渠道向全党传达，许多省区按照会议确定了开展土地革命和武装斗争的方针，组织武装起义，开展工人运动、学生运动、妇女运动，极大鼓舞了广大党员的斗志，使党从大革命失败的困境中走出来，进入土地革命战争的新时期。

三、逆境蒙受冤屈　公忠矢志不渝

八七会议后，武汉的形势日益险峻，中共中央领导机关于 1927 年 9 月底至 10 月初陆续由武汉迁回上海。在这一时期，我党的许多工作已转入地下秘密状态。叛变革命的国民党反动派继续追杀共产党人，凡列名南昌革命委员会委员的共产党员如谭平山、林伯渠、吴玉章、恽代英、高尔罕等都被免职并通缉拿办；曾在国民党中央任职的共产党员于树德、杨匏安、毛泽东、许甦魂、夏曦、韩麟符、董用威、邓颖超、江浩等，一律被免职并通缉拿办。[①] 在极其危险的环境下，杨匏安经党组织安排离开武汉，经由上海转往香港，奔走于广州、香港、澳门之间，协助广东党组织接应南昌起义后的南下部队。

同年 11 月，犯"左"倾错误的中共中央领导人实行惩办主义，处分了包括毛泽东、周恩来在内的大批同志。谭平山则因组织第三党问题，被开除党籍。杨匏安被取消了中央监察委员会委员的资格，受到留党察看的处分。杨匏安在极其艰难和危险的环境中，忍辱负重，无私无畏地坚持革命斗争，以实际行动证明了一位优秀共产主义战士忠贞不渝的革命品格。

---

① 李坚.杨匏安史料与研究［M］.北京：中共党史出版社，1999：331.

（一）蒙受处分

八七会议后，湖南、湖北、广东、江西以及陕西、河南、直隶等省的中共党组织发动了多次以城市为目标的武装起义，实行了革命斗争形式的转变，但多遭到挫折而失败。在革命形势已经转入低潮的情况下，需要认真总结经验教训。为了总结南昌起义，特别是八七会议以来各地贯彻执行党中央新的路线方针的经验教训，制定继续斗争的策略，中共中央于 1927 年 11 月 9 日至 10 日在上海召开了临时政治局扩大会议。这时党的"左"倾错误正在逐渐滋长，这种错误与共产国际"左"倾理论的指导有关。会议原则上通过了《中国现状与共产党的任务决议案》《最近组织问题的重要任务议决案》，根据共产国际代表罗米那兹的提议，14 日，中央常委会通过了《政治纪律决议案》。由于中央领导人犯"左"倾错误，处分了毛泽东、周恩来等大批同志，杨匏安也不例外。《政治纪律决议案》直接对一批干部做出处分决定，实行惩办。其中，给以周恩来为书记的南昌起义前委全体成员以"警告"处分；给南方局广东省委全体成员以"警告"处分；给中共湖南省委全体成员以"警告"处分；彭公达被开除中央政治局候补委员职务，并留党察看半年；毛泽东被开除中央临时政治局候补委员职务；谭平山被开除出党；杨匏安则受到"撤销中央监委委员职务，并留党察看"[1] 的处分。

杨匏安被处分后，在极其艰难和危险的环境中，不顾个人安危，无私无畏地坚持革命斗争。杨匏安受党的指派回到香港，奔走于广州、香港、澳门之间，协助中共广东党组织接应南昌起义和广州起义后部分同志撤离的善后工作。虽然当时他因党内"左"倾错误的影响而受到排斥和打击，但他赤胆忠心，忍辱负重，顾全大局，坚定信仰不动摇。宁愿个人受委屈，也没有任何过激的表示，始终坚守对马克思主义和中国共产党的信仰。

---

[1] 中央档案馆，中共中央文献研究室. 中共中央文件选集（第三册）[M]. 北京：中共中央党校出版社，1983：478－484.

（二）以诗明志

1927 年底，杨匏安受党组织指派，赴南洋新加坡、吉隆坡等地。目前我们有幸看到杨匏安在南洋写的两首诗的墨迹——《十一月既望泊舟星架坡港》《寄小梅》。这两首诗是同写在英文渣甸洋行的信笺上的。[①] 渣甸洋行的老板名叫沈香霖，曾在澳门望厦开"保血公司"，出产金鱼牌蚊香。沈香霖还做过吉生轮船的买办。杨匏安同他有来往，受过他的掩护。杨匏安遇难后，他还关照过杨家的生活。杨匏安去南洋，应该是坐他的吉生轮船去的。这两首诗，杨匏安寄到上海他的堂妹杨少琴的丈夫霍志鹏处。

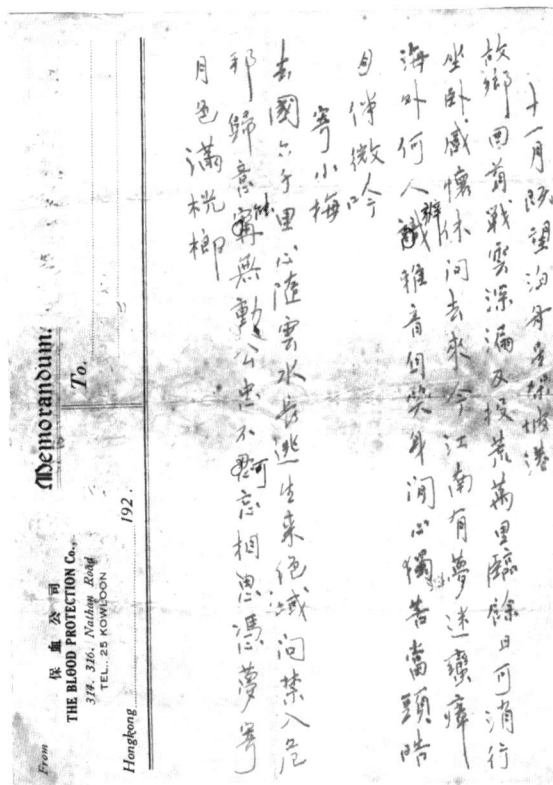

杨匏安诗作

---

① 收藏于珠海博物馆，霍保莲女士捐赠。

其一：

十一月既望泊舟星架坡港

故乡回首战云深，漏刃投荒万里临。

余日可消行坐卧，感怀休问去来今。

江南有梦迷蛮瘴，海外何人辨雅音？

自笑身闲心独苦，当头皓月伴微吟。

这首诗抒发杨匏安本是漏刃投荒而来到万里之遥的地方，更挂念着祖国战火风云，前途命运。杨匏安虽在海外，却挂念着家乡，牵挂着革命事业。诗的基调比较沉重，但更多的是对故乡革命形势和事业前途的牵挂。

首联"故乡回首战云深，漏刃投荒万里临"，漏刃，从刀下漏过，谓诗人本是被国民党通缉的对象，逃脱追杀而幸免。投荒，至荒远之地，然而最挂念的（回首）仍是瞬息万变的革命"战云"。颔联述说自己当前的心境："余日可消行坐卧，感怀休问去来今"，不多的日子都消磨在行坐卧之中了，也请别问那令人伤感的过去、未来和现今！字里行间饱含着无限的难言之隐，似乎非常着急又无可奈何。颈联中有所暗示："江南有梦迷蛮瘴，海外何人辨雅音？"这里分别指出"江南"和"海外"两方面。大革命先是在广东、广西开始的，后又发展到江西、两湖与江浙，主要是江南一带，诗人是说江南曾掀起过一场伟大的革命运动。1927 年，由于蒋介石和汪精卫相继叛变，大革命失败。之后，杨匏安积极揭露、批判蒋、汪的背叛罪行。但是接踵而来的是，他不仅被国民党反动派以"中共要犯"罪名追捕通缉，而且也受到当时犯冒险主义错误的中共中央领导人的打击和排斥。他在极端险恶困难的境况下，丝毫没有动摇，始终保持对党与革命的忠诚。他虽身处逆境、贫病交加，仍服从安排，自湖北，转广东，去澳门，下南洋。这就是诗中说的"江南有梦迷蛮瘴"的具体内涵。至于"海外"方面，句中用了"雅音"一词，估计他说的就是自己的主张、策略、方针以及开展工作的具体步骤等一整套相对完整的设想，得不到众人的理解与支持。如今只身到了南洋，落得个身闲心苦的处境。尾联"自笑身闲心独苦，当头皓月伴微吟"，就是作者心境的描写。

其二：

寄小梅

去国六千里，心随云水长。

逃生来绝域，问禁入危邦。

归意能无动？公忠不可忘。

相思凭梦寄，月色满桄榔。

这首诗也是杨匏安在南洋时所写的，表达了杨匏安在逆境中对祖国的思念和对党的忠贞之情。

此诗的思想情绪与上一首基本相同，写个人感慨更突出些。首联说离家愈远，系念愈深。前路茫茫，生死未卜，寄诗向亲人报平安，说说心里话。这是人之常情。颔联：前句指自己被国民党通缉、追捕，为了逃生故来到"绝域"——极其遥远的地方。后句又说为了"问禁"才来这危险之邦。首先，要清楚"禁"是什么，然后还要依次搞清：向谁问？为什么问？为什么是危邦？把这些问题理清楚，可以进一步明白本诗的真实内涵，而且还能推测本诗寄送的对象和目的。

即使"入危邦"没有困难，但是羁留异国，谁能无动于衷？杨匏安此时被国民党通缉，继而又入"危邦"，随时会失去生命。他何尝不眷恋祖国，思念亲友，牵挂为之奋斗的革命事业，但何时能返回，是未知的。写诗抒怀，遥寄寓意，相期等待归日。

关于这首诗中"寄小梅"的含义，中山大学研究杨匏安的资深教授李坚曾认为是杨匏安寄给他在"上海的堂妹夫"[1]的。《杨匏安文集》中关于这首诗的

---

[1] 李坚.杨匏安史料与研究[M].北京：中共党史出版社，1999：24.

注释直接写"到达新加坡时寄给他的妹夫霍志鹏（霍梅）的"①。烈士的亲属亦认为是霍志鹏。"诗中所说小梅即霍梅，又名霍志鹏，是我们的堂姑父。"② 还有一些学者也认为是寄给霍志鹏的。③ 霍志鹏另有一个名叫霍梅，这样认为也不无道理。问题是杨匏安为什么要把诗寄给霍志鹏呢？小梅是否就是霍志鹏本人？

霍志鹏确是杨匏安堂妹杨少琴之夫君，中华人民共和国成立前在上海南洋烟草公司做工。中共党员，我党地下工作者。白色恐怖时期，经常为党秘密传递文件、消息、信件，冒险掩护我党领导同志。

2003 年底，笔者与中山大学李坚谈起这个疑问时，他对此也有了新认识，认为诗不是写给霍志鹏的，但究竟是写给谁的，还不好确定。目前还没有发现杨匏安与霍志鹏诗歌往来应答的记录，他们之间是否为诗友有待研究，杨匏安专门从南洋寄诗给霍志鹏应该与其地下工作者的身份有关。霍志鹏本人在自传中提道："恽代英、瞿秋白、谭平山经由南洋烟草公司霍志鹏转信……"④ 为我党领导干部送信是霍志鹏的神圣工作。这首诗应该是经霍志鹏转交给"小梅"的。"小梅"究竟是指谁，耐人寻味。

尾联要求速归是自己个人的愿望，至于具体如何办理则还是要听从党组织的安排。他虽身处海外，环境也很险恶，又受到组织的处分，却从未忘记"公忠"，无怨无悔来到这"绝域""危邦"一般的海外，期待早日得到党组织的理解。掷地有声的"公忠不可忘"，袒露了杨匏安对祖国的热爱和对党的忠贞。在南洋的杨匏安，始终心系祖国，挂念着家乡父老，挂念着祖国的革命事业。

（三）反对"第三党"

轰轰烈烈的大革命失败了，在革命事业处于低潮时，杨匏安坚决与当时走中间道路的所谓"第三党"划清界限，以实际行动证明自己是一位忠贞不渝的共产党员。

---

① 中共珠海市委党史研究室．杨匏安文集［M］．北京：中央文献出版社，1996：5.
② 李坚．杨匏安史料与研究［M］．北京：中共党史出版社，1999：398.
③ 罗慰年．杨匏安思想研究［M］//李坚．杨匏安史料与研究．北京：中共党史出版社，1999：164.
④ 霍志鹏．霍志鹏自传［M］//李坚．杨匏安史料与研究．北京：中共党史出版社，1999：352.

1928 年初，为从事反蒋斗争，谭平山与国民党左派邓演达在上海成立中华革命党，虽以反蒋为己任，却不赞成共产党的主张，因而被称为"第三党"。这当然被中国共产党拒绝。"第三党"人鉴于杨匏安在国共合作时期与谭平山并肩作战，且谭平山是杨匏安加入中共的入党介绍人，将杨匏安列为"第三党"发起人。杨匏安更是因此受到当时"左"倾的中共中央的误解而遭到处分。

为消除误解，1928 年 2 月 13 日，杨匏安在中共中央党刊《布尔塞维克》发表《所谓第三党》，文中表明了传闻的无稽，高度体现了他受到错误处分后，仍然对党忠贞不渝的崇高革命气节，并对谭平山组织的"第三党"的错误作了实事求是的分析和批评。

杨匏安在中共中央党刊《布尔塞维克》发表《所谓第三党》

文中所说的"第三党",是第一次国共合作破裂后的历史产物,属于比较复杂的社会和政治问题。杨匏安以他的亲身经历和体会,运用马克思主义的基本原理,对这一问题作了旗帜鲜明而又实事求是的解答。文章开门见山地指出:"据说近来广东有所谓第三党的组织,在共产党与国民党之外另树一帜的第三党……传闻内部有些'共产分子'在那里主持,而且我也被推为发起人之一。这真令我惭愧到无地自容,承他们错爱,把黄袍加在我身上;然而于我却等于无妄天灾。也许他们以为我在国民党内充当苦力有年,中机会主义毒害一定很深,颇有做他们发起人的资格吧!"

杨匏安在文中说明他与"第三党"无关后,接着就深入地分析了"第三党"产生的社会历史背景,指出蒋介石、汪精卫等人相继叛变后的情形:"当时尚有一点革命意志的国民党所谓左派们,如邓演达,看见国民党已陷于沦亡,而共产党的政策又未免'过激';他们在歧路上彷徨着,'第三党''第三党'的幻象,自然会起来。他们在脑子里盘旋着这样主张:共产党与国民党都不好,要另外创造一个不激不随的第三党来。在共产党员方面,也有些富于妥协性的小资产阶级出身的同志,在这个机会主义发皇张大的时候,突然与国民党翻脸,未免有点眷恋不舍;并且怀疑到本党的政策过于左倾;于是第三党的鬼魂也乘机而进。邓演达代表了国民党那一派,而谭平山则可为这些落后的共产党的代表。"

基于以上的客观分析,杨匏安断言:"第三党完全是徘徊在革命与反革命之间的游魂。他们既然不赞成工农暴动,建设苏维埃政权;同时也说要反对豪绅资产阶级的屠杀政策。就是他们不代表豪绅资产阶级,也不代表工农阶级,只想在两大营垒血肉相搏的斗争中间做个调(解)人。"

杨匏安坚信:"中国革命的前途,不是豪绅资产阶级投降了帝国主义,变相的国际共管的形式统治中国;就是工农直接革命,夺取政权,建立苏维埃政府。其间并没有回旋余地。第三党的鼓吹者想另外替中国革命找条出路,其实这条出路只是在知识分子的脑子中存在着,实际上是没有,而且是不能够有的。"

中国革命的胜利,证明杨匏安的判断是正确的。在文章的结束部分,杨匏安指出:"尤其是在这个直接革命时代,只有一个代表革命的无产阶级的共产党和一个代表反革命的豪绅资产阶级的国民党,中间更找不出一个既不代表革命也不代表反革命的东西的。"

文章充分体现了杨匏安在大革命已经失败，他本人被国民党通缉捉拿，又被共产党处分的情况下，仍然对党赤胆忠心，对革命前途充满信心。他对邓演达、谭平山等人组织"第三党"的错误所作的分析批判，既态度严肃，以理服人，又实事求是，与人为善，不像那些犯"左"倾错误的党的领导人那样，把他们当作敌人对待，一棍子置之死地。

杨匏安在《所谓第三党》中，公开表达对谭平山组织的"第三党"的反对。"第三党"发起人以为杨匏安"在国民党内充当苦力有年，中机会主义毒害一定很深"，一定愿意发起"第三党"。但杨匏安在文中明确表明："承他们错爱，把黄袍加在我身上；然而于我却等于无妄天灾。"他客观地揭示了"第三党"之所以产生的社会历史背景："当时尚有一点革命意志的国民党所谓左派们，如邓演达，看见国民党已陷于沦亡，而共产党的政策又未免'过激'；他们在歧路上徬徨着"，"要另外创造一个不激不随的第三党来"，"在共产党员方面，也有些富于妥协性的小资产阶级出身的同志，在这个机会主义发皇张大的时候，突然与国民党翻脸，未免有点眷恋不舍；并且怀疑到本党的政策过于左倾；于是第三党的鬼魂也乘机而进"。他批评了自己当年的上级、老友谭平山是"落后的共产党的代表"。

在大革命失败后白色恐怖笼罩的险恶环境下，在革命事业遭受严重挫折面临极其复杂的局面时，杨匏安不为各种主张道路所动摇，立场明确、态度鲜明地坚守对无产阶级的政党——中国共产党忠贞不渝的信仰和将革命事业进行到底的信念。

第八章

上海峥嵘岁月　名节丹心堪珍

1928 年初，杨匏安从南洋回到国内，抵达上海，在党中央机关，忘我地投入到革命工作中。国民党白色恐怖统治时期，受形势所迫，中国共产党的活动转入地下。在严峻的政治环境中，从 1928 年初到 1931 年 8 月，杨匏安在上海坚持了 3 年多的中国共产党的地下工作，秘密编辑发行党报、党刊，还编译了两本近 30 万字的理论教材。

1929 年，杨匏安在艰难困苦、工作任务繁重的情况下，编译了 20 万字的《西洋史要》，由上海南强书局出版。这是我国第一部用唯物史观叙述西欧历史和国际共产主义运动史的著作。该书逻辑严谨，观点鲜明，笔锋犀利，出版后广受读者欢迎，到 1936 年，先后再版 5 次。

1930 年，杨匏安调任中央农民部副部长。他研究了西方资本主义和苏联社会主义的土地制度，编译成《地租论》一书，由上海南强书局出版。这本近 10 万字的小册子，为培训苏区的党员干部，为当时各革命根据地开展土地改革，提供了重要理论参考。

1931 年 7 月，因叛徒告密，杨匏安等十多人被捕。蒋介石在指派吴稚晖、熊式辉、吴铁城多次对杨匏安劝降未果的情况下，又亲自打电话进行劝降，遭杨匏安坚决拒绝。国民党元老吴稚晖要他写自白书，杨匏安回答："我开始参加革命就把生死置之度外，死可以，变节是不能的!" 8 月，蒋介石下密令，在上海龙华监狱就地枪杀，杨匏安从容就义，时年 35 岁。

在狱中时，杨匏安为勉励难友保持革命气节，写下了《死前一夕作·示难友》一诗，充分展示了他对党对革命事业的无限忠诚。周恩来后来多次用此诗教育党员向杨匏安同志学习。

"桃花红雨英雄血，碧海丹霞志士心。"杨匏安在追求进步思想、投身革命直至为党和人民献出宝贵生命的岁月中，其"公忠不可忘"的丹心气节，贫贱不移、威武不屈的高尚品格，面对死亡"杀头何足惜，名节最堪珍"的革命气概，坚守信仰"慷慨登车去，相期一节全"从容就义，谱写了中国共产党党员浩气长存的英雄壮歌！

一、不畏艰险　从事中共地下工作

1928 年初，杨匏安从南洋回到上海。在白色恐怖十分严峻的环境中，在党中央机关宣传部参加秘密编辑、出版、发行大量党报、党刊的工作。

20 世纪二三十年代的上海外滩

回忆起那个时期，曾经在中共中央宣传部主编《布尔塞维克》杂志的郑超麟说："我离开《布尔塞维克》杂志时，杨匏安已到中央工作，到宣传部。"① 中共早期党员、马克思主义著作翻译家柯柏年（李春蕃）回忆："匏安同志，1928—1930 年主编《红旗》。"②

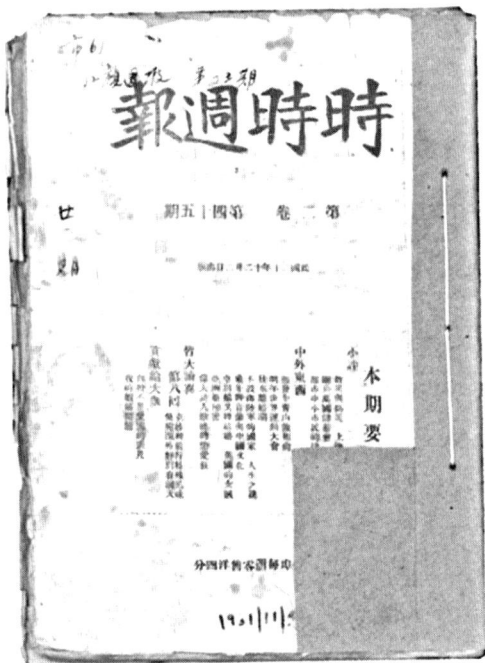

《红旗》第一期   《红旗》周刊第二十三期，伪装成《时时周报》

不久，杨匏安一家也由党组织安排迁来上海，先住在西华德路（今长阳路）慧源里。同时住在这里的还有柯柏年、李春霖（柯柏年的大弟）、李伍（李春秋，柯柏年的堂弟）、高语罕等。其后分散住在党的印刷所或交通机关，以掩护党组织的地下工作。

20 世纪二三十年代之交，在白色恐怖极为严重的上海，中国共产党的活动

① 杨明，李坚. 上海市政协委员郑超麟访谈录［M］//李坚. 杨匏安史料与研究. 北京：中共党史出版社，1999：359.
② 杨明，李坚. 柯柏年（李春蕃）访谈录［M］//李坚. 杨匏安史料与研究. 北京：中共党史出版社，1999：358.

转入秘密状态，党刊的发行工作是在秘密、艰苦、险恶和动荡不安的环境中进行的，遭查封收缴遗失的党刊甚多。为了迷惑国民党的报刊检查，这一时期中国共产党在白区的报刊发行上大多采用不断变换刊物名称，或以伪装封面的形式出版。《红旗》第 6 期伪装成《快乐之神》，第 23 期伪装成《时时周报》，第 26 期伪装成《实业周报》，第 27 期伪装成《平民》，第 30 期伪装成《光明之路》。在严峻的政治环境中，中共组建了广泛的地下或公开发行网络，但党刊的发行工作仍时常遭受破坏，也付出过惨痛代价。秘密印刷所和多处发行地址被破坏。1931 年 10 月，中共中央原设于庄源大弄（今虹口区旅顺路）的秘密印刷所遭到破坏，决定另设秘密印刷所（今虹口区东大名路 1180 号处），出 16 开本《红旗》三日刊。此外，工作人员和报贩也时常被捕，仅《红旗日报》就有 70 多名报贩和工作人员被捕。[①]

1929 年，上海党中央的印刷机关遭到敌人破坏，杨匏安不幸被捕，在提篮桥监狱关了 8 个月。这是杨匏安第三次入狱。周恩来等中央领导人立即大力营救。周恩来还冒着危险，去杨匏安家看望其母亲、妻子和孩子们。杨匏安的母亲非常感谢，说："这么危险，您就别来看我们了！"坚决不让周恩来再来。通过律师努力，尚未暴露身份的杨匏安，终于被释放出来，继续留在中央机关工作。杨匏安的儿子们在 1983 年回忆他们的父亲出狱后的情景："当天晚上，全家聚在一起，记不得谁说了一句：'我们做的这些事，又穷又危险，小孩子们不能读书，上街也提心吊胆的。'杨匏安说：'再穷再危险，我们也要革命到底，不能半心半意。'这时母亲说：'既然这样，我们全家都支持你。'"[②] 正是在极其危险、白色恐怖极为严重的上海，杨匏安从 1928 年抵达到 1931 年牺牲，前后坚持了 3 年多。

在上海期间，杨匏安家不仅处境危险，生活也十分艰苦。那时，杨匏安的长子杨文达 11 岁，次子杨明 8 岁，长女杨绛辉 5 岁，三子杨志 2 岁，杨文达和杨

---

① 朱纪华，上海市档案馆. 不忘初心：上海市档案馆藏红色文献选粹［M］. 上海：上海书店出版社，2017：47.

② 杨玄，杨明，杨志，等. 先父杨匏安遗事［M］//李坚. 杨匏安史料与研究. 北京：中共党史出版社，1999：398 - 399.

明正是上学读书的年龄，但因环境险恶，怕被人认出，暴露杨匏安的行踪，只能在家自学。

在白色恐怖下，党的经费筹措十分困难，杨匏安一家人口多，七个孩子有两个因缺医早夭。为了弥补家用，杨匏安在夜晚除了写作外，还要帮助家人做米糍，让他母亲和小孩第二天早晨上街叫卖。杨匏安经常变换住处，几乎每个月都要搬家，但全家都不辞艰苦，不顾危险为革命工作。杨匏安的几个孩子虽然大多到了上学年龄，但由于环境险恶，只能辍学，经常以各种身份掩护党的活动，或传消息、散发传单书报，或到印刷厂帮助工作。小孩子出门时，杨匏安或他的妻子都要在每人的口袋里装上两毛钱，规定平时不能用，一旦机关暴露，或同组织失去联系，才可作救急用，或者实在饿了，方可动用去买东西吃。杨匏安的母亲年纪大，不太引人注意，就利用这个条件，掩护地下机关，保护过很多同志。杨匏安还有一个庶母，也一起在上海，她有时挑担进工厂，有时挑担上街，常常将文件或者传单塞进箩筐中传递。①

杨匏安在上海从事地下工作期间，曾参加太阳社及中国左翼作家联盟的活动，并为团结进步作家，倡导革命文学和宣传马克思主义文艺思潮发挥过疏导作用。

大革命失败后，进步文化人纷纷从广东、武汉等来到上海。1928年初，由蒋光慈、钱杏邨、洪灵菲等进步作家发起的革命文学团体太阳社在上海成立，这是在中国现代文学史上有重要地位的革命文学团体。在此前后，他们还成立了春野书店，出版了《太阳月刊》。《太阳月刊》被国民党查禁后，先后易名为《时代文艺》《新流月报》《拓荒者》《海风周报》，倡导无产阶级革命文学。太阳社成员多是共产党员。太阳社成立时，杨匏安与当时的中共中央领导人瞿秋白等人出席了成立大会。杨匏安与罗绮园曾用笔名在太阳社出版的刊物上发表过小说，倡导革命文学和宣传马克思主义文艺思潮。以杨匏安渊博的学识和在国学方面的深厚造诣，他当会勤奋创作，发表相当一些作品，只是我们现在不甚了解杨匏安

---

① 杨玄，杨明，杨志，等．先父杨匏安遗事［M］//李坚．杨匏安史料与研究．北京：中共党史出版社，1999：399.

在太阳社的活动经历，也不甚了解他在太阳社期间以何笔名发表作品。这中间的史料需要挖掘收集。

钱杏邨在 1938 年回忆："1928 年太阳社成立于上海。当时中央干部参加的有瞿秋白、杨匏庵、罗绮园、高语罕、郑超麟。瞿工作忙，没写文章，只匏庵、绮园用笔名发表了几篇小说。"① 任钧在 1979 年回忆这段历史时写过《关于太阳社》一文："太阳社 1928 年初成立于上海，发起人为蒋光慈、钱杏邨（阿英）等。成立时，当时中央负责人瞿秋白、杨匏安、罗绮园等都曾出席参加。"② 1983 年 9 月 14 日，上海市政协委员郑超麟在接受杨匏安儿子杨明和中山大学历史系李坚教授的访谈时，曾回忆杨匏安参加了太阳社。

从 1928 年初开始，太阳社和创造社两个革命文学团体在其创办的《太阳月刊》《创造月刊》等杂志上倡导无产阶级革命文学，成为中国左翼文学运动的起点，对于无产阶级革命文学运动的发生、发展起到了巨大的促进作用。这两大文学团体成员大多是共产党员或进步作家、文学家，他们却与鲁迅不睦，双方激烈的论战持续不休。由于受到当时共产党内"左"倾路线的影响，对中国社会和革命的性质缺乏正确的估计与分析，许多作家在理论主张上存在着一些严重的偏颇之处。他们片面强调文学的宣传作用而抹杀其审美特征，视文学为"武器""留声机器"，极力为"标语口号"式的文学辩护。他们全盘否定五四新文学的传统，把批判的矛头直接指向鲁迅、茅盾、叶圣陶、郁达夫等新文学先驱者。

面对太阳社、创造社的围攻，当时中央认为鲁迅是五四以来很进步的老前辈，在青年中影响很大，要求太阳社、创造社停止围攻，争取团结鲁迅。这中间杨匏安是做过工作的，据学者王晓建的研究以及杨匏安亲属回忆，杨匏安针对当时太阳社、创造社对鲁迅的论战提出了自己的看法，曾向周恩来建议：要想在文化方面结成统一战线，必须停止对鲁迅先生的围攻。周恩来过问了这个问题。杨匏安将中央的主张传达给了太阳社的领导人，不久，太阳社停止了对鲁迅的围攻。③

① 李坚. 杨匏安史料与研究 [M]. 北京：中共党史出版社，1999：332.
② 李坚. 杨匏安史料与研究 [M]. 北京：中共党史出版社，1999：332.
③ 王晓建. 周恩来与杨匏安 [M] //杨穆. 杨匏安研究文选. 珠海：珠海出版社，2008：96.

1930 年 3 月 2 日，中国左翼作家联盟在上海宣告成立。太阳社全体成员加入中国左翼作家联盟。鲁迅等人被选为常务委员，并在会上作了《对于左翼作家联盟的意见》的重要讲话。杨匏安在左翼作家联盟的文化刊物上曾发表过文学作品。左翼作家联盟是中共领导下的进步文化团体。它在继承五四新文学传统，介绍与传播马克思主义文艺理论，提倡无产阶级革命文学，培养进步文艺队伍，创作反映时代精神的文艺作品，粉碎国民党反革命文化"围剿"等方面都取得了辉煌的成就，在我国现代文学史、革命史上谱写了光辉的篇章。

二、编译著书 学鉴海外资以治道

1930 年底至 1931 年初，上海党中央在上海办了一个政治训练班，以"中央互助救济会"的名义召集，公开的名称是"中央互济会政治训练班"。"训练班是在彭湃同志牺牲以后不久，对叛徒白鑫进行报复后的严重白色恐怖环境下开办的，教师还有杨匏安同志等"①，学员来自全国各省的党员中层领导干部，甚至中央苏区也有人来。第一期有 30 多人，培训班对学员进行政治理论的教育，阮啸仙和杨匏安等四人任教师，阮啸仙负责政治和农运课程。根据杨匏安理论素养及这个时期的工作、著书情况分析，他教授的应该是马克思主义理论、西欧国际共产主义运动史和土地改革理论等课程。

（一）西欧史领域中的典范教材——《西洋史要》

在极端艰难困苦的环境下，中国共产党继续有组织有计划地翻译和出版马列著作。1928 年 7 月，中共六届一中全会通过的宣传工作决议案提出的一个重要任务，就是发行马克思主义和列宁主义的重要著作。党的主要领袖也笔耕不辍，根据中国革命的斗争实际，撰写了很多具有实际指导意义的著作。

---

① 梁国志谈中央互济会政治训练班［M］//李坚．杨匏安史料与研究．北京：中共党史出版社，1999：364.

杨匏安编译的《西洋史要》，1929 年 7 月由上海南强书局出版，署名王纯一

杨匏安写作时用过的烟斗

　　在这个宣传背景下，杨匏安编译了《西洋史要》，1929 年 7 月由上海南强书局出版，共 18 章，20 多万字。该书署名王纯一（王纯一是杨匏安在上海时期使用过的笔名），这是我国最早用马克思主义的历史唯物主义观点编译的一部西欧历史著作。《西洋史要》所列章目有：封建时代、商业资本时代、农民战争、资产阶级革命、英国工业革命、法国大革命、小资产阶级专政时期、资产阶级反动时期、英国的宪章运动、法国一八四八年革命、一八四八年德国革命、欧美民族解放运动及民族统一运动、第一国际、法国一八七〇年革命、帝国主义时代、第二国际、大战后的资本主义、大战后的革命运动，美中不足的是没有苏俄章节，

但瑕不掩瑜（当时已有瞿秋白编译的《俄国革命运动史》，也许杨匏安不想重复相同的内容）。

《西洋史要》从西欧封建制度的兴起说起，系统介绍了西欧的历史，叙述了资产阶级革命到帝国主义时代，以及第一次世界大战后的革命运动和第三国际成立的历史。全书简明扼要地介绍了西欧各国各时期的革命运动史、工人运动史，特别是国际共产主义运动发展的历史。对第一国际、第二国际的组成、发展和解散的经过，作了专章论述。该书逻辑严谨，观点明确，文字优美，通俗易懂，是当时国内学习西洋史和国际共产主义运动史极为难得的参考书，受到广大读者的欢迎。它多次再版，甚至 20 世纪 70 年代还有人读这本书，这足以说明它的价值和吸引力。它是西欧史学领域中的典范教材。①

杨匏安牺牲后，《西洋史要》仍然继续再版，至 1936 年 5 月，已再版了 5 次。这是杨匏安参考了同志们从苏联东方劳动大学和中山大学带回国的西方革命教材编译的。《西洋史要》在编译过程中，其义妹康若愚曾帮助抄书稿。据康若愚回忆，杨匏安曾对她说：这本书可供中上学校的教员买来作补充材料教育学生。

杨匏安立意突出人民群众的历史作用，重点论述资产阶级革命后现代无产阶级走上历史舞台而进行革命斗争的历史。《西洋史要》仅以前三章简述资产阶级革命以前的历史，用以说明资本主义制度的产生、资本主义社会的基本矛盾，以及阶级状况和无产阶级反对资产阶级斗争的渊源。这样取舍，也是指导革命工作理论教育的需要。

关于《西洋史要》，张迪懋教授评价道："综观《史要》全书，给人们提供了西欧工人运动和共产主义运动发展的基本线索，运用马克思主义的立场、观点、方法对历史进行分析和论述，在我国西洋史著作中实属创举"，"立论之严谨，观点之鲜明，令人敬佩。特别在当时反动统治之下，能从浩瀚的史料中，去粗取精，运用马克思主义的立场、观点、方法，做出历史唯物主义的论述，歌颂

① 门晓琴. 学识渊博的先进文化传播者和实践者杨匏安［M］//珠海市社会科学界联合会. 杨匏安研究文选. 珠海：珠海出版社，2008：157 - 158.

了劳动人民创造历史的功绩和国际共产主义运动的一曲曲凯歌，这不仅对后学启聋发聩，而且对国际共产主义运动的研究实开一代之先河。"①

中共党史专家、曾任中共中央党史研究室副主任的龚育之认为："这是杨匏安的一部力作。马克思主义是从近代西方产生的，中国人要学习马克思主义，必须对西方近代历史有必要的了解。《西洋史要》正是适应了这种需要，不仅白区的党员和进步分子中有这种需要，苏区也有这种需要。毛泽东在1929年11月曾经给上海党中央写过一封信，说苏区党员理论常识太低，须赶急进行教育，除请中央将党内出版物寄来外，另请购书一批，书名另寄。'我们望得书报如饥似渴，务请勿以小事弃置。'写得何等急切！……《西洋史要》……是党的理论教育中急切需要的读物。"② 1986年，著名中共党史研究专家胡华教授指出："《西洋史要》这本书对当代青年了解世界革命史，走向世界，仍有很大价值，又是烈士的遗作，是烈士留下的精神丰碑，很值得重印出版，既是纪念又是繁荣学术，也说明我党早期烈士对世界革命历史研究已经做出了很好的学术贡献。"③

西欧史，国家多，疆域交叉，变动频率高，事件人物太多，学起来耗时费力。杨匏安则将西欧历史以时间国别为经，以事件为纬，分章分节分类别，条理清晰明了地进行叙述，阅读起来容易明白、理解、记忆。

该书章节内容的编写格式统一，每小节中的内容转换，都用括号标题高度提炼概括所讲述内容，代入感很强，非常方便学习。纵观《西洋史要》，20多万字内容，全部是按这样的格式写成，博而不杂，繁而不乱，条理性很强，确实是好教材的典范！

《西洋史要》第一章"封建时代"特设一节"西欧与中国封建制度的比较"。第三章"农民战争"专列"中国农民战争"一节。在我国叙述西欧历史的著作中，联系中国历史进行比较研究的在当时实属罕见。封建制度是一种社会经济的政治组织，杨匏安指出："中国封建制度和西欧封建制度比较，无论有许多时间

①　张迪懋. 开一代共产主义运动史研究之先河：读《西洋史要》一书［M］//李坚. 杨匏安史料与研究. 北京：中共党史出版社，1999：87.
②　龚育之. 读杨匏安文集［M］//李坚. 杨匏安史料与研究. 北京：中共党史出版社，1999：17.
③　胡华关于杨匏安遗著《西洋史要》的信［M］//李坚. 杨匏安史料与研究. 北京：中共党史出版社，1999：375.

上空间上民族的种类的及其他特点的区别，实质是一样的。"①

在提出中国革命的反封建任务时，认为："中国革命的主要任务，就是彻底扫除一切封建制度的余孽，不论在城市中的和在农村中的，都要像法国大革命或俄国十月革命时完全将其肃清。"② 这一立论，对指导当时革命工作在理论教育上有现实意义。

在论述中国农民战争一节中，阐述了中国农民战争的原因、特点和各朝代农民受盘剥的情况，并对赤眉、绿林、黄巾、黄巢、李自成以至太平天国的革命运动作简要的叙述。在总结中国农民战争所建立的政权未能始终代表农民利益时，杨匏安指出："主要原因就是农民不能单独的去巩固自己的政权，经过一次革命之后，旧地主的势力未完全摧毁，新的地主阶级又复形成，而当时领导农民战争的草泽英雄，一旦做了帝王，便即腐化，其后自然对农民叛变了。"③

这是对我国历代农民战争所作的阶级分析，完全符合马克思主义对农民小生产者的经典论述，也完全符合历史事实。

第四章至第八章叙述产业革命和资产阶级夺取政权的斗争，以及资产阶级专政和各阶级的关系与斗争。杨匏安多处引述马克思有关论述，充分说明其非常精通马克思主义。

比如，在叙述法国大革命小资产阶级专政时期，雅各宾党专政的意义时，杨匏安认为："雅各宾党专政，在革命史上有极大的意义。关于这一点，马克斯曾经说过，'资产阶级的确是个站在运动前面的阶级；无产阶级及其他阶级虽然并不属于资产阶级，但他们不是没有那和资产阶级利益不同的利益，便是没有形成一个独立发展的阶级或阶级之一部，因此当他们出来反对资产阶级的时候（如在1793 至 1794 年的法国），仍然是为了实现资产阶级的利益而争斗，不过方法异乎资产阶级而已。整个法兰西的恐怖主义并不是什么特别东西，只是用一种平民的方法来和资产阶级的敌人（专制政体，封建制度，小资产阶级）争斗'。此寥寥数语，已绘出雅各宾党的历史作用的特点。大凡一个握得政权的阶级，必采取

---

① 中共珠海市委党史研究室. 杨匏安文集［M］. 北京：中央文献出版社，1996：265.
② 中共珠海市委党史研究室. 杨匏安文集［M］. 北京：中央文献出版社，1996：266.
③ 中共珠海市委党史研究室. 杨匏安文集［M］. 北京：中央文献出版社，1996：303 – 304.

专政的制度及用非常手段以维护革命。"①

杨匏安不但精通马克思主义，还研读得精彩。在叙述法国资产阶级专政时期拿破仑对国家的管理时，有这样一段："军队在国家中非常重要，以其可以保障资产阶级财产，不受内外侵害，马克斯说过：'兵士的军服，就是国家的礼服'，拿破仑极力使兵士与群众隔离，以战争为他们的职业，延长军事服务年限至 7 年之久，并强使兵士服务超过规定年限以上……"② 可见，杨匏安引用生动精彩，对马克思著作了然于胸！

《西洋史要》的第九章"英国的宪章运动"至第十八章"大战后的革命运动"，是全书的重点，用一半以上篇幅，着重论述了 19 世纪初叶以来工人运动的发展，这十章实际上是一部国际共产主义运动史。

《西洋史要》最后一章"大战后的革命运动"，论述了第一次世界大战后十年来西欧各国的革命运动，包括保加利亚的农民革命，奥匈的民族解放运动，捷克、波兰、奥地利的资产阶级革命，德国、匈牙利的苏维埃革命等，同时简述了资本主义的暂时稳定和法西斯上台。杨匏安指出，"资本主义的政治稳定不是巩固的而是有条件的"，法西斯的上台"证明资产阶级德谟克拉西（民主）的危机，证明资产阶级国家的解体"。《西洋史要》最后一节"第三国际"，只简要介绍了自第三国际成立到 1928 年 7 月召开共产国际第 6 次代表大会为止的历次大会召开的日期及出席代表人数，没有再展开论述。时间下限刚好到杨匏安写《西洋史要》时。

杨匏安写作《西洋史要》花了不少心血。他从 1928 年开始动笔，大约花了几个月时间写出该书。杨匏安的亲属回忆，他经常每天只睡三四个小时，有时甚至是通宵达旦地写作。杨匏安身体瘦弱，患有肺病，常常咳嗽不止，他等咳喘略好，就又奋笔写作。那个伏案写作的身影久久留在家人脑海中。他的辛苦没有白费，终于写出了一本好书。南强书局的老板陈卓凡看了原稿，叮嘱负责编务的杜国庠尽快印刷出版。

---

① 中共珠海市委党史研究室．杨匏安文集［M］．北京：中央文献出版社，1996：392 - 393.
② 中共珠海市委党史研究室．杨匏安文集［M］．北京：中央文献出版社，1996：400.

《西洋史要》是我国出版的第一部运用马克思主义唯物史观写成的关于西洋史的著作，综观全书，杨匏安运用马克思主义的立场、观点、方法，对历史进行科学分析和精辟阐述，在我国世界史研究领域实属创举，成为当时学习西洋史和国际共产主义运动史极为难得的好教科书，深受广大读者欢迎。这也是该书1929年出版不久，1930年就立即再版的原因。不仅在20世纪二三十年代的中国是一部具有开创性的著作，今天读来也是了解和研究欧洲历史的极好教材。

（二）经济学领域中的农村土地问题译著——《地租论》

1930年，杨匏安在上海中共中央农民部担任副部长。当时中央苏区等各根据地正在进行土地改革，为了研究西方国家的地租制度和社会主义苏联的土地政策，他翻译了拉比杜斯的《地租论》一书，并从《列宁全集》中，选择了《社会民主党在1905—1907年俄国第一次革命中的土地纲领》等文中的部分章节，以"伊里几的地租论"为题，作为附录，列入书中，以"对地租的理论求更深的了解"。另还有一篇附录"苏联经济中农民分化过程的特征"。

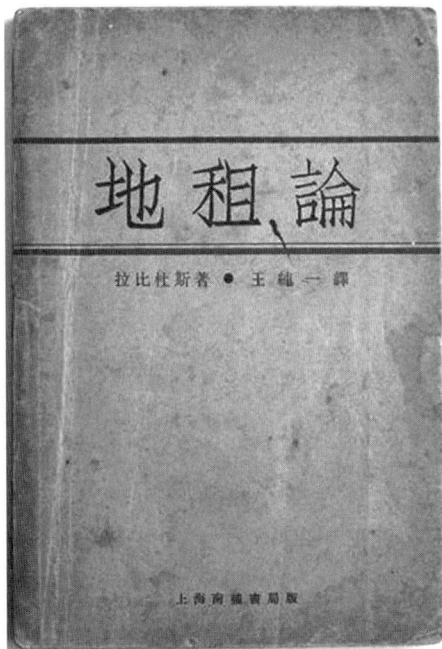

杨匏安编译的《地租论》，1930年6月由上海南强书局出版

　　《地租论》在1930年6月交由上海南强书局出版，署名"王纯一译"。拉比杜斯的《地租论》分为3章，《伊里几的地租论》分为3章，加起来约10万字，其中第一章"资本主义经济中的地租"，共分11节，主要阐明地租的内涵、差级地租、绝对地租、农产品价格与地租的关系、地价、地租的社会意义、土地国有等内容，是非常专业的经济学著作。

　　第一章，资本主义经济中的地租，用11个小节对地租的概念、差级地租、农产品的价格、地价、地租的社会意义、土地国有与地租等进行了阐述。第二章用3个小节讲"资本主义以前的地租形式和小农经济中的地租问题"，主要论述了资本主义以前的地租形式、差级地租和小农经济的关系、绝对地租和小农经济的关系。书中谈及当农民失去土地之后，"他将受迫而以自己的劳动力卖给资本家，换言之就是变为无产者了"，由此可见，无产阶级与农民有一种天然的联系。第三章"苏联经济中的地租问题"，分为7节，主要论述了苏联农业和资本主义农业在经济上的区别、苏联小农业中的绝对地租与差级地租的问题、租让经济和富农经济中的差级地租问题、苏联与世界市场的关系，以及地租与农业税、城市土地的地税问题等内容。书中写道："苏联国家所实行的土地国有，不仅限于把土地私有权转移于政府之手而已，而且还消灭了封建地主的和资本主义的农业，没收地主的和富农的生产工具。"其结果："一方面富农遭了没收，另一方面，贫农因为得到从地主和富农那里所没收来的土地而抬头了，扩充了自己的耕地，并得到了耕种田地所必需的工具。"①杨匏安还对苏联实行的新经济政策对农业产生的影响作了评述。

　　《地租论》还有2个附录：

　　附录一"苏联经济中农民分化过程的特征"，其中写道"苏维埃经济中，依然免不了农民的分化"，其"分化过程之特点，在于中农之发展方兴未艾"。还指出："苏维埃政府在对于农民关系上所采取的政策的根本原则，为依靠贫农，和中农保持联合，以与富农斗争。"

　　附录二"伊里几的地租论"，也分为3章，第一章"地租论"，第二章"差

---

　　①　中共珠海市委党史研究室．杨匏安文集［M］．北京：中央文献出版社，1996：634．

级地租与绝对地租",第三章"地租报酬递减率"。这三章主要摘译了列宁有关地租的理论。

该书最显著的特点,就是除正文外,还加上自修材料,罗列所有问题与习题,全书(含附录)共有 25 个问题与习题,读者通过对这些问题和习题的思考与解答,可以大大加深对全书内容的理解。

这本书对于当时各革命根据地正在深入进行的土地革命,颇有理论指导参考价值。同年党中央以中国互济会名义举办了一个干部训练班,培养全国各地中层党员干部,约一个月为一期。杨匏安和阮啸仙等人担任老师,给学员讲课。从《地租论》每章后都有练习题这个形式分析,《地租论》也是杨匏安课上讲授的内容。

作为经济学领域中农村土地问题的译著,这本书理论性和专业性都很强,我们从第三章后附的 6 个问题中选取 3 个就可看出其难度:"把差级地租应用到苏联中农和贫农上去的人,其错误何在?""为什么农业税不能看作地租?""农业税和地税的差异何在,地税为什么不能视作一种差级地租?"如果没有对农村问题进行关注和研究,要完成这种专业性很强的编译工作是困难的。

杨匏安 1928 年回国到上海,1931 年牺牲,前后 3 年中他要做党的地下工作,参与编写出版《红旗》,业余才能从事编译,《西洋史要》也是这期间出版的。编译《地租论》的时间是非常有限的,除了杨匏安工作效率极高外,还与他多年来对农村问题的关注研究有关。从小说对青年农民王呆子的塑造,到《青年周刊》创刊词中对农民问题的认识,直到从事农民工作,可见杨匏安在中共早期领导人中是对农村农民土地问题有不凡见解者之一。

三、坚守信仰　殒身不恤辉映丹心

1931 年 8 月的一个夜晚,上海龙华警备司令部看守所拘禁着杨匏安的囚室,透显着牢狱的阴森、潮湿和恐惧,漆黑冰冷的铁栏杆,由上而下深深地嵌入地面,高大冰冷的狱墙顶端,一扇小小的窗口,是囚室平常除去放风开饭外与外界唯一的连接。杨匏安站在狱室中央,静静地注视窗口透进的那一道月光。这是杨匏安生前的最后一个夜晚,九点左右,敌人前来看守所,以提审为名,把杨匏安等八人带走，当时同监狱友皆有不祥之感。约过了半小时，紧密的枪声传进了狱中，瞬时，全监狱的人皆起而默哀，难过无语，最小的狱友胡向荣悲伤地伏在床上大哭。[①] 杨匏安时年才 35 岁。

时间回溯到 1931 年 7 月 25 日，在上海从事地下工作、担任中共中央农民部副部长的杨匏安，因中共中央宣传部负责人罗绮园生活失检，被叛徒胡章原告密，连累杨匏安等中央机关十多人被捕。杨匏安被捕后，先是关押在法租界巡捕房，继而转到国民党上海龙华警备司令部看守所。"我们这个案子被捕的有十多人，都是叛徒出卖的。杨匏安从外表看有 40 多岁，衣着朴素，身体有病，很瘦弱，但态度潇洒，神情自若。牢房里的同志对他都很尊敬，他给我的印象也最深。因为我们在同一间牢房，我年纪又最小，他非常喜欢我，经常同我们讲一些革命的道理。"[②]

杨匏安被转到龙华警备司令部看守所以后，"蒋介石派了熊式辉、吴铁城等国民党要人前来向他劝降，差不多天天都有看守叫他出去'会客'。杨匏安对敌人的劝降都一一加以拒绝，表示宁死不屈"[③]。

蒋介石对杨匏安的人品和才华是很了解的。在第一次国共合作时期，他们曾有过交集。蒋介石 1956 年在台湾出版的《苏俄在中国》记载，谭平山担任组织部部长后，"他就推荐杨匏安为该部秘书。杨是一个纯粹的马克思主义者，于是组织部就在其共产党的控制之下，由他们利用这一关键地位，来执行其渗透工作"。这反映出蒋介石对杨匏安的政治立场、态度的看法，以及在组织部极强工作能力和掌控能力的无奈。[④]

陈果夫《十五年至十七年间从事党务工作的回忆》中记录："五月中旬第二次中央全会开会，通过'党务整理案'，五月底闭幕，中央常会为实行'党务整理''共党之跨党者不得任本党部长'的规定，因此推蒋先生兼组织部部长，蒋先生就派我为组织部秘书，前去接收。原任组织部长谭平山、秘书杨匏安，都是

① 胡向荣．杨匏安烈士在狱中［M］//李坚．杨匏安史料与研究．北京：中共党史出版社，1999：363
② 胡向荣．杨匏安烈士在狱中［M］//李坚．杨匏安史料与研究．北京：中共党史出版社，1999：362．
③ 胡向荣．杨匏安烈士在狱中［M］//李坚．杨匏安史料与研究．北京：中共党史出版社，1999：362．
④ 杨玄，杨明，杨志，等．先父杨匏安遗事［M］//李坚．杨匏安史料与研究．北京：中共党史出版社，1999：396．

共党分子。在这个时期，本党与共党已经开始斗争。……我接杨匏安之职务时，部长曾关照有事多与杨商量。"① 陈果夫的回忆反证了在国共第一次合作时期，蒋介石对杨匏安的敬重赏识。

蒋介石几次派人劝降，杨匏安不为所动，一概拒绝。蒋介石又搬来了国民党元老吴稚晖，吴对杨匏安说：你只要写一份自首书或在报上发表声明脱离中国共产党，就可以获得自由，并保证有高官可做。他当即表示，自己为了寻求真理才加入中国共产党，既已选定，就不能动摇。吴稚晖又以死相威胁：你再坚持下去，后果不堪设想。杨匏安从容答道："我开始参加革命就把生死置之度外，死可以，变节是不可能的。"②

蒋介石写了两封书信劝降，被杨匏安撕碎，蒋介石又亲自打电话到狱中劝降，他摔了电话，不肯就范。③

国民党的数番劝说，不能让杨匏安变节投降。心中装有党，永远不叛党，这是杨匏安对党的忠诚与信念。正如杨匏安所作五言律诗的头两句"杀头何足惜，名节最堪珍"。面对屠刀泰然自若，杨匏安对党的忠心和宁死不投降的革命气概感染了狱友，就连经常押他进出的看守兵，也都称他为"杨铁人"，铁骨铮铮，大义凛然。杨匏安是南京国民党政府《秘字第一令》要通缉的"共产党员首要"。宋庆龄、何香凝致信蒋介石保释，未能成功。周恩来就负责在敌人将杨匏安从上海押经南京途中武装劫车，但蒋介石下密令，在龙华就地枪杀杨匏安。④

杨匏安早已置生死于度外，经常以革命者应有的气节写诗鼓舞狱中战友。特别喜爱写诗的杨匏安在狱中写过不少诗篇，"杀头何足惜，名节最堪珍""面对屠刀处泰然"等诗句被狱中同志传诵。他在狱中觉察有人垂头丧气，在敌人的威迫利诱下，有求生变节的可能，为了鼓励难友坚持斗争，写下了《死前一夕作·示难友》：

———————————

① 摘自台北版"传记文学丛书"之四十九，吴相湘：《陈果夫的一生》所附《陈果夫回忆录》。

② 胡向荣. 杨匏安烈士在狱中 [M] //李坚. 杨匏安史料与研究. 北京：中共党史出版社，1999：363.

③ 杨玄，杨明，杨志，等. 先父杨匏安遗事 [M] //李坚. 杨匏安史料与研究. 北京：中共党史出版社，1999：398 - 399.

④ 杨玄，杨明，杨志，等. 先父杨匏安遗事 [M] //李坚. 杨匏安史料与研究. 北京：中共党史出版社，1999：398 - 399.

慷慨登车去，相期一节全。

残生无可恋，大敌正当前。

知止穷张俭，迟行笑褚渊。

从兹分手别，对视莫潸然！①

上海龙华烈士陵园中的杨匏安诗作碑亭

　　此诗一开笔便显示了革命者的英雄气概，慷慨登车，义无反顾。"相期一节全"一句，当事人坚决、英勇、视死如归的态度跃然纸上，殒身不悔，就义从容。

　　在"大敌正当前"的形势下，如何对待自己的生命价值，是件十分严肃的事，也是考验党性原则的关键时刻。"知止""迟行"两个典故的运用，令人拍案叫绝！张俭，是东汉人，因弹劾奸宦，被迫逃亡，凡是他投奔托足之处，人们都不惜破家收容。褚渊，为南北朝人，宋明帝十分宠信他，临死，封他为中书令。不料他却出卖同僚，助齐篡宋。后人讽刺说："宁为袁粲死，不作褚渊生。"杨匏安勉励难友，要效法张俭，坚持与邪恶势力作斗争，决不可像褚渊那样卖主求荣，在历史上留下骂名。这首就义诗，充分表现了杨匏安大义凛然、威武不屈的崇高革命气概。他在诗中借用历史典故，教育勉励革命者。自古以来，有许多

---

① 萧三．革命烈士诗抄［M］．北京：中国青年出版社，1962：117 – 118.

不怕死的人，他们面对死亡，或谈笑风生，或慷慨陈词，或高呼口号，令人动容。而杨匏安在受死之前字斟句酌，贴切运用典故，从容写下如此壮丽、寓意如此深远的诗篇，更是感人至深！

"杨匏安同志被关进龙华警备司令部大约十几天后就被杀害了。敌人那时表面上装作给杨匏安和同难的同志搬地方。当时同间的我们都有预感，不久就在附近传来枪声，全监的人皆起而默哀，寂静无声。"①

周恩来十分钦佩杨匏安烈士的崇高气节，经常吟诵这首诗篇以自勉，并常用它教育后来处在艰难环境中的同志。是的，杨匏安是顶天立地之人，他的诗是非同凡响之诗！杨匏安在上海从事地下工作时，尽管经历了许多腥风血雨，但做人的宗旨是一贯的，崇高品格是一贯的，创作宗旨也是一贯的：追求正义，向往光明！这，就是才华横溢的杨匏安。坚守信仰殒身不悔，为了理想从容就义！在他身上，充分体现了无产阶级革命家的理想信念、奋斗精神和崇高气节。

杨匏安烈士的墓碑静静安卧在龙华烈士陵园的青松翠柏之间，见证着他在上海从事地下工作的那段峥嵘岁月，是他矢志不渝、名节堪珍的最好见证，是后人对他最好的景仰与缅怀。

著名经济学家于光远等人凭吊杨匏安

---

① 离休干部张纪恩访谈录［M］//李坚. 杨匏安史料与研究. 北京：中共党史出版社，1999：361.

第九章

继承革命事业 英烈丰碑永存

　　杨匏安牺牲前，曾从监狱里给家人传来一张纸条，那是用铅笔写在信纸上的，大意说：近日有南京"旧识"去劝过他，他不为所动；家人千万不能接受那些人的钱和物，如果不能生活就立即南返；"玄儿不可顽皮""缝纫机虽穷不可卖去"，等等。[①] 这张纸条是杨匏安的亲属得知的关于杨匏安的最后消息了，自此，渺无音讯。全家人非常着急，可一点消息都打听不到，自此永别！

　　这张"遗书"式的便条，表达了杨匏安舍生取义的人生追求及对亲属的严格要求。杨匏安入狱后，全家老小9口人，没有生活收入来源，长子玄儿只有14岁，杨匏安嘱其家人千万不能接受"故旧"的钱物，要靠缝纫机或南返设法生活下去，只字不提让家人去找党组织。这张便条，是一名无私奉献的革命者在生命的最后关头给党交出的一份考试满分答卷。

　　杨匏安牺牲后，在周恩来的亲切关怀下，他的子女先后走上了革命道路，继承了杨匏安的未竟事业。信仰的力量是无穷的，受杨匏安的影响，包括他的母亲、庶母、妻子、子女、女婿，珠海南屏北山村的许多杨姓子弟，他的堂叔、堂弟、堂妹等先后有十多人，在极为艰苦的环境中积极投身革命，不愧为革命的"红色家庭"。无论是在革命战争年代还是在社会主义建设、改革开放时期，杨

---

　　① 杨玄，杨明，杨志，等. 先父杨匏安遗事［M］//李坚. 杨匏安史料与研究. 北京：中共党史出版社，1999：400.

匏安的家人及后代始终如一地秉承了他的革命气节和高尚品质，不计名利得失，积极为党和国家的事业而工作，从不以英烈家属而自居，更没有以此向组织提出任何不正当的要求，为干部群众树立了光辉榜样。

让我们走近这个"红色家庭"，去了解他们吧！

一、烈士亲属　薪火传承举家革命

1932 年 1 月 28 日夜，日本海军陆战队对上海当地中国驻军第十九路军发起攻击，十九路军在总指挥蒋光鼐、军长蔡廷锴的指挥下奋起抵抗。日军对我军阵地及上海的民宅商店狂轰滥炸。"一·二八"事变发生以后，上海许多市民纷纷涌入租界或者外出逃难。杨匏安的家正好在交战区，秩序大乱，全家人仓促从战区撤出，在混乱中，与党组织失去了联系。

杨匏安的母亲陈智按照杨匏安牺牲前的嘱托，带着媳妇和孙子孙女历经艰难回到广东。后来终于和党组织联系上，孩子们也通过各种途径，一个个加入到了革命队伍中去。

"父亲对于我，是一笔巨大的精神财富。"93 岁的杨文伟满头银发，面容清癯，精神矍铄。回忆起父亲，他神情忧伤。"那时太小了！父亲就义是在 1931 年，我只有 3 岁，在父亲身边生活也只有两年时间"，但杨文伟坚信父亲影响了他和全家所有成员的一生。

离休老干部杨文伟，是杨匏安的四儿子，1928 年出生，在他出生前，杨家已有 3 个儿子和 2 个女儿。在白色恐怖最严重的上海，几乎每天都有共产党员、革命人士被捕或被杀，杨匏安一家就是在这样的环境下心甘情愿为党的革命事业工作，将生死置之度外。"我们家有 6 个孩子，祖母、庶祖母也跟我们一起生活，全家共有 10 口人。革命者几乎没有收入，那时生活很艰苦，但全家对革命充满必胜的信心。父亲长期患有肺病，母亲身体也不好。为了弥补家用，父亲夜晚除了加紧写作和翻译外，还帮助家人推磨碾粉做糕点，让祖母及哥哥们第二天早上上街去卖。"杨文伟表示，这些记忆都是来自祖母和哥哥们的口述，"那时我们一家都心甘情愿为革命事业多作奉献，父亲也从没向党伸手要求照顾"。

1931 年 8 月，杨匏安牺牲后，全家失去了经济支柱，杨家在上海的生活陷入困顿。"一·二八"事变时，杨家住处四川北路正是交战区，战斗非常激烈。因为战乱，杨匏安的家人与组织失去了联系。孤儿寡母一家只好离开上海。他们和众多难民挤过苏州河上的大桥，历经艰辛，辗转回到广州。

如同大厦失去梁柱马上就会坍塌，杨匏安的家已面临极端困境。

"曾有部电影叫'革命家庭'，表现的是共产党员欧阳立安一家的革命事迹。与这部电影相比，我们家其实更有故事，也更让人辛酸。"杨文伟回忆起往事，平缓的声音中透出微微的忧伤。

回到广东后的杨家，经历了令人唏嘘的变故，因生计问题，全家被迫分散到广州、珠海、香港、东莞等多处谋生，杨文伟的母亲、二姐相继去世，几个哥哥也天各一方。"二姐去世时我已有记忆，她得了白喉，家里无钱医治，只好眼睁睁看着她死去……直到上世纪五十年代，我才陆续得到哥哥们的消息，四兄弟团圆是1986年的事。那是唯一的一次……"杨文伟回忆起相继去世的几个姐姐哥哥，感慨不已。

杨匏安的母亲陈智（1870—1941）中年丧夫，把全部精力都放在抚育唯一幸存的儿子杨匏安身上。杨匏安从走上革命道路，直至最后献身革命，都离不开母亲的关爱、熏陶和支持。杨匏安参加革命工作，她认定这是正义的事业，倾力支持，在革命遭到挫折的时候也义无反顾。杨匏安一家在广州和上海时，周恩来因工作关系及与杨匏安的深厚友谊，常去杨家，对陈智很敬佩，乐于听她对一些事物的看法。

杨匏安遇难后，陈智按照杨匏安牺牲前的嘱托，带着媳妇和孙子孙女历经艰难回到广东，含辛茹苦地将孙子孙女抚养成人。后找到党组织，将他们一个个送到了革命队伍中去。1941年，她于贫病交加中在香港去世。

杨匏安的堂叔杨章甫，1894年出生。杨章甫从小与杨匏安要好，一起读书，一起在珠海南屏恭都学堂当老师，一起东渡日本留学。五四运动前后，杨章甫接触了马克思主义。1920年底，陈独秀来到广东，他进行的一些社会活动得到了杨氏叔侄的帮助，如他到机关学校演讲，不会讲广州话，就由杨章甫翻译。中共广东党组织成立时，杨章甫参加了中国共产党。杨章甫是广东共青团机关报《青年周刊》的主编。中共广东党组织早期的革命活动，都留下了他的痕迹。中国共产党第三次代表大会在广州召开期间，杨章甫是大会筹备工作组的人员，为大会租房子，为代表安排住处，以及安排会务事宜等。第一次国共合作时期，他为党做了不少工作。他和杨匏安、杨殷三人并称为"革命三杨"。[①]

杨匏安的妻子吴佩琪（1898—1937），1916 年杨匏安在澳门当家庭教师时与之结婚。1918 年举家迁往广州。她以制衣和制枧（做肥皂）等手工艺，分担家庭重担，默默地支持杨匏安写作和开展革命工作。吴佩琪与杨匏安婚后生下四男两女（其中小女儿 3 岁时夭折），分别为长子杨文达，次子杨明，长女杨绛辉，三子杨志，四子杨文伟。

吴佩琪肩挑家庭生活重担，与婆婆陈智默默地支持杨匏安的革命工作，为地下机关站岗放哨。杨匏安遇难后，她与家人回到广州，住在杨家

1929 年在上海做地下工作时的吴佩琪

祠，自己带着儿女靠打工、做招待维持生活。在生活极端困难的情况下，被迫把次子杨明、女儿杨绛辉送到孤儿院，由婆婆带着三子、四子回到珠海南屏北山村老家。1937 年 7 月，吴佩琪因患子宫癌，贫病无助，在广州去世。

庶母关秀英（1881—1964），广东中山县人，原是杨匏安母亲陈智的陪嫁女。由于杨匏安一家人很尊重她，并影响了她，她从同情革命到支持革命，后来成为一位无产阶级的坚强战士。

---

① 杨淑珍回忆录［M］//李坚. 杨匏安史料与研究. 北京：中共党史出版社，1999：380 - 383.

1962 年关秀英在北京

1928—1931 年，杨匏安在上海开展党的地下工作，她经常为中央机关送信、放哨，到工厂去散发传单，以老母亲的身份掩护同志们的安全。杨匏安遇难后，一家人回到广州，她倾力帮挑家庭重担，又到澳门、香港去找党组织。1938 年，她在香港找到了党组织后，与王裕寿和杨绛辉等组成一个家庭，掩护中共地下党组织的电台开展工作。在香港，她就在中共中央调查部的领导下从事地下工作，直至全国解放。1953 年，关秀英回北京定居，落户于杨明家。她是北京市宣武区政协委员、常委。1964 年逝世，享年 83 岁，其骨灰安放在八宝山革命公墓。

康若愚（1898—1964），即康炯昭，杨匏安的义妹，康有为的堂侄女，自幼随母亲居住在日本，其母潘雪箴在日本大同学校教书。杨匏安在日本求学时与之为邻，曾受潘雪箴一家的关照。康若愚与杨匏安谈论文学、哲学、政治，时常吟诗作词，因之结成好友。1916 年，潘雪箴大病临终时托付杨匏安照顾康若愚，有意促使杨、康结合。后因杨匏安母亲陈智已在广东老家香山的翠微村订吴家女儿吴佩琪为媳，杨匏安不忍拂母意，杨、康姻缘作罢。1916 年，杨匏安回国在澳门与吴佩琪结婚，杨母认康若愚为干女儿。康若愚回国后在广州道根女校任教，当过校长。五四运动以后，康若愚在杨匏安的影响下，参加革命，加入中国共产党。康若愚与杨匏安的关系"发乎情，止乎礼"，有坚实的革命情谊。杨匏安牺牲后，她仍与杨母及杨匏安子女保持密切关系，深受杨家人喜爱，杨匏安的孩子们称康若愚为"康姑姐"。

1954 年关秀英（右）与康若愚（左）

杨匏安长子杨文达，字宗玄。1917 年出生于澳门，1918 年随家人到广州生活，1928 年跟随父亲杨匏安到上海。杨文达从小得到父亲的严格教导。父亲遇难后，杨文达随全家人回到广州，他先去东莞、香港打工，后考入国民党中央政治学校。抗日战争时期他参加骑兵队奔赴抗战前线，被授予中校军衔。1942 年他在重庆见到周恩来，并被派到与国民党军队有联系的"朝鲜义勇军"工作，曾为解放区运送大批军需物资。中华人民共和国成立前听从周恩来指示随国民党军队到台湾。1966 年由于身份有暴露危险，受形势所迫，他离开台湾来到香港。1978 年与内地亲人取得联系，1986 年兄弟四人离散多年后在珠海重逢。

杨匏安长子杨文达

1994 年 7 月因患心脏病在香港逝世。

　　杨匏安次子杨明，字宗锐，1920 年出生于广州，后随全家到上海。在父亲遇难后，1932 年随家人又回到广州。由于生活极端困难，他和妹妹被送进孤儿院。周恩来打听到他们的下落后写信给廖承志，委托何香凝把他们兄妹接出来，并送杨明到仲恺农工学校读书。1936 年他与于光远（著名经济学家）、黄秋耘（作家）、力一（核物理科学家）等组织中华民族抗日先锋队广东分队，被国民党通缉逃往海南岛。1937 年 4 月在中共海南特委（琼崖纵队）领导下，在海口电报局做地下工作并加入中国共产党。

杨匏安次子杨明

　　1938 年 4 月，杨明自海南赴延安经过武汉，与周恩来在武汉八路军办事处相见，受到周恩来的热情接待。两人喜出望外，长谈分别后的情况。周恩来详细询问了杨匏安牺牲后一家人的状况，谈及组织和他本人多方寻找他们全家的过程。

武汉八路军办事处

杨明和周恩来早就相熟。大革命时期，周恩来与杨匏安同在广东区委工作，两人既是战友又是挚友。周恩来去杨家与杨匏安或叙谈或商议工作，杨匏安的孩子们常见到周恩来。国共合作时期，"周恩来、邓中夏、张太雷、苏兆征、彭湃、刘尔崧、杨殷都常来我们家。周恩来曾送给父亲一个铜制的墨盒，盒盖上刻着一幅西洋风景画，并刻上'匏安兄文玩　周恩来志'。胡荫也送过一个墨盒，上面刻着'匏安同志惠存　努力革命　胡荫敬赠　制于都门'。这两件文物给我们印象特深，因为这是我们小时候常用的文具，整天带着。我们曾珍藏许多年，但在抗战时丢失了，这是很可惜的"①。

这次杨明和周恩来在武汉八路军办事处相见长谈，杨明才知道周恩来一直关心着他们，并派人到处寻找他们一家的下落。周恩来详尽告诉杨明，那一次胡章原告密，罗绮园叛变，祸及他父亲入狱的经过。周恩来说："罗绮园叛变

---

① 杨玄，杨明，杨志，等. 先父杨匏安遗事［M］//李坚. 杨匏安史料与研究. 北京：中共党史出版社，1999：396 – 397.

了，你父亲保全了气节，蒋介石给他连写两封劝降信，被他撕碎了；蒋又亲自打电话到狱中劝他投降，他把话筒摔了""党组织当时作了准备，拟在反动军警将你父亲押解南京或苏州时武装抢劫囚车，但蒋介石却下了在上海龙华就地处决的命令"①。

终于见到了熟人！悲喜交集的杨明，与周恩来谈到父亲，他和全家人清晰记得："那一天半夜，我们被打门声惊醒，进来的是一群持枪的特务，开口就说找杨匏安。父亲知道自己暴露了，说：'我叫陈君复，不是杨匏安。'母亲给他找了几件衣服，他就给特务押走了。这一走就成了永诀！在狱中，他传出了一张纸条，那是用铅笔写在十行信纸上的，大意说：近日有南京'旧识'去劝过他，他不为所动；家人千万不能接受那些人的钱和物，如果不能生活就立即南返：'玄儿（杨匏安长子）不可顽皮'，'缝纫机虽穷不可卖去'等等，从此我们到处打听，都听不到他的消息了……"②

终于见到了挚友杨匏安的儿子，周恩来也是喜出望外！他勉励杨明好好学习，继承父志，革命到底，并嘱咐杨明到延安后要抓紧时间学习，为党做更多的工作。周恩来又请钱之光同志安排好杨明赴延安的具体事宜。

周恩来"给祖母寄了信和安家费，并请在香港的廖承志负责安排我们一家的工作和生活，从此全家又转入地下党的工作岗位"③。

1938 年杨明到达延安后，周恩来、邓颖超十分关心爱护他。杨明和周恩来、邓颖超经常通信，也经常到杨家岭去看望他的周叔叔和邓妈妈。下面是杨明保存下来的几封信（这几封信的年份是杨明回忆所写的，原信只落月日。周恩来和邓颖超落月日各有风格习惯，照原件录此）。

① 杨玄，杨明，杨志，等. 先父杨匏安遗事［M］//李坚. 杨匏安史料与研究. 北京：中共党史出版社，1999：400－401.
② 杨玄，杨明，杨志，等. 先父杨匏安遗事［M］//李坚. 杨匏安史料与研究. 北京：中共党史出版社，1999：400.
③ 杨玄，杨明，杨志，等. 先父杨匏安遗事［M］//李坚. 杨匏安史料与研究. 北京：中共党史出版社，1999：400.

宗锐同志：

你的信及转寄港数函均收到。寄港信当代发不误。你的家已嘱廖承志同志料顾，缓急有助不须挂虑。你的弟妹倘欲来此间，你也可径找廖同志商洽，定能代他们设法成行。此复并致敬礼！

周恩来（1939年）八月二十三日

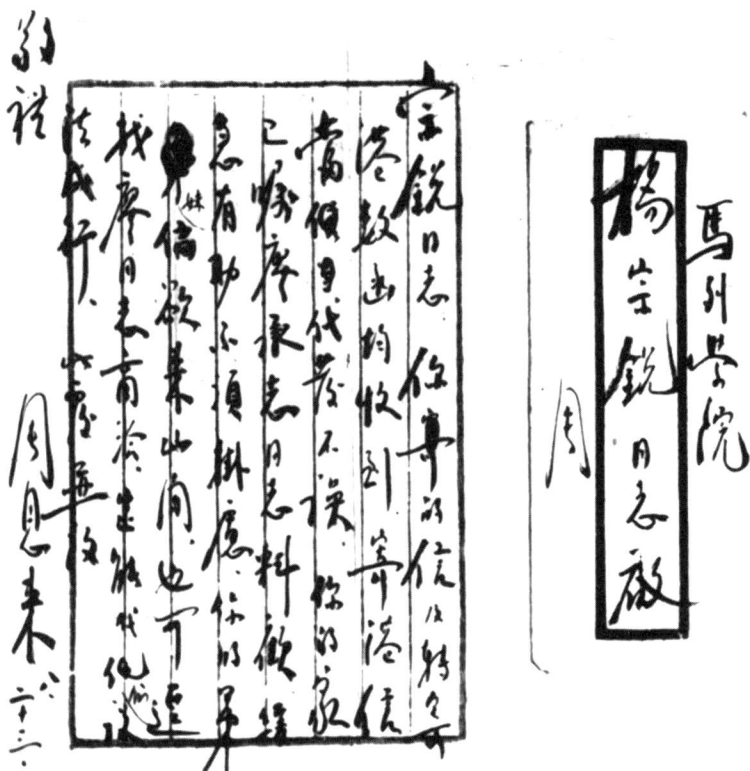

1939年8月23日周恩来写给杨明的信

这封周恩来写给杨明的信，谈及接杨明之弟妹来延安的事。

1941年5月6日，杨明在延安马列学院毕业之际，周恩来给他写了信，并附上10元以关心他的生活。

宗锐同志：

　　你毕业后应听党分配工作。最好能多学习一时期，你可向党提出请求。

　　附上拾元，作为你零用费。医治问题，我已函告张启龙同志。

周恩来　（1941 年）五月六日

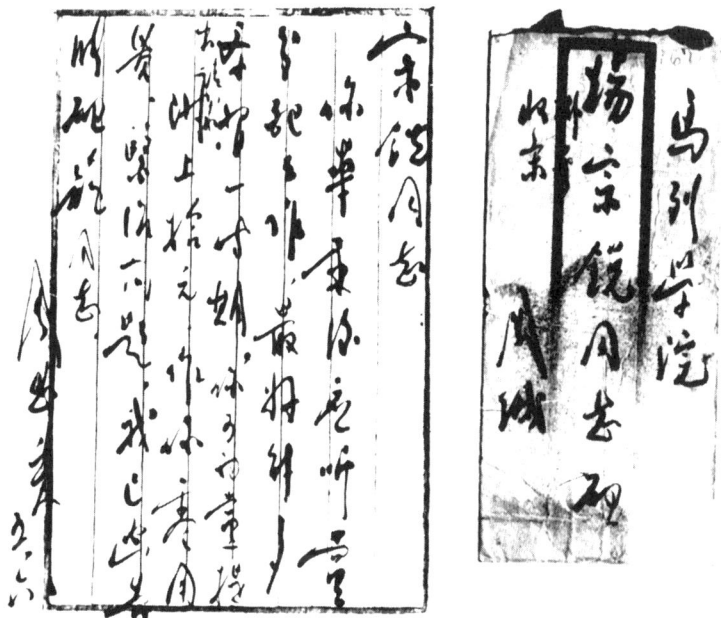

1941 年 5 月 6 日周恩来写给杨明的信

　　1941 年 8 月 12 日邓颖超给杨明写了信，鼓励杨明学习，并捎来亲人的佳音。

杨明同志：

　　你给我们的信早收阅，因忙未即复。你在党的教育下，能够努力求进步，我们甚为欣慰。你的大哥我们已见过，他很好，亦在设法学习。现将你姑姐给你的一包东西送来给你，望查收给条为盼！此复，祝

　　进步！

邓颖超　（1941 年）八月十二日

杨
鲍
安

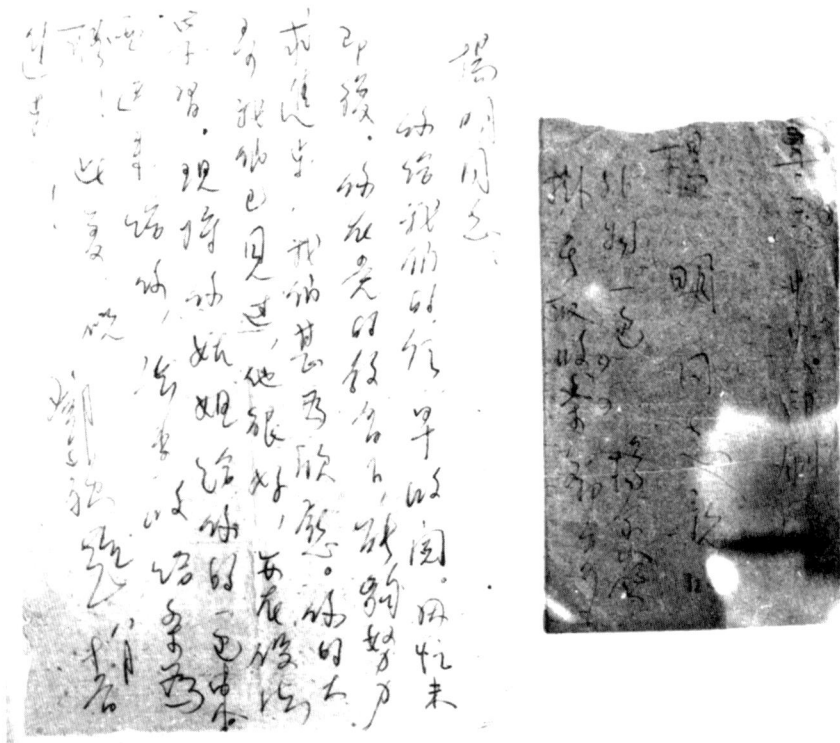

1941 年 8 月 12 日邓颖超写给杨明的信

1944 年新年前夕，邓颖超写给杨明的信，寥寥数语，可见关爱之心。当时杨明在中央印刷厂任秘书，那时延安的纸张非常紧张，杨明就将装订时裁剪下来的纸边送给邓颖超。

杨明同志：

来信及纸条已收到，谢谢你！新年在即，希望你偕弟弟来我们这谈谈玩玩，至盼！祝你新年快乐！

邓颖超十二月二十九日[1]

---

[1] 周恩来、邓颖超写给杨明的信件均收藏于珠海市博物馆。

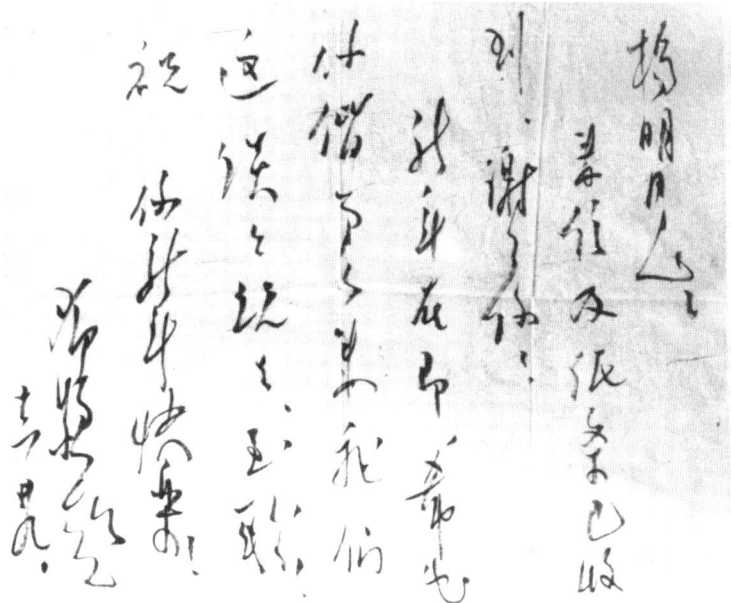

1944 年新年前夕，邓颖超写给杨明的信

　　杨明先后入学"抗大"和马列学院，两年后毕业。当时胡乔木同志正在为毛泽东主席物色秘书，他考察了杨明和田家英，杨明因毛笔字不如田家英而落选。杨明遂到党中央机关印刷厂工作。后来组织又送杨明到军委三局通讯工程学校学习无线电机电工程，1946 年他在党中央电台工作，为保卫延安和保障党中央指挥系统畅通，夺取解放战争胜利立过功。中华人民共和国成立后，杨明先后在邮政部、解放军通讯部门工作，1957 年参与航天部第二研究院组建，曾任第二研究院十一厂副厂长、工艺研究所所长、计量站站长等职。1960 年，杨明担任航天部 8109 工程副指挥，就工程设备问题赴苏联谈判，为我国的航天事业做过贡献。1983年离休，1998 年在北京逝世。

　　杨匏安长女杨绛辉，1923 年出生于广州。父亲遇难后，1932 年她从上海回到广州，在生

杨匏安长女杨绛辉

活极端困难的情况下，母亲把她送到孤儿院。

后来，党组织把她从孤儿院接出来送到香港中华书局当工人。1938 年她与祖母陈智、庶祖母关秀英及中国工农红军出身的王裕寿同志组成一个"家庭"，掩护党在香港的地下电台工作。1939 年她与王裕寿正式结婚。1941 年日军侵占香港，全家随电台迁到澳门。1943 年在澳门病逝。

王裕寿（1915—1985），江西吉安人，1931 年参加中国工农红军，1937 年被派到苏联学习无线电。1938 年回国后被派往香港，在共产党员朱伯琛领导下组建香港地下电台。1939 年与杨匏安长女杨绛辉结婚，长期从事党的地下工作。

杨匏安三子杨志，字宗政，1925 年 9 月 1 日出生于广州。父亲遇难后，1932 年随家人从上海回到广州。当时生活异常困难，祖母带着他和年仅 3 岁的弟弟杨文伟回到家乡北山村谋生，1937 年又带他到香港当童工。1939 年，周恩来委托廖承志找到杨志，并由毛泽东的好友朱伯琛安排送往延安，交给帅孟奇，并安排在自然学院里学习。杨志毕业后参军上前线，在解放战争中，他参加过东北四平保卫战，当过武工队队长和熊岳县县长。中华人民共和国成立后，他先到北京农业大学学习，后到海南和云南种植橡胶，曾任云南省林学院副院长。"文革"期间被打成"国际大特务廖承志的特务"。1978 年平反后调回广东，任广东省林业厅副厅长。1989 年 10 月 17 日在广州逝世。

杨匏安四子杨文伟，字宗威，1928 年出生于珠海翠微村。父亲遇难后，1932 年随家人从

杨匏安三子杨志

杨匏安四子杨文伟

上海回到广州住在杨家祠。面对生活困境母亲打算把他卖了，他哭喊拒绝，才没被卖走。母亲去世后，祖母带他和杨志回到家乡南屏北山村，祖孙相依为命。几年后，在党的安排下，杨文伟进了设在九龙的香港难童收养所，并在香港侨光小学就读。他的大姐和姐夫当时也在香港办地下电台，他就跟着姐夫王裕寿学无线电技术。

1941年底香港沦陷，次年，杨文伟跟着地下电台撤到澳门，地下电台与中央失去了联络。1942年杨文伟到云浮县依附堂叔杨青山。1943年，堂叔杨青山被裁员，生活不景，他只好回北山。也是这年，年仅20岁的大姐得了重病，最后因无钱医治去世。其后，姐夫负责的地下电台与中央恢复联络，杨文伟到澳门找到姐夫王裕寿与其共同生活工作。1945年3月，党组织负责人朱伯琛把杨文伟送到广东抗日游击队东江纵队，他被安排在司令部电台工作。1946年他随东纵司令部撤至山东烟台，之后被调到中央军委华东社会部调查研究室，为华东战场历次战役提供军事情报而努力工作。1949年秋他随军南下到南京，在华东军政大学学习。1950年被调往福建前线。1984年在福州军区三局离休。现同夫人郑梅馨居住在广东珠海。

1946年9月6日，杨文伟随东江纵队撤至山东烟台时，东江纵队副司令员王作尧为大家拍摄的照片，后排右三是杨文伟

杨文伟是无线电技术精湛的部队专业干部，多年来，秉承父亲杨匏安忘我牺牲的革命精神，工作出色，淡泊名利，默默奉献，遇到授军衔、评功授奖的时候，总是让给别的同志。不管受到什么挫折，他总是以工作为重，热爱事业的初心不改。他是抗战时参加革命的，离休时还是团级干部。

杨文伟夫人郑梅馨，1950年参军入伍，在福州军区总医院医务部工作。杨文伟和郑梅馨离休、退休后，克服各种困难，热忱追寻父亲的革命足迹。他们多年来对推动研究、宣传杨匏安的革命业绩，做了许多令人赞叹的工作，为弘扬烈士精神，传承红色文化基因，做出了表率。他们是珠海杨匏安研究会的顾问，为研究会工作积极奔走，竭尽全力，深受大家爱戴。

杨文伟和夫人郑梅馨

杨青山，杨匏安的堂弟。1906年出生于珠海北山村，5岁丧母，同伯母陈智、堂兄杨匏安及其庶母关秀英四人组成一家。1918年随杨匏安到广州读书、生活，五四运动前后，他积极协助杨匏安宣传马克思主义。1922年他参加中国社会主义青年团，1924年加入中国共产党，投身于工农运动，曾任中共广东区委通信员、工会训育员。蒋介石策动"四·一二"政变后，大批共产党人遭逮捕杀害，他到香港接应脱险的同志。他参加过广州起义。广州起义失败后，他遵照党的指示，潜伏下来，迎接新的战斗。他当过海员、公安人员和教师。在战争年代几经波折，与党失去了联系。解放后，他曾因这段历史受过不公正的待遇，1984 年予以平反，享受离休干部待遇。他是政协珠海市第一、二届委员会委员。

杨士曼，杨匏安之叔，受杨匏安言论思想的影响，走上革命道路，1924 年初加入中国共产党。国共第一次合作期间，他在国民党中央组织部任杨匏安秘书，曾从事农民运动和我党地下工作。

杨少琴（1911—1964），珠海北山村杨麒祥之女，杨匏安的堂妹，霍志鹏的妻子，是我党派驻上海的地下工作者。

霍志鹏（1903—1975），广东南海县人。杨匏安堂妹杨少琴的丈夫，中共党员。大革命失败后，他是我党派驻上海的地下工作者。解放前，他在上海南洋烟草公司做工。白色恐怖时期，他在上海经常为党秘密传递文件消息信件，冒险掩护我党领导同志。

杨匏安的亲属无论是在秘密战线还是在人民军队中都无愧于烈士后代的英名。他们在各自的战斗岗位和工作岗位上都为中华人民共和国的成立和建设做出了贡献。

二、清廉家风　代代相传垂范后世

杨匏安在追求进步思想、投身革命直至为党和人民献出宝贵生命的光辉岁月中，其人格魅力，无私无畏的英雄气概，贫贱不移、威武不屈的高尚品格，"忠贞不可忘"的革命精神在他的家人中得以传承和发扬。杨匏安平时严格要求家人，注重子女品格教养，形成了良好的家风。杨匏安的四个儿子都一生从军。杨文伟说："自古有'子承父业''杀父之仇，不共戴天'的说法，父亲 35 岁就牺牲了，但他的儿子们都从事了革命工作，并奉献了一生。'再穷，也要公私分明，绝不以公谋私。'这是我们的家训，也是父亲留给我们宝贵的精神财富。"下面几个生活片段，杨家的孩子们从小耳濡目染，受到熏陶，也是杨匏安清廉自律，垂范后代的见证。

（一）杨家祠见闻

杨匏安一家在广州的住所杨家祠，是中共广东党组织成立前后的活动地点，成了广东革命的一个联络点和指挥所，党的许多会议都是在这里召开的。杨匏安和堂叔杨章甫在杨家祠以举办注音识字班为掩护，进行革命活动。全家人不辞劳苦、不顾危难为革命做过许多工作。据杨匏安的二儿子杨明回忆："从我记事起，那里就是一个既神秘又热闹的地方。白天人来人往，晚上'国语注音字母团'开始上课。听课的人很多，每天大约三四十人。这是一所推广普通话的新型学校，是陈独秀任广东省教育委员会委员长时建立的，意在振兴和改革广东教育事业。听课的学生中不少是进步青年和工人，他们在革命洪流中大部分参加了党团组织，成为革命骨干。讲课的是父亲杨匏安和其族叔杨章甫、谭平山、谭植棠等。他们把祠堂当课堂，授课、教唱革命歌曲，十分热闹。记得瞿秋白就曾在这里教唱《国际歌》。我们那时年纪很小，也跟着学会了唱《国际歌》。我稍大一些便懂得来我家的人都是和父亲一起商量大事的……周恩来叔叔更是杨家的常客，他和父亲都在中共广东区执行委员会工作，在第一次国共合作时期又都以共产党员的身份加入国民党，并在国民党中央担任重要职务。他们经常一起磋商、研究工作，闲暇时也讨论古今中外有兴趣的问题。"

（二）拒绝做官

杨匏安在广州工作时期，任职于时敏中学，由于教师薪俸无法保证，家庭贫困交加，母亲和妻子靠缝纫、做手工枧、卖糍粑来维持生活，他经常要在教学之余昼夜写稿帮补家用。据杨匏安亲属回忆，当时，广东省警察厅秘书陈恭受（解放后被处决）十分欣赏杨匏安的才干，对他颇为器重，曾以金钱、官职作引诱，欲收他为亲信，为其效劳，许多人对此趋之若鹜。杨匏安不愿与陈恭受同流合污，坚辞不就。陈恭受恼羞成怒，利用职权报复，以取缔报馆，不准刊登寒灰（杨匏安笔名）的文章相威胁，杨匏安还是不为所动。

（三）三百大洋

1923年，杨匏安受中共中央委派参加了国民党的改组，此后三年间在国民党中央当过第二届中央委员、中央执行委员会常务委员、中央组织部秘书和代部长等职务。他身为国民党"高官"，没有借机敛财，而是以此身份大力发展党的组织，开展工农运动。据杨匏安家属回忆，当时，他一个月的薪金有300多块大洋，足以买田置地，但他把绝大部分钱都交给中国共产党作活动经费，只留下极少的一部分作为家用。因此，他家里的日子也一直过得很清贫，家人必须去做工才能勉强度日。

（四）两毛银币

杨匏安曾经在国共合作时期担任过高级职务，但他始终做到一尘不染。"父亲当时身居要职，在共产党和国民党内都有很高的地位，因此免不了有些人找上门来要求介绍工作，安排职务。对这些问题，父亲总是坚持秉公处理，丝毫不讲私情。他常说：做人要脚踏实地，光明磊落；告诫我们不要做贪小便宜、不干不净的事情。有一年中秋节有人送来几盒月饼，没有留下姓名住址就走了。父亲回来看到后十分生气，一定要家人探清来处，把月饼退回去。"[①] 一次，省港罢工委员会在杨家祠发放一笔捐款，草袋里遗下一枚两毛钱的银币，孩子们捡来玩耍。杨匏安发现后马上严肃地对孩子们说："这是公家的钱，一分一文都不能要。"接着，他又让孩子们马上把这枚硬币送回罢工委员会。他的亲密战友周恩来不止一次对他的孩子说："你父亲为官清廉，一丝不苟，称得上是模范！"这两件小事，在杨匏安子女心中留下很深的记忆。[②]

（五）临终遗训

杨匏安一生清廉，家里没有什么值钱的家当，一台破旧的缝纫机是全家养家糊口的重要生产工具。1931年7月，杨匏安最后一次被捕。在狱中，杨匏安面对国民党高官厚禄的引诱毫不动摇、宁死不屈。此时他也惦念家中生活，从狱中设法传出纸条叮嘱："玄儿不可顽皮""缝纫机虽穷不可卖去"。杨匏安在遗言中还告诫家人，千万不能接受国民党要人送的钱物，要依靠缝纫机自力更生，不要给

---

① 杨玄，杨明，杨志，等．先父杨匏安遗事［M］//李坚．杨匏安史料与研究．北京：中共党史出版社，1999：396 - 397.

② 杨玄，杨明，杨志，等．先父杨匏安遗事［M］//李坚．杨匏安史料与研究．北京：中共党史出版社，1999：397.

组织增添负担。

杨匏安这种安贫乐道、穷不夺其志、淡泊名利、保持操守的优良的中华民族的传统美德，随着时间的推移，潜移默化地影响着身边的人，逐渐转化为家人的潜意识，成为他们内在的动力！杨匏安是深受中国传统文化浸润教育而成长起来的共产主义战士，中国优秀的传统文化是他高尚人格的源头活水。母亲陈智是杨匏安最好的启蒙老师，而陈智本身就是一位有良好国学素养的优秀的女性。母亲的学识和人品深深地影响了杨匏安，他用自己的言行终身践行着中华民族的传统美德。清正廉洁是中国传统美德中官吏为官的公理，是无须找任何理由的政治道德。"廉者，政之本也，民之惠也；贪者，政之腐也，民之贼也"，"廉"的根本取决于严格的自我约束，只有"廉"，才能做到"正"，品格上的正直，处事上的公正，境界上的正气。这些特征在杨匏安身上得到了最好的体现！杨匏安身居高位时，两袖清风，富贵不淫；身处逆境时，公忠不忘，贫贱不移，为家人也为大家树立了典范。杨匏安精神不是中国传统文化的简单再现，而是坚定的马克思主义信仰，共产党人的高尚情操，与中国传统文化、传统道德之精华相互之间的一种有机结合，是一种扬弃和升华。正是这种坚定的理想信念、良好的家风家教和廉洁为公的精神，教育激励着后人，使广大党员干部以杨匏安为榜样，严格遵守廉洁纪律，树立廉洁从政的意识。

三、历史功绩　颂扬铭记彪炳史册

从 1896 年 11 月 6 日出生，到 1931 年 8 月就义，杨匏安 35 年的人生之路，从当年好学上进的岭南英才少年，到博学多识宣传马列的先驱，从学贯中西的理论家，到视死如归的革命家，他将自己的青春、热血、才华乃至整个生命奉献给了中国共产党领导的伟大事业，是真正为理想信念而赴汤蹈火、英勇献身的革命英烈。

杨匏安牺牲后的七十多年间，从中央到地方，都以各种方式缅怀纪念、研究颂扬这位为中国革命事业奉献了一生的人民英烈。让我们以时间先后为序回望杨匏安烈士被党和人民缅怀的历史。

（一）各级组织认定纪念

1945 年 4 月由中共中央组织部编印的《死难烈士英名录》，杨匏安位列其中。与杨匏安登记在同一页的革命烈士有杨殷、恽代英、邓中夏、林育南、何孟雄等人。杨匏安的籍贯一栏是"广东香山"，职别一栏为"五届中委"，出身一栏是"留学生"，党龄一栏是"大革命前"，牺牲地点时间一栏是"1931 年上海"。

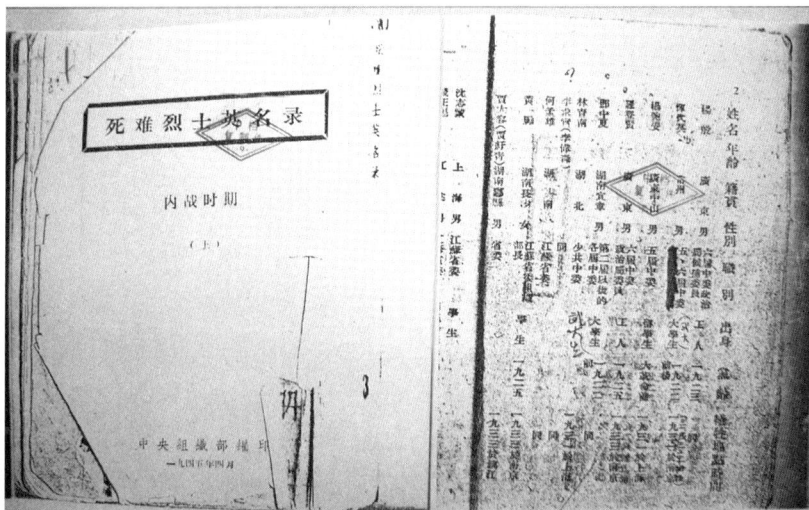

1945 年 4 月中共中央组织部编印《死难烈士英名录》，杨匏安名列其中

中共中央组织部 1944 年 4 月对杨匏安烈士的认定，是党中央对杨匏安在中国共产党领导的革命事业中所做出的历史功绩的组织认定。

《中国共产党第三次修正章程决案》第八章为"监察委员会"，有监察委员会的组成及担任监察委员的资格限定，其中第六十二条"中央及省监察委员不得以中央委员及省委员兼任"，第六十三条"中央及省监察委员，得参加中央及省委员会议，但只有发言权无表决权。遇必要时，得参加相当的党部之各种会议"①。这就解释了杨匏安出席了中共五大会议，但不是中央委员的原因。那么，

---

① 中共武汉市委党史研究室，中共五大会址纪念馆. 中国共产党第五次全国代表大会［M］. 北京：中共党史出版社，2007：125.

革命英烈表上所列的杨匏安的职位是"五届中委"，可能是基于第六十三条的职权考虑的。杨匏安虽然不是中央委员，但他是监察委员会的副主席，他的位置至少不低于中央委员。他可以参加中央及省委员会议。表中"职别"填"五届中委"是可以理解的，中共中央组织部的这个认定，也是符合杨匏安历史功绩的。

1956 年，珠海县人民政府授予杨匏安"革命烈士"称号。

1959 年，作家、诗人萧三编选《革命烈士诗抄》时，杨匏安的诗作被选中，与几十位革命烈士的诗作一起编入《革命烈士诗抄》，由中国青年出版社出版，杨匏安的英名以及他的崇高气节开始在读者中传颂。

由于种种原因，杨匏安的生平事迹、文章资料及其光辉思想、高尚人格品德都被漫长岁月厚厚地封盖住了，一位伟人的生平不是广为人知的，甚至他的伟绩被长期低估，对杨匏安的研究、宣传几乎是空白的。

（二）研究颂扬

1962 年，中山大学的李坚教授拉开了学界研究杨匏安的序幕。

对杨匏安生平事迹的研究，起始于中山大学李坚教授"极其偶然"地买到一大捆残缺不全的广东一些地方的报纸。1962 年，在广州中山大学校园内的一条林荫道上，历史系的李坚偶然碰上一位书生模样的中年男子，他手里提了两捆旧报纸，问李坚可否收购？出于职业敏感，李坚接过后一翻，发现是民国前期广州发行的报纸，而且是极罕见的《广东中华新报》与《广东群报》。《广东中华新报》的时间是 1917—1919 年的，对开 4 版，印刷精美，时政新闻、民生、文化各类栏目齐全。李坚买下了这些报纸。他发现，在这两年多的时间中，杨匏安发表了大量介绍西方各种哲学流派的连载长文，其中包括对马克思主义的系统介绍，以及诗歌小说类文学作品等。就是从这份报纸开始，李坚开启了对杨匏安的研究，从这之后，也开启了学界对杨匏安的全面研究考证。

李坚教授对杨匏安的研究贡献，由珠海杨匏安研究会前会长黄永康老师等学者作了研究综述："由于李坚当时正在研究广东五四运动史，他对这些过去未曾见到过的广东报纸格外有兴趣。李坚的敏锐与孜孜不倦的研究，竟然使他从中找到署名'匏厂'作者的一批文章，更为可贵的是，从中发现了一篇对马克思主义学说介绍的文章，堪与李大钊名文《我的马克思主义观》下半篇相提并论，发表时间竟也同在1919年11月。李坚虽不知'匏厂'是谁，但学者的学识与独到的眼界，使李坚更加努力地调查、求索，终于在1964年撰写了《1919年马克思主义在广东的传播》，连同有关的《广东中华新报》提供给省委党史办的同志。后者抄摘了该报资料，并油印《中华新报选辑》内部发行。以后'文化大革命'开始，中断了这一过程。李坚的重大发现被置于连南深山的省档案库。"

"1978年李坚再次对此文修改（约万余字），并提交到广东省史学会讨论，引起与会同志的兴趣。之后，中山大学历史系毕业生、当时在省委党校担任助教的曾庆榴主动去信联系，并建议李坚老师将杨匏安'世界学说'部分专题刊登于广东省委党校内部刊物《党史教研资料》1980年第12、13期，同时刊登李坚《匏厂即杨匏安烈士考》。这进一步推动了广东省中共党史界、史学界诸多人士的关注与研究。1980年冬，李坚开始撰写《杨匏安烈士传略》，初稿约二万余字。有感于曾的主动与热诚，李坚邀请曾庆榴参与该文的修改与定稿，并以俩人名义在《党史教研资料》第23期（1981年2月25日出版）发表。这是当时全国范围内首次对杨匏安烈士生平事迹比较完整的介绍与评价。1981年4月，全国党史人物研讨会在重庆召开。李坚在省委党校领导的支持下，携带该文（二百余份）参加会议。该文引起党史、五四史专家胡华、彭明等人的高度重视。之后，此文被收入《中共党史人物传》第四卷（由陕西人民出版社于1982年7月出版，并向海内外发行）。1981年起，李坚陆续在各种报刊上发表多篇介绍杨匏安传播马克思主义事迹的文章（也有与曾庆榴联名发表的）。1981年'五四'前后，广州地区报刊也陆续发表一些介绍杨匏安宣传马克思主义的短文。1983年9月，广东省社科联对李坚与曾庆榴颁发三等奖以及奖金。"①"原在云南工作的杨匏安烈士第三子杨志于1980年冬调到广东省林业厅任职，在香港的大哥杨宗玄（原在台湾）、在北京的二哥杨明几次回广州聚会，四子杨文伟稍晚从福建海军离休回

---

① 黄永康，刘利亚，门晓琴，等. 杨匏安研究述评［M］//中共"一大"会址纪念馆，上海革命历史博物馆筹备处. 上海革命史资料与研究. 上海：上海古籍出版社，2007：567.

珠海定居。他们原本对父亲生平事迹所知不多。他们经常交谈，回忆当年一些细节，开始追寻父亲生前的足迹。1983 年 8 月，中央选出党史专题百余条，要求各省市组织人力调查，并上报中央。其中李坚被指定负责'马克思主义在广东的传播'专题，赴京、沪、宁调查。杨明闻讯主动和李坚共同在北京与上海进行调查，参与收集大量宝贵的资料。1984 年 1 月李坚撰写《五四时期马克思主义在广东的传播》（万余字），并写下译注三万余字。之后因故改写为七千余字，发表在《广东党史研究文集》第一册（中共党史出版社 1991 年出版）。上海龙华烈士陵园的尤亮在 1984 年冬寄来 1931 年逮捕、审讯以及处死杨匏安烈士当时敌伪档案的复印件。至此，杨匏安烈士许多鲜为人知的事迹与重要史料已在学术界以至社会中传播并形成初步共识。"①

1986 年，李坚主编的《杨匏安文集》也由广东人民出版社出版，杨匏安的许多文章第一次与国人见面。

20 世纪八九十年代，先后有广东、北京、河北、上海、武汉等地的近现代、党史研究学者从杨匏安对马克思主义的唯物史观、阶段斗争学说、剩余价值论和科学社会主义的系统介绍，杨匏安与五四新文化新思潮，中国共产党建党时期杨匏安对建党理论的贡献，建党初期的杨匏安革命活动，杨匏安与大革命时期的国共统一战线，杨匏安与广东青年运动、工人运动，杨匏安与中共纪检机构的创立等各个角度研究探讨杨匏安及其业绩。

《人民日报》1986 年 6 月 28 日发布的《〈中共党史人物传〉前三十卷出版》一文中指出：这"为党史增添了大批史料，如'杨匏安'篇，首次提出杨匏安与李大钊差不多同时宣传马克思主义，是我国南方第一个宣传马克思主义的人。这一论断已为史家广泛接受"。吉林大学曹仲彬教授对杨匏安早期传播马克思主义的事迹进行论证和探讨。他先是与杜艳华合作，在《中共党史研究》1990 年第 1 期发表《杨匏安在传播马克思列宁主义的历史功绩》一文（此文被《新华文摘》以"杨匏安传播马克思主义的历史功绩应得到应有评价"而"论点摘

① 黄永康，刘利亚，门晓琴，等．杨匏安研究述评［M］//中共"一大"会址纪念馆，上海革命历史博物馆筹备处．上海革命史资料与研究．上海：上海古籍出版社，2007：559－561．

编"）。之后，又以《论杨匏安在早期传播马克思主义中的先驱地位》在吉林的
《革命春秋》1990 年第 4 期再度发表（此时作者坚持将之前被删除的内容悉数恢
复），此文于 1992 年获吉林省社科优秀成果三等奖。曹仲彬教授又于 2001 年在
其所著的《开天辟地大事变：为中国共产党诞生八十周年作》一书中，以第四
章第三节近万字的篇幅专门论述："杨匏安是我国南方最早正确地、系统地传播
马克思主义的先行者。"曹教授明确指出，除李大钊以外，杨匏安与其他第一代
马克思主义者陈独秀、李达、张闻天、高一涵、瞿秋白、毛泽东、周恩来等相
比，则是"时间更早，理解更深，贡献更大"。由中共中央党史研究室著，胡绳
主编的《中国共产党的七十年》和历史学家李新、陈铁健主编的《伟大的开端：
1919—1923》也都充分肯定杨匏安早期传播马克思主义的突出贡献。人民出版社
原副总编辑马连儒也将这方面认识写入其本人 1991 年出版的《中国共产党创始
录》和 2001 年出版的增订本《风云际会：中国共产党创始录》与《激扬文字：
中共建党诗文录》等专著之中。[①] 中共珠海市委市政府在杨匏安九十周年、一百
周年、一百一十周年诞辰时相继举办过隆重的纪念活动，邀请国内有关专家学者
进行学术研讨，取得丰硕的研究成果。

　　1986 年 11 月，在杨匏安九十周年诞辰之际，中共珠海市委、珠海市人民政
府隆重举办了"纪念杨匏安同志诞辰 90 周年大会"，同时，中共广东省委党史研
究室、广东省社科联、广东省中共党史学会以及中共珠海市委党史办、广东省青
运史办等单位在中共珠海市委的大力支持下，联合举办纪念杨匏安九十周年诞辰
学术讨论会。广东省委宣传部常务副部长、广东省社科联主席张江明到会并致开
幕词。

　　同年 11 月，中共珠海市委、珠海市人民政府为杨匏安烈士所立的铜像耸立
在了珠海著名的情侣路香炉湾畔，由著名雕塑家——广州美术学院潘鹤创作。铜
像基座碑文镌刻："杨匏安同志（1896—1931），珠海南屏北山乡人，五四运动
时期他最早在华南地区传播马克思主义，是我党早期著名的革命活动家。1921

---

① 黄永康，刘利亚，门晓琴，等. 杨匏安研究述评［M］//中共"一大"会址纪念馆，上海革命历
史博物馆筹备处. 上海革命史资料与研究. 上海：上海古籍出版社，2007：562.

年参加了中国共产党，后从事工人运动。1924 年秋任中共广东区委监察委员。1925 年 6 月和苏兆征一起发动省港大罢工。大革命时期，对促进第一次国共合作做出重要贡献。1927 年 4 月参加中共五大被选为中央监察委员。1927 年参加八七会议。1929 年在党中央参加党的报刊的编辑出版工作。1930 年任中共中央农民运动委员会农民部副部长。1931 年 7 月 25 日，因叛徒出卖被捕，8 月于上海壮烈牺牲。"

杨文伟经常到杨匏安铜像的所在地凭吊父亲，铜像杨匏安身着长衫、口叼烟斗在沉思，至今已经矗立了二十多年。杨文伟的三哥杨志、二哥杨明去世后，选择留在父亲杨匏安身边，铜像旁的绿荫里，有两棵苍柏挺立，下面安葬着他们的骨灰。"这里得山望海，闹中取静，是一个有纪念意义的地方。"杨文伟深情地表示："有两个哥哥陪伴，父亲不会寂寞。"多年来，珠海杨匏安研究会长期开展清明节祭奠杨匏安活动，在清明节当天，研究会组织在望海楼杨匏安烈士铜像前举行主题纪念活动，研究会主要成员、会员代表，杨匏安家属代表，杨匏安纪念学校师生，珠海市关工委领导，香洲区教育局有关领导，社会各界关心杨匏安研究工作的热心人士参加了活动，缅怀先烈。

1996 年 10 月 23 日，珠海市委举行纪念杨匏安一百周年诞辰报告会。邀请时任广东省委党史研究室主任曾庆榴报告杨匏安的生平事迹。

1996 年，作为杨匏安一百周年诞辰、牺牲六十五周年的纪念，中央文献出版社出版了由李坚主编、中共珠海市委党史研究室主持编辑的《杨匏安文集》，这是研究杨匏安的一大瑰宝，是在 1986 年由李坚主编、广东人民出版社出版的同名文集的基础上，扩充而成的，字数达 56 万字。这本文集收录了业经发现的杨匏安的全部作品，包括诗歌、小说、

《杨匏安文集》

散文、翻译小品文、时政评论，涉及的学科有政治、哲学、美学、心理学、历史、经济、文学等，几乎涵盖了社会科学的各个领域。它是中华民族一份弥足珍贵的精神遗产，是研究中国现代思想史、革命史和党史的重要文献。其中大部分早期作品是李坚教授在"文革"前夕从偶然买到的旧报中发现的。《〈青年周刊〉宣言》和《马克斯主义浅说》是广东省青运史办曾建昭、陈善光两同志在山西太原团省委机关发现的。《西洋史要》是杨明在北京琉璃厂旧书铺购到的。除诗词集中编在一起外，其余译著均按写作或发表年月为序。该书的出版得到叶选平、于光远等领导的重视与支持，由中山大学历史系李坚教授负责编辑，杨匏安的二儿子杨明及林景福等同志参与了资料收集和抄校工作。马采和胡锦钊教授参加了美学和哲学部分的校注工作。在编译出版过程中得到中共广东省委党史研究室、省委党校、省档案局、省革命历史博物馆、省立中山图书馆、农民运动讲习所纪念馆、上海龙华烈士陵园、中央文献出版社、中山大学图书馆等单位和张江民、于光远、曾庆榴、镡德山等许多专家学者以及杨匏安烈士的亲属的大力支持。

1996 年前后，上海龙华烈士陵园为杨匏安烈士建立了墓碑与诗碑亭，让烈士在九泉之下安息。上海龙华烈士纪念馆开馆周年纪年封的正面主图案是青年杨匏安像。

上海龙华烈士陵园中的杨匏安烈士墓碑

上海龙华烈士陵园纪念馆周年纪年封

1999 年 4 月，由李坚主编的《杨匏安史料与研究》一书，由中共党史出版社出版发行。该书由三部分组成，第一部分是杨匏安一百周年诞辰的纪念性文章；第二部分是研究与考证文章；第三部分是史料与回忆。这本书是研究杨匏安的又一件瑰宝，为更多的学者与社会人士提供了研究杨匏安的第一手史料与研究成果。

2001 年 6 月 25 日，为纪念中国共产党成立八十周年，《人民日报》专版刊登重要纪念文章——《开天辟地》，文章刊登了九位中共著名革命领袖和人物的照片，他们是李大钊、

《杨匏安史料与研究》

陈独秀、杨匏安、毛泽东、李达、董必武、邓中夏、李汉俊、施存统。杨匏安照片排列在醒目的位置，排序第三。文章开篇写道："五四运动前后，一批优秀的知识分子接受了马克思主义。随着马克思主义在中国的传播，中国唯一的无产阶级政党——中国共产党诞生了。从此中国历史揭开了新篇章。"文章对十月革命后，在中国传播马克思主义的先驱人物作了介绍，概括介绍了北京、上海、广州、武汉、长沙、济南、巴黎、东京等地共产主义小组的成立情况。文章中写道："在广东，杨匏安发表了一系列推介马克思主义的文章，成为华南地区最早的马克思主义传播者。"

2001 年 6 月 25 日《人民日报》刊登文章《开天辟地》

2002 年 9 月，中共中央党史研究室在出版《中国共产党历史》一书时，将杨匏安早期传播马克思主义的概况，写入了新版第一卷第二章"五四运动和中国共产党的诞生"之中。书中记述"杨匏安从日本回国后，于 1919 年 10 月至 12 月间连续发表文章，对各派社会主义学说的要点及其创作人的生平进行了介绍。他在同年 11 月至 12 月发表的《马克斯主义——一称科学社会主义》

一文，对马克思主义的三个组成部分作了比较全面而简要的概述。这是中国人所写的又一篇比较系统地传播马克思主义的文章"①。2002 年 11 月，政协珠海市委与珠海市博物馆联合举办了"杨匏安和他的革命家庭"展览，我国著名经济学家、曾任中国社会科学院副院长的于光远特意从北京赶来为展览题写了展标。展览由珠海市博物馆馆长张建军和副馆长尚元正负责陈展，门晓琴、梁振兴执笔编写陈展大纲。其后，又将该展览送往珠海的大专院校、中小学、海岛部队等多个单位展出。观众看了这个展览后，直观地知道和了解杨匏安的英雄形象。2006 年，由珠海市文化局和市博物馆领导统筹安排，门晓琴在该展览的基础上，进行补充修改编成图文并茂的《珠海历史名人丛书——杨匏安》。展览和本书由于光远提供一部分珍贵史料（抗日战争初期，于光远在广州与杨明从事革命活动，两人是挚友。于光远与杨匏安的家人具有深厚的情谊，对杨匏安烈士的研究和宣传工作热心支持。于光远本人对杨匏安有独到研究），杨匏安烈士的亲属杨文伟、郑梅馨、曹骅、何广贤、霍保莲等也给予热烈支持与帮助，并提供了珍贵的图片和资料。

2002 年，珠海北山村杨日高以区人大代表议案形式向香洲区政府提出，将杨匏安故乡南屏北山村小学更名为"杨匏安纪念学校"。2003 年 1 月，珠海市政协委员杨伍一又以委员提案形式提出类似要求。2003 年 9 月，经珠海市香洲区人民政府批准，北山村小学正式更名为"香洲区杨匏安纪念学校"。学校建立以来，全校历届师生，以各种形式缅怀杨匏安，已将传承烈士精神遗产融入素质教育和教学活动之中。香洲区的文化工作者，以小话剧、歌曲等艺术方式，生动呈现了杨匏安烈士的感人史迹。

2003 年 1 月，由李坚主编，主要由李坚、张克谟、谢燕章、卜穗文等四位长期从事杨匏安研究的广州学者及杨匏安二子杨明各自撰文合作编写的《杨匏安传论稿》，作为《广东党史资料丛刊》2003 年第 1 期出版。

---

① 中共中央党史研究室. 中国共产党历史（第一卷）［M］. 北京：中共党史出版社，2002：46.

香洲区杨匏安纪念学校大门

香洲区杨匏安纪念学校揭幕

2005年3月16日，中央电视台在《新闻联播》"永远的丰碑"栏目中，专题介绍了杨匏安。3月17日的《人民日报》《光明日报》分别以"我党早期优秀理论家杨匏安""清霜坚傲骨——我党早期优秀理论家杨匏安"为题，共同赞誉杨匏安是我党早期优秀的理论家和革命家。

2006年，是中国共产党建党八十五周年，恰逢杨匏安一百一十周年诞辰。6月28日，在珠海市委主要领导的支持下，市委组织部、市委宣传部、市委党史研究室、市委党校以及市社科联共同举办了"纪念杨匏安诞辰110周年研讨会"。应珠海市委邀请，中共中央党史研究室一部主任刘益涛，广东省委党史研究室副巡视员卢荻专程到会祝贺，并参与研讨。北京、上海、吉林以及广州等地多名知名学者专家如李坚、曹仲彬、王晓建、曾庆榴、陈善光等莅临会议并参与研讨。于光远虽因身体原因未能到会，但发了专电祝贺。杨匏安烈士在珠海、香港的亲属应邀出席会议。研讨会上，来自国内以及珠海的专家学者提供数十篇有相当水平的文章。其中七位专家学者作了大会发言，将杨匏安研究与宣传活动推向新的高潮。

6月28日，由中共珠海市委宣传部主办、珠海市博物馆承办的"中国革命人物'珠海三杰'——杨匏安、苏兆征、林伟明大型图片展"在珠海市博物馆隆重展出。珠海市委市政府领导、杨匏安烈士的亲属及来自各行各业的代表出席了开幕式。珠海市委宣传部向全市各机关企事业单位下发了参观该展览的文件。历时三个月的展览，使杨匏安烈士的宣传走向了更广的层面。

6月28日，由珠海市哲学学会、中国人民大学珠海校友会、珠海市委党史研究室、珠海市博物馆等发起，在珠海市领导与各有关方面的大力支持下，珠海杨匏安研究会正式成立。在杨匏安研讨会的开幕式上，珠海市委副书记王广泉亲自向杨匏安研究会颁发牌匾。目前参加杨匏安研究会的有六十余人，其中既有杨匏安在珠海的亲属，北山社区杨氏宗族的一些成员，也有珠海社科界、文化界的热心杨匏安研究和宣传的学者与实际工作者，还有在珠海大专院校的一些愿意参与杨匏安研究的专家教授。

为庆祝中国共产党成立八十五周年，2006 年 6 月 28 日珠海市博物馆隆重举办

"中国革命人物'珠海三杰'——杨匏安、苏兆征、林伟民大型图片展"

杨匏安亲属及各界代表出席开幕式

6月28日，珠海市委党校教授叶庆科的遗作《杨匏安评传》由珠海出版社出版，并举行首发仪式。

2008年9月，珠海市社科联与杨匏安研究会主编的《杨匏安研究文选》由珠海出版社出版发行。《杨匏安研究文选》主要收入了"纪念杨匏安烈士诞辰110周年研讨会"的论文，还有数篇2008年之前，全国各地研究杨匏安的专家学者的重要文章。

2008年10月，广东省社会科学院黄明同老师和研究生张俊尤所著《启蒙思想家·革命家杨匏安》出版。

2009年11月5日，在上海举行了纪念杨匏安113周年诞辰专题研讨座谈会。这次专题研讨座谈会由珠海市社科联、珠海杨匏安研究会与复旦大学国际关系学院共同举办。会长吴广平、常务副会长黄永康及研究会骨干成员、杨匏安亲属与复旦大学国际关系学院原党总支书记李幼芬教授、历史学院老领导余子道教授、上海复旦大学社会科学基础部杜艳华教授、上海龙华烈士陵园纪念馆副馆长黄红蓝、上海中共一大会址纪念馆副馆长张小红等，就杨匏安研究的多个方面进行了研讨座谈。

多年来，武汉革命博物馆、八七会议会址纪念馆、中共五大会址纪念馆等单位的专家学者，对杨匏安的研究宣传，作了大量卓越的工作。

正是在学界研究成果的基础上，杨匏安的展览宣传工作从学界走向大众，从广东走向全国，从珠海市博物馆走向武汉、上海等大馆。在武汉中共五大会址纪念馆的展览中，杨匏安位于展览的显著位置；在上海中共一大会址纪念馆的展览中，杨匏安对马克思主义的宣传与李大钊、陈独秀、李达、李汉俊、陈望道放在同一个位置；在上海龙华烈士陵园纪念馆的展览中，杨匏安与中国共产党的许多知名革命烈士并列展出。

上海中共一大会址纪念馆展厅展板

2011年6月28日，在珠海市委市政府的领导下，在珠海市文体旅游局和珠海市博物馆的共同努力下，建立在南屏北山的固定的陈列馆——杨匏安陈列馆隆重开馆。展馆由珠海市博物馆馆长张建军和副馆长尚元正负责陈展，杨长征撰写大纲，在不到2个月时间内，加班加点，赶在七一前终于建成。展馆虽然只有198平方米，但杨匏安的光辉业绩基本以文物资料、展品的展示方式展现给了观众。

2012年3月21日，珠海杨匏安研究会在市委党校召开会员代表大会，进行理事会换届工作，大会选举产生了杨匏安研究会第二届理事会理事和领导班子。

自珠海杨匏安研究会成立以来，经过研究会各位理事和会员的不懈努力和深入的研究，形成了杨匏安研究的丰硕成果。第二届理事会在吴广平会长的带领下，继续秉承严肃认真的治学精神和高度的责任心，黄永康、门晓琴、刘利亚、赵艳珍等进一步挖掘史料，深入研究杨匏安的事迹，发表了一批具有重要价值的重磅文章，使杨匏安的研究工作上升到一个新的层次。

2012年11月10日，杨匏安研究会在中山大学珠海校区举行了"珠海历史伟人杨匏安的再认定"主题报告会。

杨苞安研究会积极联合香山区杨苞安纪念学校和珠海前山中学等学校阵地，开展多种形式的宣传纪念活动，大力传播杨苞安的革命事迹和革命精神。每年的清明节或杨苞安诞辰，研究会联合学校举行各种纪念杨苞安的活动，以杨苞安为榜样，树立为国家做奉献的理念，使学生立志成为将来对国家发展有贡献的人才，深度培育中小学生的社会主义核心价值观。杨苞安的高大形象在广大学子和社会各界广为传颂。

2016 年 11 月 27 日，"纪念杨苞安诞辰 120 周年学术研讨会"由珠海杨苞安研究会和珠海市社科联共同举办，国内各地研究杨苞安的专家学者、省内研究杨苞安的有关专家教授和珠海市有志于杨苞安研究的热心人士 50 余人，畅谈杨苞安研究的心得，共同交流最新的研究成果。参加会议的专家学者皆为当时国内研究杨苞安的集大成者。本次会议收到来自北京、上海、武汉、广州等全国各地专家学者的最新力作 20 篇。此次研讨会的交流文章全部收录在《杨苞安研究文选》第二辑，正在出版中。

2016—2017 年，中共珠海市纪委联合珠海市香洲区、杨苞安家乡南屏北山村委会，在北山村建立了廉政教育基地——杨苞安纪念公园和杨苞安纪念广场，并启动了升级改造杨苞安陈列馆的工作。

经过杨苞安研究会全体同仁、党史专家、高校专家教授和有关机构的不断努力，杨苞安的历史事迹和革命精神引起了社会广泛关注。在不同的重要刊物上不断登载研究杨苞安的重要文章，还原了杨苞安真实的历史事迹和伟大的历史形象，使杨苞安的形象更加饱满。中央电视台、广东电视台及其他重要官方媒体不断地对杨苞安进行正面宣传。2016 年，广东省纪委、珠海市纪委与广东省剧团联合创作的以杨苞安为背景的廉政话剧《信仰》上演，让杨苞安从珠海走向全国，形成了巨大的宣传效应，充分展现了杨苞安的历史功绩、高尚品格和人格魅力，使杨苞安的党史地位有了重大提升，全面加深了社会对杨苞安的认知。中央电视台第 10 频道的《国宝档案》栏目，专门制作了一期介绍杨苞安的专题，重点介绍杨苞安的生平和功绩，在央视媒体正式播出，其宣传的效应和杨苞安的地位得到官方高度肯定。

2017 年，中央政治局委员、广东省委书记李希参观考察珠海时，亲临杨苞安陈列馆旧馆，并在杨匏安烈士塑像前深情缅怀了杨匏安烈士。省委常委、省纪委书记、省监委主任施克辉同志来珠海考察时也亲临杨匏安陈列馆，并对陈列馆旧馆改造升级做出指示，要求一定要把杨匏安陈列馆打造好，还从书记办公经费中拿出资金，用于支持旧馆改造升级。

多年以来，中国监察学会反腐倡廉历史研究会对珠海杨匏安研究会的工作给予大力支持。为扩大杨匏安作为中共党史上首届中央监察委员会领导的影响，为升级改造杨匏安陈列馆的有关事宜，该研究会积极联系协调广东省纪委与珠海市纪委，专门拨出资金对杨匏安陈列馆进行升级改造，重新布局和调整杨匏安事迹陈列展览，合力推进这项工作，以期更好展示宣传杨匏安在中共党史上的重大贡献及革命业绩，为教育广大党员干部群众，开辟出一个更理想的场所。

为了推动该馆的升级改造，珠海市委市政府和市纪委领导高度重视，将这项工作纳入 2018 年政府工作报告，并作为纪委党风廉政宣传教育工作的三项重点工作之一加以推动落实。在项目启动和建设过程中，市纪委书记龚海明部署、推动，并对设计施工方案、效果图、陈展大纲进行审核把关。分管的张石成副书记、赖晓明常委在项目选址、资金落实、招标采购等重大关键事项上，多次出面协调市财政、发改、文化、宣传等部门，着力解决升级改造中遇到的各种困难和问题，对设计施工方案、效果图、陈展大纲反复进行审核把关，为陈列馆升级改造工作提供了强有力的组织领导保障。在陈列馆筹建过程中，市委宣传部、市文体局、市档案局（馆）、香洲区委、南屏镇、北山村等单位，与市纪委通力协作，密切配合，抽调出专人参与史料收集，多次召开协调会、现场会、征求意见会，研究解决陈列馆建设中的各种问题。针对陈列馆周边环境杂乱差的问题，香洲区和南屏镇政府专门进行了综合配套美化环境改造，杨匏安陈列馆和周边环境因此焕然一新。

2018 年，在广东省纪委的鼎力支持下，在珠海市纪委强有力的领导协调推动下，杨匏安陈列馆升级改造工作加速推进。2018 年 3 月，珠海市纪委借调研究会副会长门晓琴挑起重任，参加杨匏安陈列馆的升级改造工作，负责陈列大纲的创作编写和展品文献资料的研究查寻收集，市纪委常委赖晓明及宣传部部长董志勇、副部长张凝主持协调陈展工作，陈电、谭世才、肖丽萌等宣传部同志倾力配合。门晓琴与张凝、骆伟娟、黄文武、黄翔、白玛拉珍等同志组成文献资料收集工作组，立即投入工作。由于时间很紧，为了有的放矢找到文献，在出发前先做好案头工作，列出翔实的查寻清单，发函对方，保障时间上高效，目标清晰明确。文献资料收集工作组利用近一个月的时间先后赴广东省档案馆、广东省立中山图书馆、上海市档案馆、上海图书馆、中国第二历史档案馆、中央档案馆、国家图书馆、首都图书馆等单位，争分夺秒，查找有关杨匏安烈士的文献记录，先后查阅各类档案 2 000 多卷宗册及大量图书，复制仿真 300 多件珍贵文献，为多年来涉及部门最多、征集史料最全面的一次专项征集工作。文献资料收集工作组返回后，门晓琴立即投入到陈列大纲编写工作中。在对收集到的大量史料文献进行研究筛选的基础上，先后 7 次修改，写出 6 万多字的陈列大纲及制作文本，珠海市纪委副书记张石成数次召集相关同志对陈列大纲文本进行研究讨论，提出修改建议。珠海市纪委书记龚海明等领导层层把关审核形成定稿，由市纪委报送省委、市委党史办公室和宣传部门征求意见后，8 月，陈列大纲交陈展制作团队进行陈展工作。

2018 年 12 月，完成升级改造工作的杨匏安陈列馆，其展览面积由 198 平方米扩大到 1 600 多平方米，陈展面积、陈展内容、陈展方式及陈展效果均得到极大提升，全面而丰富地展示了杨匏安的光辉业绩。杨匏安陈列馆，是珠海市最大的集廉政宣传教育、党史党性教育、革命传统教育于一体的综合性教育基地。"石可破也，而不可夺坚；丹可磨也，而不可夺赤。"一幅幅震撼的画面，一件件珍贵的展品，一段段峥嵘的岁月，一页页不朽的篇章，再现了杨匏安跟随中国共产党在中国革命斗争中的艰辛历程。烈士殒身不悔，牺牲从容，光辉业绩铸就了彪炳史册的历史丰碑！

2018 年 12 月初，广东省副省长许瑞生参观杨匏安陈列馆返回广州后，7 日上午，就保护修缮革命先辈杨匏安旧居杨家祠（广州）事宜，率队召开现场会议，要求省市区相关单位高度重视，务必在短时间内完成广州市第九批文物保护单位杨家祠的房屋安置、保护修缮、史料挖掘和展示及周边环境微改造等工作。

珠海杨匏安陈列馆

珠海杨匏安陈列馆序厅

观众参观珠海杨匏安陈列馆

2019 年 2 月 1 日，经广东省市区相关单位的奋勇努力，杨匏安旧居杨家祠（广州）一期保护修缮完成，临时展览开放。

2019 年 4 月下旬，杨匏安旧居杨家祠（广州）二期保护修缮完成，由广州农民运动讲习所纪念馆和中共三大会址纪念馆负责修建的杨匏安旧居陈列馆同期建成。

2019 年 4 月 30 日下午，杨匏安旧居陈列馆开馆仪式在广州市越秀区越华路116 号杨家祠举行，第九批广东省文物保护单位杨匏安旧居于同日挂牌。广东省副省长许瑞生出席仪式并致辞，杨匏安后人开启杨匏安旧居陈列馆大门，社会各界代表共同瞻仰了陈列展览。许瑞生指出，杨匏安旧居是中国共产党早期优秀的理论家和革命活动家杨匏安先生从事革命活动的场所，也留下了上百位共产党人的革命足迹，成为广州这个英雄城市的光辉记忆。自 2018 年省政府决定正式启动广州杨家祠修缮工作以来，在各方的通力合作下，杨匏安旧居得以重现于众。许瑞生强调，文化遗产是留住城市记忆的最核心部分，留住城市记忆，保护革命文物遗产，是一代人的担当和忠诚，需要各级政府、各有关部门、社会各方面的共同努力、共同参与、共同行动。杨匏安等革命先烈将马克思主义与中国工人运动相结合，用自己的生命唤醒民众，追求真理、追求光明，谱写了浩气长存的爱国主义壮歌。我们通过恢复修缮陈列馆，缅怀瞿秋白、杨匏安、阮啸仙、杨殷等革命先驱爱国、进步、民主、科学的精神，鼓励后人不忘过去，自强不息，依靠自己的英勇奋斗来实现中华民族的振兴、中国人民的幸福。

至此，珠海、广州两地终于都有了展示宣传杨匏安革命业绩的重要纪念场馆。

中共珠海市委宣传部和香洲区宣传部依托杨匏安陈列馆，拍摄制作的《初心故事——杨匏安陈列馆五集宣讲片》，于 2020 年 8 月 19 日登录《学习强国》平台。

附　录

杨匏安生平大事年表

光绪二十二年（1896）

11月6日（十月初二），出生于广东香山县南屏乡北山村。

光绪二十九年（1903）7岁

入读恭都学堂。

光绪三十二年（1906）10岁

转读凤山高小学堂。

光绪三十四年（1908）12岁

杨匏安小学毕业，考入广东高等学堂附中。

宣统元年（1911）15岁

在广东高等学堂附中学习期间，父亲病逝。

民国元年（1912）16岁

从省立第一中学（原广东高等学堂附中，辛亥革命后改为省立第一中学，今广雅中学）毕业，在家乡恭都学堂任教。

民国三年（1914）18岁

因揭发恭都学堂校长贪污，被诬陷入狱，出狱后赴日本横滨半工半读。

民国四年（1915）19岁

在日本横滨艰苦攻读，结识潘雪篯一家。

民国五年（1916）20岁

从日本返回国内，与吴佩琪完婚。

民国六年（1917）21岁

到澳门当家庭教师，在《东方杂志》发表《原梦》。

民国七年（1918）22岁

全家迁往广州，任教于时敏中学，兼任《广东中华新报》记者。

民国八年（1919）23岁

在广州投身新文化运动，相继发表《青年心理讲话》《美学拾零》等介绍新文化。发表《马克斯主义——一称科学的社会主义》一文，系统传播马克思主义学说。

民国十年（1921）25岁

加入中国共产党，为广东最早的党员之一，积极投身于青年运动和工人运动。

民国十一年（1922）26岁

代理广东社会主义青年团区委书记，发表《〈青年周刊〉宣言》《马克斯主义浅说》和《无产阶级与民治主义》。

民国十二年（1923）27岁

参加对国民党的改组工作。

民国十三年（1924）28岁

任中共广东区委监察委员会委员、国民党中央组织部秘书。

民国十四年（1925）29岁

当选国民党广东省党部执行委员会常务委员兼组织部部长，参与组织发动省港大罢工。

民国十五年（1926）30岁

出席国民党第二次全国代表大会，当选国民党第二届中央执行委员会委员、常务委员、组织部秘书，后代埋组织部部长。

民国十六年（1927）31岁

出席中国共产党第五次全国代表大会，当选中央监察委员会委员并任副主席，同年 8 月 7 日，参加八七会议。

民国十七年（1928）32 岁

在上海从事党的地下工作，负责中共中央党报、党刊编辑工作。

民国十八年（1929）33 岁

编译出版《西洋史要》。

民国十九年（1930）34 岁

任中央农民部副部长，编译出版《地租论》。

民国二十年（1931）35 岁

因叛徒出卖被捕，英勇就义于上海龙华。